U0797510

律师来了

LAWYER IS COMING

房屋、土地征收纠纷律师答疑

（第二版）

尚娟　主编

2

legal issues of estate expropriation disputes

法律出版社
LAW PRESS · CHINA
—— 北京 ——

图书在版编目（CIP）数据

房屋、土地征收纠纷律师答疑 / 尚娟主编 . -- 2 版
. -- 北京：法律出版社，2024
（律师来了）
ISBN 978-7-5197-8362-4

Ⅰ . ①房… Ⅱ . ①尚… Ⅲ . ①房屋拆迁—法规—中国—问题解答②土地征用—土地法—中国—问题解答 Ⅳ .
① D922.181.5 ② D922.395

中国国家版本馆 CIP 数据核字（2023）第 184295 号

房屋、土地征收纠纷律师答疑（第二版）
FANGWU、TUDI ZHENGSHOU JIUFEN LÜSHI DAYI（DI-ER BAN）

尚　娟 主编

责任编辑 邢艳萍
装帧设计 李　瞻

出版发行 法律出版社
编辑统筹 法律应用出版分社
责任校对 李慧艳
责任印制 刘晓伟
经　　销 新华书店

开本 A5
印张 10.375　**字数** 240 千
版本 2024 年 3 月第 2 版
印次 2024 年 3 月第 1 次印刷
印刷 三河市龙大印装有限公司

地址：北京市丰台区莲花池西里 7 号（100073）
网址：www.lawpress.com.cn
投稿邮箱：info@lawpress.com.cn
举报盗版邮箱：jbwq@lawpress.com.cn

销售电话：010-83938349
客服电话：010-83938350
咨询电话：010-63939796
版权所有·侵权必究

书号：ISBN 978-7-5197-8362-4
定价：46.00 元
凡购买本社图书，如有印装错误，我社负责退换。电话：010-83938349

目录

第一章 城市房屋征收补偿纠纷

第一节　房屋征收决定 / 004

1. 在涉及企业联营时，如何认定房屋的被征收人？ / 004
2. 被征收房屋所有权人不明确该怎么办？ / 006
3. 房屋征收决定何时生效？ / 008
4. 房屋征收决定发布后，被征收人享有哪些权利？ / 010
5. 可以先收回国有土地使用权后补偿吗？ / 014
6. 被征收人对征收补偿方案有异议的怎么办？ / 017
7. 居民质疑征收补偿方案的合法性，如何救济？ / 019
8. 被征收人如何对房屋征收决定的合法性进行审查？ / 021
9. 什么是房屋征收决定的“公众参与”原则？ / 024
10. 作出房屋征收决定之前需要进行听证吗？ / 026

第二节　房屋征收补偿 / 027

11. 对被征收房屋价值进行评估应当考虑哪些因素？ / 027
12. 被征收房屋的权属如何认定？ / 030
13. 被征收房屋的用途如何认定？ / 031
14. 被征收房屋面积如何认定？ / 033
15. 被征收房屋的性质、用途、面积存在登记与事实不符怎么办？ / 034
16. 被征收人对房屋评估有异议怎么办？ / 036

17. 被征收人如何审查房地产估价机构和估价人员的资质? / 038
18. 评估报告没有依法送达,将产生什么法律后果? / 039
19. 房屋被征收人是否有权查看房屋征收补偿档案? / 042

第三节　房屋征收补偿协议及标准 / 043

20. 签订征收补偿协议需要注意哪些事项? / 043
21. 房屋征收协议有效的条件是什么? / 047
22. 房屋征收协议无效的情形有哪些? / 048
23. 房屋征收协议效力待定的情形有哪些? / 050
24. 征收人不履行补偿协议怎么办? / 052
25. 房屋征收的货币补偿方式有最高额限定吗? / 056
26. 被征收人已经选择了一种补偿方式,还能再改选另一种补偿方式吗? / 057
27. 选择产权调换的补偿方式时,被征收人能要求就近安排住房吗? / 059
28. 哪些情况下可以获得房屋征收的补助和奖励? / 060
29. 房屋征收补偿的标准如何确定? / 064
30. 房屋征收时对空地进行补偿吗? / 068
31. 征收哪类房屋可以获得停产停业补偿? / 069
32. 停产停业损失如何计算和补偿? / 071
33. 户口不在本地的被征收人能够获得补偿吗? / 078
34. 房屋的承租人有权获得征收补偿吗? / 079
35. 征收范围内未经登记的房屋能否获得补偿? / 081
36. 临时建筑能获得征收补偿吗? / 084
37. 丈夫在婚前所买的房屋在婚后被征收,补偿款归谁所有? / 086

38. 一方婚前付首付款婚后夫妻共同还贷的房屋被征收，补偿款归谁？ / 087
39. 离婚时房屋被判归一方所有，则另一方还能要征收补偿款吗？ / 089
40. 违法建筑能获得补偿吗？ / 091
41. 在房屋征收搬迁时，如何保护被征收人的权益及改善被征收人的居住条件？ / 092
42. 被征收人搬迁时产生的搬迁费用由谁负责？ / 095
43. 被征收人没有获得补偿，是否可以先进行拆迁？ / 096
44. 什么时候房屋征收部门应当向被征收人支付临时安置费或者提供周转用房？ / 097
45. 周转用房和临时安置费可以同时获得吗？ / 099
第四节　房屋征收补偿决定和强制拆迁 / 100
46. 房屋征收补偿决定送达后会产生哪些法律后果？ / 100
47. 被征收房屋所有权何时发生变动？ / 102
48. 申请强制拆迁的条件是什么？ / 105
49. 政府是否有强制拆迁的权力？ / 107
50. 通过断水、断电等方式迫使被征收人搬迁是否合法？ / 110
51. 采用暴力、威胁等方法阻碍依法进行的房屋征收合法吗？ / 112
52. 房屋征收争议的解决方式有哪些？ / 113
53. 被征收人可以申请行政复议或者提起行政诉讼的情形有哪些？ / 116
54. 征收部门违反补偿协议，被征收人应提起民事诉讼还是行政诉讼？ / 119

第二章 农村集体土地和房屋征收补偿纠纷

第一节 集体土地征收政策要点 / 124
55. 什么是土地征收、征用制度？ / 124
56. 什么情况下可以征收土地？ / 127
57. 以租代征是否合法？ / 130
58. 同一个项目可以拆分为几批申报征地手续吗？ / 136
59. 未经征收，可以通过“农转非”把农村集体土地变为国有土地吗？ / 138
60. 抢险救灾急用土地时，可以不办理审批手续先用地吗？ / 140
61. 征地审批权限是怎样设置的？ / 142
62. 征地批准文件有有效期吗？ / 145
63. 被征地农民享有哪些知情权？ / 147
64. 被征土地的农民有没有预征知情权？ / 151
65. 征收土地应该怎么公告？ / 153
66. 征地的实施机关有哪些？ / 156
67. 市、县自然资源主管部门有权进行征地吗？ / 157
68. 村委会是否有权与土地征收部门签订征地协议？ / 159
69. 土地征收过程中，如何确定被征土地是否属于永久基本农田？ / 163
70. 当土地征收范围确定后，哪些活动被禁止？ / 166
71. 农村集体土地征收过程中，在什么情况下，政府可以强制拆迁？ / 170
72. 占用农民土地修建公路是否应该给予农民补偿？ / 172
73. 拆迁补偿协议中规定的安置房屋被出售，被拆迁人应该怎么办？ / 174

第二节　征收补偿的依据和标准 / 176
74. 征地补偿费包括哪些费用？ / 176
75. 征收补偿标准乡政府说的算不算？ / 179
76. 征地补偿应当“同地同价”吗？ / 180
77. 征地补偿费应该如何管理和使用？ / 184
78. 政府按照十年前的标准给予征地补偿，这种做法合乎规定吗？ / 190
79. 对征地补偿安置方案有异议，可以申请开听证会吗？ / 192
80. 被征地的农民是否可以参加征地补偿安置听证？ / 195
81. 乡、镇人民政府有权留用征地补偿费吗？ / 197
82. 死亡人员可否成为征地补偿对象？ / 198
83. 户口已从农村迁出，父母也已过世，还能获得补偿吗？ / 200
84. 为得到更多的拆迁补偿款而假离婚的，假离婚有效吗？ / 203
85. 政府为加快征地进程，采取“株连式拆迁”合法吗？ / 204
86. 村民没有拿到征地补偿，开发单位是否可以先进行拆迁？ / 206
87. 房屋所有权人可以委托他人代为办理集体土地征收中涉及的房屋补偿事宜吗？ / 209
88. 如何计算耕地等农用地的土地补偿费？ / 211
89. 土地互换后，土地征收的补偿费应该给谁？ / 214
90. 农村集体土地补偿费应如何分配？ / 215

91. 村委会是否有权决定土地补偿费的分配方案? / 218
92. 村委会如果挪用土地补偿款应该承担什么责任? / 222
93. 如何认定可以享受农村征地补偿费的村民资格? / 225
94. 离退休、退养人员是否可以分得征地补偿费? / 227
95. 出嫁的女儿是否可以分得征地补偿费? / 228
96. 外出参军人员是否享有征地补偿费的分配权? / 231
97. 户口外迁的在校大中专学生是否可以参加原户籍地征地补偿费的分配? / 233
98. 进城务工人员能参与土地补偿费的分配吗? / 235
99. 迁到小城镇落户的村民的土地被征收,是否可以获得补偿? / 236
100. 收养的子女,是否可以参与征地补偿款的分配? / 238
101. 新生儿是否可以成为农村集体土地征收补偿费的分配对象? / 239
102. 土地补偿费分配数额与村民生活年限有关吗? / 242
103. 非家庭承包能否获得承包地征收补偿费? / 244
104. 如何计算安置补助费? / 248
105. 需要安置的农业人口数如何计算? / 250
106. 什么情况下被征收人能够拿到安置补助费? / 251
107. 征地安置补助费怎么分配? / 253

第三节 征收补偿政策及标准 / 254

108. 如何确定农村房屋产权并进行相应的补偿安置? / 254
109. 村民住宅、地上附着物以及青苗补偿费是否直接支付给村民? / 258
110. 征地项目启动后,被拆迁人是否可以买卖房屋? / 260

111. 搬迁开始后，被搬迁人是否可以出租房屋？ / 262
112. 怎样认定和处理集体土地征收中的抢栽、抢种及抢建行为？ / 263
113. 如何计算农村村民住宅的补偿费用？ / 266
114. 村里的小卖店被征收，应该怎样补偿？ / 272
115. 被征收的居住用房临时改成小商店，如何进行补偿？ / 274
116. 地上附着物以及青苗补偿费如何计算？ / 276
117. 征地预公告发布后扩建的房屋能够多得补偿费吗？ / 277
118. 在自家宅院里搭建的临时房屋能否获得补偿？ / 282
119. 在宅基地上加盖的房屋能否获得补偿？ / 285
120. 家里人口越多获得的拆迁补偿款就越多吗？ / 288
121. 家中的小院能否获得征收补偿？ / 291
122. 父母过世后，兄弟姐妹签订的分家合同能否作为征收补偿的依据？ / 293
123. 夫妻中一方婚前新建的房屋，婚后面临征收，补偿款是否属于共同财产？ / 295
124. 城镇居民购买农村房屋后因拆迁而获得补偿，补偿款应全部归卖方吗？ / 296
125. 一人有多处宅基地，如何补偿？ / 298
126. 农村集体土地上的房屋被征收，能不能另行审批宅基地？ / 300
127. 水井、管线等在被征收时能否得到补偿？ / 304

第四节 征地补偿纠纷的处理 / 306

128. 对征地补偿标准不满,如何申请救济? / 306
129. 在农村集体土地征收过程中,村民获得的补偿款过低,其可以申请行政复议或提起行政诉讼吗? / 308
130. 达成征收协议后村民发现不公平,能向人民法院提起行政诉讼吗? / 312
131. 农村集体土地被征收后,集体经济组织成员是否可以直接向人民法院起诉请求支付土地补偿费? / 314
132. 土地征收部门擅自或非法暴力拆迁被征收人房屋,需要承担什么责任? / 317
133. 政府未发布征地公告,直接对土地采取填方培土等整理措施,村民应该怎样应对? / 319

Chapter 1

第一章

城市房屋征收补偿纠纷

第一节　房屋征收决定

1. 在涉及企业联营时，如何认定房屋的被征收人？

法律咨询

2016年，某市某服装公司将位于学府中路23号的部分自建公房作为联营条件与某商行联营组成集体企业，并将新的联营集体企业取名为友谊商城。不久后，某市人民政府为了公共利益的需要决定征收该公房，某服装公司按照征收协议将自用部分拆迁，而友谊商城因安置补偿问题拒不搬出。那么，友谊商城是该公房的房屋所有权人吗？应当如何确定房屋所有权人？

律师答疑

首先，某服装公司仅是以位于学府中路23号的部分自建公房作为联营条件与某商行联营组成集体企业，根据双方商定的联营条件，某服装公司并未以该公房作价入股到集体企业名下，该公房的房屋所有权仍登记在某服装公司名下并未转移至集体企业。因此，企业联营并不一定改变合作资产的所有权。

其次，根据《国有土地上房屋征收与补偿条例》第2条之规定，被征收人应当是被征收房屋的所有权人即某服装公司，集体企业作为房屋的使用权人不具有被征收人的主体资格，不能成为被安置补偿的对象，也无权作为被征收人与房屋征收部门订立征收补偿协议。

最后，对于房屋所有权人的判断标准，根据我国《民法典》的相关规定，除法律另有规定外，不动产所有权取得以登记为准。对于不动产登记，通常是指不动产登记部门将有关不动产物权及其变动事项记载于不动产登记簿的事实，实务中往往以不动产权证书（我们平常所说的"大红本"）作为认定物权的权利凭证。而前述提及的"法律另有规定"，通常是指非基于法律行为产生的物权变动的情形，主要包括以下情形：（1）因人民法院、仲裁机构的法律文书或者人民政府的征收决定等导致物权设立、变更、转让或消灭的情形；（2）因继承取得的物权；（3）因合法建造、拆除房屋等所形成的事实物权。也即，对于房屋所有权人除登记这一法定形式外，也存在其他形式的判断标准，需要结合实务具体情况具体分析。

法律依据

《国有土地上房屋征收与补偿条例》

第二条　为了公共利益的需要，征收国有土地上单位、个人的房屋，应当对被征收房屋所有权人（以下称被征收人）给予公平补偿。

《中华人民共和国民法典》

第二百一十四条　不动产物权的设立、变更、转让和消灭，依照法律规定应当登记的，自记载于不动产登记簿时发生效力。

第二百一十六条　不动产登记簿是物权归属和内容的根据。

不动产登记簿由登记机构管理。

第二百一十七条 不动产权属证书是权利人享有该不动产物权的证明。不动产权属证书记载的事项,应当与不动产登记簿一致;记载不一致的,除有证据证明不动产登记簿确有错误外,以不动产登记簿为准。

第二百二十九条 因人民法院、仲裁机构的法律文书或者人民政府的征收决定等,导致物权设立、变更、转让或者消灭的,自法律文书或者征收决定等生效时发生效力。

第二百三十条 因继承取得物权的,自继承开始时发生效力。

第二百三十一条 因合法建造、拆除房屋等事实行为设立或者消灭物权的,自事实行为成就时发生效力。

2. 被征收房屋所有权人不明确该怎么办?

法律咨询

近年来,许某一直在外地打工,音信全无。许某的邻居李某代管许某的房屋。代管期间,李某与不知情者王某签订了一份房屋买卖合同,并且李某协助王某办理了过户登记手续,后许某提起相关诉讼主张房屋买卖合同无效,并就登记行为提起撤销之诉。诉讼期间该房屋被当地人民政府征收。许某、李某、王某同时主张房屋为其所有,在相关诉讼尚未终结的情况下,被征收房屋所有权处于不明确的状态,此时该怎么办?

律师答疑

由于与被征收房屋相关的民事诉讼以及和行政诉讼均在进行中，房产的权属存在争议。在此种情况下，本案属于被征收房屋所有权人不明确的情形，对此，应由房屋征收部门报请同级市、县人民政府作出补偿决定，并予以公告。根据《国有土地上房屋征收与补偿条例》第26条的规定，“房屋征收部门与被征收人在征收补偿方案确定的签约期限内达不成补偿协议，或者被征收房屋所有权人不明确的，由房屋征收部门报请作出房屋征收决定的市、县级人民政府依照本条例的规定，按照征收补偿方案作出补偿决定，并在房屋征收范围内予以公告。补偿决定应当公平，包括本条例第二十五条第一款规定的有关补偿协议的事项。被征收人对补偿决定不服的，可以依法申请行政复议，也可以依法提起行政诉讼”。

法律依据

《国有土地上房屋征收与补偿条例》

第二十五条第一款 房屋征收部门与被征收人依照本条例的规定，就补偿方式、补偿金额和支付期限、用于产权调换房屋的地点和面积、搬迁费、临时安置费或者周转用房、停产停业损失、搬迁期限、过渡方式和过渡期限等事项，订立补偿协议。

第二十六条 房屋征收部门与被征收人在征收补偿方案确定的签约期限内达不成补偿协议，或者被征收房屋所有权人不明确的，由房屋征收部门报请作出房屋征收决定的市、县级人民政府依照本条例的规定，按照征收补偿方案作出补偿决定，并在房屋征收范围内予以公告。

补偿决定应当公平，包括本条例第二十五条第一款规定的有关补偿协议的事项。

被征收人对补偿决定不服的，可以依法申请行政复议，也可以依法提起行政诉讼。

3. 房屋征收决定何时生效？

法律咨询

近日，邵某的村里张贴了一份房屋征收公告，由于城区扩建需要，邵某家的房屋要被政府征收。邵某很是焦虑，她不希望自家的老房子被征收，可是村里人告诉邵某，该房屋征收决定已生效，邵某想知道该房屋征收决定何时生效。

律师答疑

根据《民法典》第117条的规定："为了公共利益的需要，依照法律规定的权限和程序征收、征用不动产或者动产的，应当给予公平、合理的补偿。"以及第229条的规定："因人民法院、仲裁机构的法律文书或者人民政府的征收决定等，导致物权设立、变更、转让或者消灭的，自法律文书或者征收决定等生效时发生效力。"因此，国家可以基于公共利益的需要，依据法律规定的权限和程序，以行政命令的方式将单位或个人不动产或动产收归国家所有，但应当依法给予相应权利人以补偿。同时，征收也属于基于非法律行为发生的物权变动，具有强制性。但征收决定何时发生法律效力？实践中有两种观点：一种观点认为，根据《国有土地上房屋征收与补偿条例》第 8 条“为了保障国家安全、促进国民经济和社会发展等公共利益的需要……确需征收房屋的，由市、县级人民政府作出房屋征收决定”以及第 13 条第 1 款“市、县级人民政府作出房屋征收决定后应当及时公告。公告应当载明征收补偿方案和行政复议、行政诉讼权利等事项”的规定，市、县级人民政府确因公共利益的需求，有权作出房屋征收决定，作出房屋征收决定后应当及时公告，而且公告这一方式视为作出房屋征收决定的政府将房屋征收决定向被征收人的送达。据此，此观点认为征收决定自公告之日起生效。另一种观点认为，结合《民法典》以及《国有土地上房屋征收与补偿条例》的相关规定，征收必须符合三个限制条件：第一，必须是为了公共利益的需要；第二，必须依照法律规定的权限和程序进行征收；第三，必须依法给予补偿。如果前述三个条件没有满足，尤其是被征收人尚未获得合理补偿的情形之下，就认为征收决定生效，且被征收人财产对应的物权就已经转移给国家，不利于对被征收人财产权益的保护。因此，从维护被征收人合法利益的角度，第二种观点认为政府的征收决定生效时点应当始于被征收人得到充足补偿且补偿费全部到位之日。笔者亦同意第二种观点。

法律依据

《中华人民共和国民法典》

第一百一十七条　为了公共利益的需要，依照法律规定的权限和程序征收、征用不动产或者动产的，应当给予公平、合理的补偿。

第二百二十九条 因人民法院、仲裁机构的法律文书或者人民政府的征收决定等，导致物权设立、变更、转让或者消灭的，自法律文书或者征收决定等生效时发生效力。

《国有土地上房屋征收与补偿条例》

第八条 为了保障国家安全、促进国民经济和社会发展等公共利益的需要，有下列情形之一，确需征收房屋的，由市、县级人民政府作出房屋征收决定：

……

第十三条第一款 市、县级人民政府作出房屋征收决定后应当及时公告。公告应当载明征收补偿方案和行政复议、行政诉讼权利等事项。

4. 房屋征收决定发布后，被征收人享有哪些权利？

法律咨询

李某的父亲去世前，将自己位于该县郊区的一套老房子留给了李某，并将该房子过户到李某名下。近日，政府修建道路，下发了房屋征收决定并予以公告，该房子恰在征收范围之内。李某没有想到该房子会被征收，作为被征收人的李某希望更好地维护自己权益。那么，李某享有哪些权利呢？

律师答疑

如前所述，房屋征收决定自公告之日起视为向被征收人送达。被征收人在征收决定公告发布后享有以下权利：

第一，异议权。根据《国有土地上房屋征收与补偿条例》第 14 条的规定，被征收人对征收决定不服的，可以通过依法申请行政复议和依法提起行政诉讼等方式提出异议。

第二，确认以及知情权。根据《国有土地上房屋征收与补偿条例》第 15 条的规定，房屋征收部门应当对房屋的权属、区位、用途、建筑面积组织调查登记，相关结果应当经被征收人签字确认。同时，相关调查结果应当在房屋征收范围内向被征收人公布。

第三，享有获得补偿安置的权利。根据《国有土地上房屋征收与补偿条例》第 17 条的规定，被征收人享有依法获得公平、合理补偿的权利，补偿包括以下三方面：获得被征收房屋价值的补偿；因征收房屋造成的搬迁、临时安置的补偿；因征收房屋造成的停产停业损失的补偿。

第四，住房保障优先权。根据《国有土地上房屋征收与补偿条例》第 18 条的规定，征收个人住宅，被征收人符合住房保障条件的，作出房屋征收决定的市、县级人民政府应当优先给予住房保障。

第五，评估机构选择权。根据《国有土地上房屋征收与补偿条例》第 20 条的规定，房地产价格评估机构由被征收人在规定时间内协商选定；在规定时间内协商不成的，由房屋征收部门通过组织被征收人按照多数决定、随机选定等方式确定，具体办法由省、自治区、直辖市制定。

第六，申请复核及鉴定权。根据《国有土地上房屋征收与补偿条例》第 19 条的规定，被征收人对房屋征收评估结果有异议的，可以自收到评估报告申请复核。房屋评估机构收到复核申请后在规定的期限内对评估结果进行复核。复核后，改变原评估结果的，应当重新出具评估报告；评估结果没有改变的，应当书面告知复核评估申请人。被征收人或者房屋征收部门对原房地产价格评估机构的复核结果有异议的，可以自收到复核结果之日起规定的期限内，向被征收房屋所在地评估专家委员会申请鉴定。

第七，享有选择补偿方式的权利。根据《国有土地上房屋征收与补偿条例》第 21 条的规定，被征收人可以选择货币补偿，也可以选择房屋产权调换。

第八，占有、使用和收益权。根据《国有土地上房屋征收与补偿条例》第 27 条规定的先补偿、后搬迁的原则，在市、县人民政府对被征收人给予补偿之前，以及给予补偿之后在补偿协议约定或者补偿决定确定的搬迁期限届满之前，被征收人有权对被征收的房屋继续享有占有、使用和收益的权利。如无特殊情况，被征收人（含其承租人）可以继续住在被征收的房屋内直至搬迁期限届满。当然，这种权利也要受到一定的限制。依据《国有土地上房屋征收与补偿条例》第 16 条的规定，房屋征收范围确定后，不得在房屋征收范围内实施新建、扩建、改建房屋和改变房屋用途等不当增加补偿费用的行为。

法律依据

《国有土地上房屋征收与补偿条例》

第十四条 征收人对市、县级人民政府作出的房屋征收决定不服的，可以依法申请行政复议，也可以依法提起行政诉讼。

第十五条　房屋征收部门应当对房屋征收范围内房屋的权属、区位、用途、建筑面积等情况组织调查登记，被征收人应当予以配合。调查结果应当在房屋征收范围内向被征收人公布。

第十七条　作出房屋征收决定的市、县级人民政府对被征收人给予的补偿包括：

（一）被征收房屋价值的补偿；

（二）因征收房屋造成的搬迁、临时安置的补偿；

（三）因征收房屋造成的停产停业损失的补偿。

市、县级人民政府应当制定补助和奖励办法，对被征收人给予补助和奖励。

第十八条　征收个人住宅，被征收人符合住房保障条件的，作出房屋征收决定的市、县级人民政府应当优先给予住房保障。具体办法由省、自治区、直辖市制定。

第十九条　对被征收房屋价值的补偿，不得低于房屋征收决定公告之日被征收房屋类似房地产的市场价格。被征收房屋的价值，由具有相应资质的房地产价格评估机构按照房屋征收评估办法评估确定。

对评估确定的被征收房屋价值有异议的，可以向房地产价格评估机构申请复核评估。对复核结果有异议的，可以向房地产价格评估专家委员会申请鉴定。

房屋征收评估办法由国务院住房城乡建设主管部门制定，制定过程中，应当向社会公开征求意见。

第二十条　房地产价格评估机构由被征收人协商选定；

协商不成的，通过多数决定、随机选定等方式确定，具体办法由省、自治区、直辖市制定。

房地产价格评估机构应当独立、客观、公正地开展房屋征收评估工作，任何单位和个人不得干预。

第二十一条 被征收人可以选择货币补偿，也可以选择房屋产权调换。

被征收人选择房屋产权调换的，市、县级人民政府应当提供用于产权调换的房屋，并与被征收人计算、结清被征收房屋价值与用于产权调换房屋价值的差价。

因旧城区改建征收个人住宅，被征收人选择在改建地段进行房屋产权调换的，作出房屋征收决定的市、县级人民政府应当提供改建地段或者就近地段的房屋。

第二十七条 实施房屋征收应当先补偿、后搬迁。

作出房屋征收决定的市、县级人民政府对被征收人给予补偿后，被征收人应当在补偿协议约定或者补偿决定确定的搬迁期限内完成搬迁。

任何单位和个人不得采取暴力、威胁或者违反规定中断供水、供热、供气、供电和道路通行等非法方式迫使被征收人搬迁。禁止建设单位参与搬迁活动。

5. 可以先收回国有土地使用权后补偿吗?

法律咨询

甲市政府以通告的形式代替征收决定，先行收回乙公司的土地使用权，在实际使用土地时再来补偿，是否侵犯了乙公司的物权？

律师答疑

首先，需要判断甲市政府所发通告是否属于《土地管理法》第58条所规定的有权收回情形：为实施城市规划进行旧城区改建以及其他公共利益需要，确需使用土地的；土地出让等有偿使用合同约定的使用期限届满，土地使用者未申请续期或者申请续期未获批准的；因单位撤销、迁移等原因，停止使用原划拨的国有土地的；公路、铁路、机场、矿场等经核准报废的。如不属于第58条规定的收回情形，相关政府部门则无权收回乙公司的土地使用权，所发的通告本身的合法性就存在问题，乙公司可以该通告违法为由提起行政复议或行政诉讼。

其次，需判断乙公司是否因违法行为而被相关行政机关收回国有土地使用权。例如，根据《城镇国有土地使用权出让和转让暂行条例》(2020年修订)第17条第2款的规定，未按合同规定的期限和条件开发、利用土地的，市、县人民政府土地管理部门应当予以纠正，并根据情节可以给予警告、罚款直至无偿收回土地使用权的处罚。

最后，即使收回的理由符合前述法律规定的情形，根据《土地管理法》第58条之规定，甲市政府也应当对土地使用权人给予适当补偿。补偿应当遵循及时补偿原则。在补偿问题未达成一致意见之前，被征收人有权拒绝交回土地。

法律依据

《中华人民共和国宪法》

第十三条 公民的合法的私有财产不受侵犯。

国家依照法律规定保护公民的私有财产权和继承权。

国家为了公共利益的需要，可以依照法律规定对公民的私有财产实行征收或者征用并给予补偿。

《中华人民共和国土地管理法》

第五十八条 有下列情形之一的，由有关人民政府自然资源主管部门报经原批准用地的人民政府或者有批准权的人民政府批准，可以收回国有土地使用权：

（一）为实施城市规划进行旧城区改建以及其他公共利益需要，确需使用土地的；

（二）土地出让等有偿使用合同约定的使用期限届满，土地使用者未申请续期或者申请续期未获批准的；

（三）因单位撤销、迁移等原因，停止使用原划拨的国有土地的；

（四）公路、铁路、机场、矿场等经核准报废的。

依照前款第（一）项的规定收回国有土地使用权的，对土地使用权人应当给予适当补偿。

《中华人民共和国城镇国有土地使用权出让和转让暂行条例》

第十七条 土地使用者应当按照土地使用权出让合同的规定和城市规划的要求，开发、利用、经营土地。

未按合同规定的期限和条件开发、利用土地的，市、县人民政府土地管理部门应当予以纠正，并根据情节可以给予警告、罚款直至无偿收回土地使用权的处罚。

6. 被征收人对征收补偿方案有异议的怎么办？

法律咨询

甲市人民政府进行旧城改造，向附近居民征收房屋。2017 年 3 月 12 日，甲市人民政府做出了房屋征收补偿方案，并公开征求意见。李某等 300 户人家觉得该房屋征收补偿方案不符合《国有土地上房屋征收与补偿条例》的规定，此时该 300 户人家该怎么办？

律师答疑

补偿安置方案是征收中较为关键的一份文件。安置补偿方案制定得是否公平、合理直接关系到被征收人就被征收房屋可以获得的补偿以及对被征收人的安置。为此，根据《国有土地上房屋征收与补偿条例》第 10 条、第 11 条的规定，房屋征收补偿方案应公开征求被征收人意见。对征收补偿方案进行论证、修改后，市、县级人民政府应当予以公布，征求公众意见，期限不得少于 30 日。征收补偿方案征求公众意见结束后，市、县级人民政府应当将征求意见情况进行汇总，根据公众意见反馈情况对征收补偿方案进行修改，并将征求意见情况和根据公众意见的修改情况及时公布。因旧城区改建需要征收房屋的，如果多数被征收人认为征收补偿方案不符合《国有土地上房屋征收与补偿条例》规定，市、县级人民政府应当组织召开听证会进一步听取意见。

实务中，作为被征收人需要尤其关注补偿安置方案中以下核心问题：第一，是否提供货币补偿和产权调换两种补偿安置方式供被征收人选择，如未提供两种方式供被征收人选择，则补偿方式不合法。第二，产权调换房屋的位置、面积等是否确定，如位置、面积等不确定的，则产权调换将无法兑现。第三，涉及因旧城区改建征收个人住宅，征收人是否优先考虑给予住房保障。原则上在被征收人选择在改建地段进行房屋产权调换的，征收人应在改建地段或者就近地段提供相应房源进行产权调换，如未能按规定提供调换房源，则属于征收人未能尽到住房保障的职责。

法律依据

《国有土地上房屋征收与补偿条例》

第十条 房屋征收部门拟定征收补偿方案，报市、县级人民政府。

市、县级人民政府应当组织有关部门对征收补偿方案进行论证并予以公布，征求公众意见。征求意见期限不得少于30日。

第十一条 市、县级人民政府应当将征求意见情况和根据公众意见修改的情况及时公布。

因旧城区改建需要征收房屋，多数被征收人认为征收补偿方案不符合本条例规定的，市、县级人民政府应当组织由被征收人和公众代表参加的听证会，并根据听证会情况修改方案。

第十八条 征收个人住宅，被征收人符合住房保障条件的，作出房屋征收决定的市、县级人民政府应当优先给予住房保障。具体办法由省、自治区、直辖市制定。

第二十一条 被征收人可以选择货币补偿，也可以选择房屋产权调换。

被征收人选择房屋产权调换的，市、县级人民政府应当提供用于产权调换的房屋，并与被征收人计算、结清被征收房屋价值与用于产权调换房屋价值的差价。

因旧城区改建征收个人住宅，被征收人选择在改建地段进行房屋产权调换的，作出房屋征收决定的市、县级人民政府应当提供改建地段或者就近地段的房屋。

7. 居民质疑征收补偿方案的合法性，如何救济？

法律咨询

2017 年 3 月，某市人民政府进行旧城改造，向居民征收房屋。居民王某的房屋被纳入了征收范围。王某觉得该市人民政府就房屋征收补偿方案未公开征求意见不合法。那么，在这种情况下，王某该怎么办？

律师答疑

在实务中，与房屋征收相关的行政诉讼主要集中于不服房屋征收决定和不服房屋征收补偿决定，但也有一些对房屋征收补偿方案的合法性的质疑，对房屋征收补偿方案的合法性的质疑能否通过诉讼解决则存在争议。结合现有司法实践，有些法院的观点是认可房屋征收补偿方案不具有可诉性。例如，在（2019）京 03 行终 753 号案中，法院认为：房屋征收补偿方案作为征收补偿安置工作的一个环节，是房屋征收实施过程中的阶段性行为，不直接对被征收人的权利义务产生影响，不属于行政诉讼受案范围。据此，虽然说王某对房屋征收补偿方案的合法性的质疑无法直接提起行政复议或行政诉讼，但由于房屋征收补偿方案是市、县级人民政府作出房屋补偿决定的重要依据，后期如房屋征收部门对王某作出了房屋征收补偿决定，王某完全可以在对房屋征收补偿决定提起行政复议或行政诉讼的同时，请求复议机关或法院一并对征收补偿方案的合法性进行审查。如征收补偿方案违法，其作出的补偿决定也必然违法。因此，被征收人王某也有相应的维权的渠道。

法律依据

《中华人民共和国行政诉讼法》

第二条 公民、法人或者其他组织认为行政机关和行政机关工作人员的行政行为侵犯其合法权益，有权依照本法向人民法院提起诉讼。

前款所称行政行为，包括法律、法规、规章授权的组织作出的行政行为。

《中华人民共和国行政复议法》

第二条 公民、法人或者其他组织认为具体行政行为侵犯其合法权益，向行政机关提出行政复议申请，行政机关受理行政复议申请、作出行政复议决定，适用本法。

《最高人民法院关于适用〈中华人民共和国行政诉讼法〉的解释》

第一条第二款第十项 下列行为不属于人民法院行政诉讼的受案范围：

对公民、法人或者其他组织权利义务不产生实际影响的行为。

《国有土地上房屋征收与补偿条例》

第十四条　被征收人对市、县级人民政府作出的房屋征收决定不服的，可以依法申请行政复议，也可以依法提起行政诉讼。

8. 被征收人如何对房屋征收决定的合法性进行审查？

法律咨询

李某住该县的棚户区，在县郊从事种植业生产。近日，李某接到征收决定和征收公告，该县人民政府从公共利益出发，决定对李某所在的棚户区进行改造。李某认为该征收决定的合法性有问题，怀疑征收并非出于公共利益。在这种情况下，李某应该如何审查征收决定？

律师答疑

在房屋征收与补偿安置过程中，被征收人有权对地方政府所作出的房屋征收决定进行合法性审查，包括房屋征收决定的程序合法性和内容合法性。通常情况下被征收人可以从以下两个方面进行考察：

（1）对房屋征收决定程序合法性的审查。审查市、县级人民政府作出并公布房屋征收决定的程序是否符合法律的有关规定。例如，是否进行了论证、征求意见、修订、公告等程序；房屋征收决定涉及被征收人数量较多的,征收人是否召开常务会议讨论房屋征收的风险;是否进行了社会稳定风险评估;房屋征收决定作出后是否及时公告;公告中是否载明征收补偿安置方案和行政复议、行政诉讼权利;等等。

(2)对房屋征收决定内容合法性的审查。具体包括:房屋征收决定作出主体是否具备法定职权;房屋征收决定是否符合法律所规定的"公共利益",是否"确需征收",是否符合有关规划与计划的要求;补偿安置方案是否依法作出(是否提供货币补偿和产权调换两种补偿安置方式供被征收人选择;产权调换房屋的位置、面积等是否确定;因旧城区改建项目征收个人住宅,被征收人选择改建地段房屋进行产权调换的,征收人是否提供改建地段或者就近地段房屋予以产权调换);评估结果是否为禁止实施征收;征收补偿费用是否足额到位;是否设置了专用账户;等等。

当前,许多地方政府借旧城改造或者建设保障性安居工程的名义进行征收,征收后却行商业开发之实。这就需要监督机关对征收后的具体建设项目进行严格审查,对建设活动是否符合"公共利益"进行考察,防止出现"伪公共利益"的征收行为。

法律依据

《国有土地上房屋征收与补偿条例》

第八条 为了保障国家安全、促进国民经济和社会发展等公共利益的需要,有下列情形之一,确需征收房屋的,由市、县级人民政府作出房屋征收决定:

(一)国防和外交的需要;

(二)由政府组织实施的能源、交通、水利等基础设施建设的需要；

（三）由政府组织实施的科技、教育、文化、卫生、体育、环境和资源保护、防灾减灾、文物保护、社会福利、市政公用等公共事业的需要；

（四）由政府组织实施的保障性安居工程建设的需要；

（五）由政府依照城乡规划法有关规定组织实施的对危房集中、基础设施落后等地段进行旧城区改建的需要；

（六）法律、行政法规规定的其他公共利益的需要。

第九条　依照本条例第八条规定，确需征收房屋的各项建设活动，应当符合国民经济和社会发展规划、土地利用总体规划、城乡规划和专项规划。保障性安居工程建设、旧城区改建，应当纳入市、县级国民经济和社会发展年度计划。

制定国民经济和社会发展规划、土地利用总体规划、城乡规划和专项规划，应当广泛征求社会公众意见，经过科学论证。

第十条　房屋征收部门拟定征收补偿方案，报市、县级人民政府。

市、县级人民政府应当组织有关部门对征收补偿方案进行论证并予以公布，征求公众意见。征求意见期限不得少于30日。

第十一条　市、县级人民政府应当将征求意见情况和根据公众意见修改的情况及时公布。

因旧城区改建需要征收房屋，多数被征收人认为征收补偿方案不符合本条例规定的，市、县级人民政府应当组织由被征收人和公众代表参加的听证会，并根据听证会情况修改方案。

第十二条　市、县级人民政府作出房屋征收决定前，应当按照有关规定进行社会稳定风险评估;房屋征收决定涉及被征收人数量较多的,应当经政府常务会议讨论决定。

作出房屋征收决定前,征收补偿费用应当足额到位、专户存储、专款专用。

第十三条第一款 市、县级人民政府作出房屋征收决定后应当及时公告。公告应当载明征收补偿方案和行政复议、行政诉讼权利等事项。

9. 什么是房屋征收决定的"公众参与"原则?

法律咨询

甲市人民政府进行旧城改造需要征收乙区居民的房屋。随后向乙区街道办送达了《听证通知书》,街道办召开代表会议,听取各居民的意见。本案例中,街道办事处的做法是否体现了房屋征收决定的"公众参与"原则?

律师答疑

房屋征收决定的"公众参与"原则,作为一项基本原则贯穿于房屋征收与补偿活动的始终。在房屋征收决定作出过程中,"公众参与"原则具体体现在:涉及国民经济和社会发展规划、土地利用总体规划、城乡规划和专项规划的制作要广泛征求公众意见;征收补偿方案进行论证时,需要征求公众意见;在多数被征收人对补偿安置方案提出异议时,需要组织公众进行听证;等等。房屋征收决定过程中的"公众参与"原则是民主决策的体现。在征收与补偿活动中充分发扬民主，广泛征求社会公众的意见既体现了对社会公众特别是被征收人知情权、参与权、求偿权等权益的保护，又体现了社会民主和文明，如果贯彻得当必将有利于房屋征收活动的顺利进行，实现预期的公共利益，提升政府的公信力。

法律依据

《国有土地上房屋征收与补偿条例》

第九条　依照本条例第八条规定，确需征收房屋的各项建设活动，应当符合国民经济和社会发展规划、土地利用总体规划、城乡规划和专项规划。保障性安居工程建设、旧城区改建，应当纳入市、县级国民经济和社会发展年度计划。

制定国民经济和社会发展规划、土地利用总体规划、城乡规划和专项规划，应当广泛征求社会公众意见，经过科学论证。

第十条　房屋征收部门拟定征收补偿方案，报市、县级人民政府。

市、县级人民政府应当组织有关部门对征收补偿方案进行论证并予以公布，征求公众意见。征求意见期限不得少于30日。

第十一条　市、县级人民政府应当将征求意见情况和根据公众意见修改的情况及时公布。

因旧城区改建需要征收房屋，多数被征收人认为征收补偿方案不符合本条例规定的，市、县级人民政府应当组织由被征收人和公众代表参加的听证会，并根据听证会情况修改方案。

10. 作出房屋征收决定之前需要进行听证吗？

法律咨询

魏某家住某城市的旧城区。近日，政府下发征收公告，并下达征收补偿决定。魏某和邻居们认真研读征收补偿决定后，多数人认为该征收补偿决定的补偿标准过低，反对该征收补偿决定。在这种情况下，是否需要对此进行听证？

律师答疑

《国有土地上房屋征收与补偿条例》第11条第2款规定，因旧城区改建需要征收房屋，多数被征收人认为征收补偿方案不符合本条例规定的，市、县级人民政府应当组织由被征收人和公众代表参加的听证会，并根据听证会情况修改方案。按照现有司法裁判尺度，多数一般指的是过半数，因此，征收中的听证会适用的范围是因旧城区改建的征收决定，适用的前提是至少超过半数以上的被征收人反对征收补偿方案，认为征收补偿方案不符合《国有土地上房屋征收与补偿条例》的规定。

因此，被征收人需结合征收补偿决定适用的项目以及反对方案的人数判断是否符合举行听证的条件。如果符合，征收人应当依法举行听证，否则将构成程序违法。

法律依据

《国有土地上房屋征收与补偿条例》

第十一条 市、县级人民政府应当将征求意见情况和根据公众意见修改的情况及时公布。

因旧城区改建需要征收房屋，多数被征收人认为征收补偿方案不符合本条例规定的，市、县级人民政府应当组织由被征收人和公众代表参加的听证会，并根据听证会情况修改方案。

第二节 房屋征收补偿

11. 对被征收房屋价值进行评估应当考虑哪些因素？

法律咨询

近日，田某家房屋面临被征收的情况。田某家总共有两套房子，房子的地理位置不同，两套房子的价格评估相差很大。田某很是诧异，因为两套房子除地理位置不同外，在建筑面积、室内装修等方面都相差不多。那么，在被征收房屋价格评估中都考虑了哪些因素？

律师答疑

根据《国有土地上房屋征收与补偿条例》第19条之规定，对被征收房屋价值的补偿，不得低于房屋征收决定公告之日被征收房屋类似房地产的市场价格。被征收房屋的价值，由具有相应资质的房地产价格评估机构按照房屋征收评估办法评估确定。因此，对被征收房屋的价值评估涉及被征收人的重大利益，而房屋价值评估又是一项复杂且专业的工作，在评估过程中，评估结果往往受到相关因素的影响，且相关因素又是互相作用来影响评估结果的。根据《国有土地上房屋征收评估办法》第 14 条的规定，对被征收房屋的价值进行评估应当考虑被征收房屋的区位、用途、建筑结构、新旧程度、建筑面积以及占地面积、土地使用权等影响被征收房屋价值的因素。具体如下：

（1）区位：被拆迁房屋区位基准价以及房屋的周边环境、交通和商业服务便利程度、公共事业设施配套状况等区位调节因素。

（2）用途：以房屋所有权证书上标明的用途为准，所有权证未标明用途的，以产权档案中记录的用途为准。

（3）建筑面积：房屋所有权证书载明的建筑面积或者房产管理部门确认的实际测量面积。房屋建筑面积小于土地使用面积的，区位补偿面积应当按照土地使用面积计算。

（4）装饰装修：装饰装修补偿应当结合装潢材料的档次、价格、折旧年限等因素视每自然间不同情况，分别按其建筑面积计算。

（5）土地使用权：对房屋所有权人补偿内容已经包含了国有土地使用权补偿的，对同时收回的国有土地的土地使用权人不再单独给予补偿。征收房屋的同时，所占土地也应当一并收回。

（6）其他因素：房屋建筑结构形式、新旧程度、楼层、层高、朝向等。

需要说明的是，在本案中，田某的两套房屋因地理位置不同，其对应的区位价会有所不同，即使面积、用途、装修基本相似，最终的评估结果也可能出现较大差异。同时，需要提醒被征收人注意的是，当被征收人发现评估机构未依照《国有土地上房屋征收评估办法》第 14 条的规定评估时，一定要及时地提出异议，可以向房地产价格评估机构申请复核评估来行使自己的权利。对复核结果有异议的，可以向房地产价格评估专家委员会申请鉴定。实务中笔者遇到很多被征收人未及时提出异议导致无法合理维权的情形。

法律依据

《国有土地上房屋征收评估办法》

第十四条　被征收房屋价值评估应当考虑被征收房屋的区位、用途、建筑结构、新旧程度、建筑面积以及占地面积、土地使用权等影响被征收房屋价值的因素。

被征收房屋室内装饰装修价值，机器设备、物资等搬迁费用，以及停产停业损失等补偿，由征收当事人协商确定；协商不成的，可以委托房地产价格评估机构通过评估确定。

《国有土地上房屋征收与补偿条例》

第十九条　对被征收房屋价值的补偿，不得低于房屋征收决定公告之日被征收房屋类似房地产的市场价格。被征收房屋的价值，由具有相应资质的房地产价格评估机构按照房屋征收评估办法评估确定。

对评估确定的被征收房屋价值有异议的，可以向房地产价格评估机构申请复核评估。对复核结果有异议的，可以向房地产价格评估专家委员会申请鉴定。

房屋征收评估办法由国务院住房城乡建设主管部门制定，制定过程中，应当向社会公开征求意见。

12. 被征收房屋的权属如何认定?

法律咨询

杨某的父亲只有杨某这一个孩子,杨某的父亲去世之后,房屋留给了杨某。杨某一家在外地工作,于是将房屋出租给了魏某。近日,魏某听到邻居谈起,魏某租用的房屋将被征收,魏某想知道自己能否得到拆迁款,那么,被征收房屋的权属如何认定?

律师答疑

房屋权属是指房屋所有权或其他权利的归属。房屋所有权人对自己的房屋依法享有占有、使用、收益和处分的权利。同时,房屋所有权人有权在自己的房屋上设立用益物权和担保物权。因此,房屋征收部门在进行房屋权属调查时,应当就房屋的所有权归属及该所有权是否受到司法限制,房屋所有权人是否设定担保物权、是否设立用益物权、是否出租,房屋所有权人是否因继承、受遗赠发生事实上的变更等进行调查。

另外,《民法典》第 216 条第 1 款规定:“不动产登记簿是物权归属和内容的根据。”第 217 条规定:“不动产权属证书是权利人享有该不动产物权的证明。不动产权属证书记载的事项,应当与不动产登记簿一致;记载不一致的,除有证据证明不动产登记簿确有错误外,以不动产登记簿为准。”据此规定,房屋征收部门在进行房屋权属调查时,其主要依据是房地产登记部门的登记簿记载内容。同时,房屋征收部门还应进行入户调查,了解被征收房屋是否被出租,房屋所有权人是否因继承、受遗赠等法律事实发生变更。

房屋权属情况对确定被征收房屋的价值有重要的影响作用,

如对一幢房屋享有的是所有权还是使用权，对该房屋的价值而言是有较大差异的。因此，房屋权属的调查应力求准确。此外，需要提请注意的是，如果本案中被征收房屋属于商业用房的话，魏某作为承租人根据补偿政策可能享有相应停产停业损失、装饰装潢损失的补偿，具体补偿标准需要结合具体的情况分析。

法律依据

《中华人民共和国民法典》

第二百一十六条　不动产登记簿是物权归属和内容的根据。

不动产登记簿由登记机构管理。

第二百一十七条　不动产权属证书是权利人享有该不动产物权的证明。不动产权属证书记载的事项，应当与不动产登记簿一致；记载不一致的，除有证据证明不动产登记簿确有错误外，以不动产登记簿为准。

13. 被征收房屋的用途如何认定？

法律咨询

近日，李某家的一栋自建小楼被政府征收。李某从出生开始，就一直居住在该房屋内，一楼用于经营，二楼、三楼用于居住，因此十分舍不得搬离此地。李某的家人劝李某，该房屋办理了住转商的手续，并且取得了营业执照，根据补偿安置方案经营性用房可以原址回迁，李某和家人可以重新购买重建后的门面房。那么，被征收房屋的用途如何认定，李某家的房屋是否可以算作经营性用房？

律师答疑

《国有土地上房屋征收评估办法》第 14 条规定,被征收房屋价值评估应当考虑被征收房屋的区位、用途、建筑结构、新旧程度、建筑面积以及占地面积、土地使用权等影响被征收房屋价值的因素。从该评估办法可以看出,被征收房屋的用途会影响被征收房屋的价值。那么被征收房屋的用途如何认定呢?

通常情况下采取以登记为准的方式。

房屋用途一般分为住宅及非住宅两大类。具体到房屋征收部门对于房屋用途的认定,根据《国有土地上房屋征收评估办法》第 9 条第 3 款的规定,对于已登记的房屋,一般是按照房屋权属证书记载的内容予以认定,如房屋权属证书上记载的内容与房屋登记簿记载的内容不一致的,以房屋登记簿上记载的内容为准;对于未经登记的建筑,则需根据市、县人民政府结合具体情况的认定或处理结果来认定。此外,在实务中,存在如案例所述的将自建的住宅办理“住转商”手续的情况,此时需要查看房屋权属登记档案中登记的用途是什么,如登记为“商业用房”则可按经营性用房来认定,如登记为“住宅”则将房屋性质按住宅进行认定,但是由于被征收人持有相关“住转商”的手续,对此类房屋,通常情况下征收人也会结合实际经营情况、经营年限以及纳税情况给予适当的经营性补偿。

法律依据

《国有土地上房屋征收评估办法》

第九条第三款 对于已经登记的房屋,其性质、用途和建筑面积,一般以房屋权属证书和房屋登记簿的记载为准;房屋权属证书与房屋登记簿的记载不一致的,除有证据证明房屋登记簿确有错误外，以房屋登记簿为准。对于未经登记的建筑，应当按照市、县级人民政府的认定、处理结果进行评估。

第十四条　被征收房屋价值评估应当考虑被征收房屋的区位、用途、建筑结构、新旧程度、建筑面积以及占地面积、土地使用权等影响被征收房屋价值的因素。

被征收房屋室内装饰装修价值，机器设备、物资等搬迁费用，以及停产停业损失等补偿，由征收当事人协商确定；协商不成的，可以委托房地产价格评估机构通过评估确定。

14. 被征收房屋面积如何认定？

法律咨询

某天，房屋评估机构的工作人员到杨某家已确定被征收的房屋内测量。工作人员告诉杨某，测量的结果为 102 平方米。杨某认为，他家房屋实际面积为 106 平方米，大于房屋评估机构的测量结果。那么，在房屋评估测量中，被征收房屋面积如何认定？

律师答疑

被征收房屋的面积，按照建筑面积认定。具体到被征收房屋的面积，根据《国有土地上房屋征收评估办法》第 9 条第 3 款的规定，对于已登记的房屋建筑面积的认定，一般是按照房屋权属证书记载的内容予以认定，如房屋权属证书上记载的内容与房屋登记簿记载的内容不一致的，以房屋登记簿上记载的内容为准。对于未登记的房屋，则需根据市、县人民政府结合具体情况的认定或处理结果来认定。实务中，如被征收人对被征收房屋权属证书和房屋登记簿记载的建筑面积有异议，可委托有资质的机构对房屋面积进行实际测绘，如实际测绘面积大于权属证书或房屋登记簿上记载的面积的，在排除有违章建筑的情况下，被征收人可以主张权属证书或房屋登记簿上记载的面积有误而要求办理更正登记，征收人应当按实际测绘的面积进行认定或补偿。

法律依据

《国有土地上房屋征收评估办法》

第九条第三款 对于已经登记的房屋，其性质、用途和建筑面积，一般以房屋权属证书和房屋登记簿的记载为准；房屋权属证书与房屋登记簿的记载不一致的，除有证据证明房屋登记簿确有错误外，以房屋登记簿为准。对于未经登记的建筑，应当按照市、县级人民政府的认定、处理结果进行评估。

15. 被征收房屋的性质、用途、面积存在登记与事实不符怎么办？

法律咨询

近日，房地产评估机构的工作人员来魏某家，对魏某家房屋面积等进行评估。经过评估测量，魏某家房屋面积为 112 平方米，但是魏某家房产证上显示，魏某家房屋只有 109 平方米。工作人员再一次测量后，房屋面积仍为 112 平方米。那么，当被征收房屋面积登记的与事实不符合时，应该怎么办？

律师答疑

根据《国有土地上房屋征收评估办法》第9条的规定，房屋征收部门应当向受托的房地产价格评估机构提供征收范围内房屋情况，包括已经登记的房屋情况和未经登记建筑的认定、处理结果情况。调查结果应当在房屋征收范围内向被征收人公布。

对于已经登记的房屋，其性质、用途和建筑面积，一般以房屋权属证书和房屋登记簿的记载为准；房屋权属证书与房屋登记簿的记载不一致的，除有证据证明房屋登记簿确有错误外，以房屋登记簿为准。对于未经登记的建筑，应当按照市、县级人民政府的认定、处理结果进行评估。

法律依据

《国有土地上房屋征收评估办法》

第九条　房屋征收评估前，房屋征收部门应当组织有关单位对被征收房屋情况进行调查，明确评估对象。评估对象应当全面、客观，不得遗漏、虚构。

房屋征收部门应当向受托的房地产价格评估机构提供征收范围内房屋情况，包括已经登记的房屋情况和未经登记建筑的认定、处理结果情况。调查结果应当在房屋征收范围内向被征收人公布。

对于已经登记的房屋，其性质、用途和建筑面积，一般以房屋权属证书和房屋登记簿的记载为准；房屋权属证书与房屋登记簿的记载不一致的，除有证据证明房屋登记簿确有错误外，以房屋登记簿为准。对于未经登记的建筑，应当按照市、县级人民政府的认定、处理结果进行评估。

16. 被征收人对房屋评估有异议怎么办?

法律咨询

因修建国防码头的需要,某市人民政府向当地居民征收房屋,肖先生的房屋在征收范围内。在对肖先生的房屋进行价值评估时,房地产价值评估机构认定其价格为200万元,而肖先生认为自己的房屋价值300万元。那么,肖先生对房地产价值评估机构的估值结果有异议时,应该怎么办?

律师答疑

根据《国有土地上房屋征收与补偿条例》第19条第2款,《国有土地上房屋征收评估办法》第20条、第21条、第22条的规定,对评估确定的被征收房屋价值有异议的,可以向房地产价格评估机构申请复核评估。对复核结果有异议的,可以向房地产价格评估专家委员会申请鉴定。根据《国有土地上房屋征收评估办法》第23条、第24条的规定,评估专家委员会由房地产估价师以及价格、房地产、土地、城市规划、法律等方面专家组成,评估专家委员会应当选派成员组成专家组,对复核结果进行鉴定。

在实际生活中,被征收人和征收部门对被征收房屋的价值协商不一致或者被征收人对房屋评估有异议的情形也是屡见不鲜的。此时,被征收人一定要积极发声、积极维权,而选择合适恰当的维权方式就显得十分重要。按照《国有土地上房屋征收与补偿条例》的上述规定,被征收人对房屋评估有异议的情况下有两种维权途径:一是向房地产价格评估机构申请复核评估;二是向房地产价格评估专家委员会申请鉴定。但需要注意的是,这两种途径并非并列，而是先行后续的关系。申请复核是申请鉴定的前置程序，即只有先向房地产价格评估机构申请复核评估之后，对复核结果有异议的，才可以向房地产价格评估专家委员会申请鉴定。

法律依据

《国有土地上房屋征收与补偿条例》

第十九条　对被征收房屋价值的补偿，不得低于房屋征收决定公告之日被征收房屋类似房地产的市场价格。被征收房屋的价值，由具有相应资质的房地产价格评估机构按照房屋征收评估办法评估确定。

对评估确定的被征收房屋价值有异议的，可以向房地产价格评估机构申请复核评估。对复核结果有异议的，可以向房地产价格评估专家委员会申请鉴定。

……

《国有土地上房屋征收评估办法》

第二十条　被征收人或者房屋征收部门对评估结果有异议的，应当自收到评估报告之日起10日内，向房地产价格评估机构申请复核评估。

申请复核评估的，应当向原房地产价格评估机构提出书面复核评估申请，并指出评估报告存在的问题。

第二十一条　原房地产价格评估机构应当自收到书面复核评估申请之日起10日内对评估结果进行复核。复核后，改变原评估结果的，应当重新出具评估报告；评估结果没有改变的，应当书面告知复核评估申请人。

第二十二条　被征收人或者房屋征收部门对原房地产价

格评估机构的复核结果有异议的，应当自收到复核结果之日起10日内，向被征收房屋所在地评估专家委员会申请鉴定。被征收人对补偿仍有异议的，按照《国有土地上房屋征收与补偿条例》第二十六条规定处理。

第二十三条 各省、自治区住房城乡建设主管部门和设区城市的房地产管理部门应当组织成立评估专家委员会，对房地产价格评估机构做出的复核结果进行鉴定。

评估专家委员会由房地产估价师以及价格、房地产、土地、城市规划、法律等方面的专家组成。

第二十四条 评估专家委员会应当选派成员组成专家组，对复核结果进行鉴定。专家组成员为3人以上单数，其中房地产估价师不得少于二分之一。

17. 被征收人如何审查房地产估价机构和估价人员的资质？

法律咨询

2017年8月，宋某所在的居委会下达该小区被政府征收的通知，并张贴了征收公告。某日，宋某和家人在家休息时，三个自称是房地产估价人员进入宋某家，要测量宋某家房屋面积等，宋某不知道他们是否为房地产估价人员。那么，宋某如何审查估价人员的资质？

律师答疑

被征收房屋价值评估报告是认定被征收房屋价值的证据，也是行政征收案件中较为核心的一份证据，应当由具备房地产价格评估资质的机构以及具有房地产估价师资质的人员出具，否则将影响到该份评估报告的效力。基于此，房地产估价人员入户进行评估活动，被征收人有权要求房地产评估机构以及估价师出具相关资质证明文件，房地产估价人员也应当主动向被征收人出示相关证件。此外，被征收人也可以在全国房地产估价行业管理信息平台（网址：http://gjxydaxt.cirea.org.cn/）查询相关估价机构和估价人员的资质、信用情况。

法律依据

《国有土地上房屋征收评估办法》

第十六条　房地产价格评估机构应当按照房屋征收评估委托书或者委托合同的约定，向房屋征收部门提供分户的初步评估结果。分户的初步评估结果应当包括评估对象的构成及其基本情况和评估价值。房屋征收部门应当将分户的初步评估结果在征收范围内向被征收人公示。

公示期间，房地产价格评估机构应当安排注册房地产估价师对分户的初步评估结果进行现场说明解释。存在错误的，房地产价格评估机构应当修正。

18. 评估报告没有依法送达，将产生什么法律后果？

法律咨询

马某所在的棚户区早在2022年就列入了改造范围，政府下发并张贴了征收公告。某日，房屋征收评估机构的工作人员入户对马某家的住房面积进行了测量。一个月后，马某从他人口中得知了他家房屋的评估价格。马某很是诧异，因为他并没有收到评估报告，不知道自家房屋的评估价格。那么，在这种情况下，将产生什么法律后果？

律师答疑

首先，评估报告如未有效送达被征收人，对被征收人不产生法律效力，不能成为认定被征收房屋价值的有效证据。其次，住房和城乡建设部颁发的《国有土地上房屋征收评估办法》第 16 条至第 21 条规定，房屋征收部门应当将房屋分户初步评估结果在征收范围内向被征收人公示。公示期满后，房屋征收部门应当向被征收人转交分户评估报告。被征收人对评估结果有异议的，自收到评估报告 10 日内，向房地产评估机构申请复核评估。对复核结果有异议的，自收到复核结果 10 日内，向房地产价格评估专家委员会申请鉴定。因此，分户送达评估报告的职责在于房屋征收部门，如果房屋征收部门在收到评估报告后，未将该报告内容及时送达被征收人并公告，致使被征收人丧失对其房产评估价格申请复核评估和申请房地产价格评估专家委员会鉴定的权利，属于未遵循法定程序。如房屋征收部门根据该评估报告作出的房屋征收补偿决定则会因程序违法而被认定为违法并撤销。

法律依据

《国有土地上房屋征收评估办法》

第十六条 房地产价格评估机构应当按照房屋征收评估

委托书或者委托合同的约定，向房屋征收部门提供分户的初步评估结果。分户的初步评估结果应当包括评估对象的构成及其基本情况和评估价值。房屋征收部门应当将分户的初步评估结果在征收范围内向被征收人公示。

公示期间，房地产价格评估机构应当安排注册房地产估价师对分户的初步评估结果进行现场说明解释。存在错误的，房地产价格评估机构应当修正。

第十七条　分户初步评估结果公示期满后，房地产价格评估机构应当向房屋征收部门提供委托评估范围内被征收房屋的整体评估报告和分户评估报告。房屋征收部门应当向被征收人转交分户评估报告。

整体评估报告和分户评估报告应当由负责房屋征收评估项目的两名以上注册房地产估价师签字，并加盖房地产价格评估机构公章。不得以印章代替签字。

第十八条　房屋征收评估业务完成后，房地产价格评估机构应当将评估报告及相关资料立卷、归档保管。

第十九条　被征收人或者房屋征收部门对评估报告有疑问的，出具评估报告的房地产价格评估机构应当向其作出解释和说明。

第二十条　被征收人或者房屋征收部门对评估结果有异议的，应当自收到评估报告之日起10日内，向房地产价格评估机构申请复核评估。

申请复核评估的，应当向原房地产价格评估机构提出书面复核评估申请，并指出评估报告存在的问题。

第二十一条　原房地产价格评估机构应当自收到书面复

核评估申请之日起10日内对评估结果进行复核。复核后,改变原评估结果的,应当重新出具评估报告;评估结果没有改变的,应当书面告知复核评估申请人。

19. 房屋被征收人是否有权查看房屋征收补偿档案?

法律咨询

魏某与老伴共生育了四个孩子。四个孩子成家以后居住在城里,就剩下老两口生活在村里。2022年,魏某和老伴所住的房子面临被征收,四个孩子背着魏某分了房屋补偿款,魏某和老伴却不知道补偿款的数额。现在魏某想了解征收补偿款的数额,他是否有权查看房屋征收补偿档案?

律师答疑

首先,房屋征收补偿档案所记载的内容或形成的信息属政府信息。政府信息是指行政机关在履行职责过程中制作或者获取的,以一定形式记录、保存的信息。

其次,根据《政府信息公开条例》第21条的规定:涉及土地征收、房屋征收等方面的信息属于政府应当主动公开的政府信息。被征收人有权要求政府主动公开相关补偿信息,如政府未主动公开相关信息的,被征收人可依申请要求公开,房屋征收部门在没有法定免予公开事由的情况下不应拒绝公开。

法律依据

《中华人民共和国政府信息公开条例》

第二十一条　除本条例第二十条规定的政府信息外，设区的市级、县级人民政府及其部门还应当根据本地方的具体情况，主动公开涉及市政建设、公共服务、公益事业、土地征收、房屋征收、治安管理、社会救助等方面的政府信息；乡（镇）人民政府还应当根据本地方的具体情况，主动公开贯彻落实农业农村政策、农田水利工程建设运营、农村土地承包经营权流转、宅基地使用情况审核、土地征收、房屋征收、筹资筹劳、社会救助等方面的政府信息。

第三节　房屋征收补偿协议及标准

20. 签订征收补偿协议需要注意哪些事项？

法律咨询

老王夫妇的房屋因政府实施城乡规划而被列入征收范围。但是，在工作人员和老王夫妇商议征收补偿事宜时，老王夫妇非常犹豫，不知道在签订征收补偿协议时需要注意哪些事项？

律师答疑

房屋征收补偿协议的内容是明确各方权利义务关系的凭证，

因此，当事各方对补偿协议有关细节问题的约定就显得十分重要。根据《国有土地上房屋征收与补偿条例》第25条第1款的规定，签订征收补偿协议需要注意下列事项：

（1）明确被征收房屋的基本信息，写清楚被征收房屋的权属、位置、面积等信息。

（2）明确补偿方式，即明确是货币补偿还是产权调换，如果是货币补偿，要写清楚补偿标准和数额，以及支付方式；支付方式是一次性支付还是分期支付。如果是产权调换，要写清楚用于产权调换的房屋的位置、面积以及调换房屋产生的差值如何结算。如果是旧城区改造，可以主张就近安置。其法律依据为《国有土地上房屋征收与补偿条例》第21条的规定，被征收人可以选择货币补偿，也可以选择房屋产权调换。被征收人选择房屋产权调换的，市、县级人民政府应当提供用于产权调换的房屋，并与被征收人计算、结清被征收房屋价值与用于产权调换房屋价值的差价。因旧城区改建征收个人住宅，被征收人选择在改建地段进行房屋产权调换的，作出房屋征收决定的市、县级人民政府应当提供改建地段或者就近地段的房屋。

（3）对房屋搬迁费和临时安置费或者周转用房进行协商并确定金额。根据《国有土地上房屋征收与补偿条例》第17条第1款的规定，作出房屋征收决定的市、县级人民政府对被征收人给予的补偿包括：①被征收房屋价值的补偿；②因征收房屋造成的搬迁、临时安置的补偿；③因征收房屋造成的停产停业损失的补偿。征收人应当向被征收人支付搬迁和临时安置等费用或者提供周转用房，通常情况是根据公布的征收补偿方案由征收人与被征收人协商确定。

（4）如房屋属于经营性用房或实际用于经营，可对停产停业损失进行协商并确定金额。根据《国有土地上房屋征收与补偿条例》

第 23 条的规定，如果房屋是用于商业用途，要对停产停业的损失数额进行约定，如果房屋登记记载为住宅用房，但实际一直用于经营且取得营业执照以及纳税登记的，通常情况下也会根据其经营情况、经营年限及纳税等实际情况给予适当补偿。对于具体的数额，根据公布的征收补偿方案由征收人与被征收人协商确定。

另外，征收补偿协议要规定双方的违约责任。《最高人民法院关于审理行政协议案件若干问题的规定》确定了土地、房屋征收补偿协议是行政合同，纳入了行政诉讼的受案范围。但征收补偿协议作为行政合同本身兼具行政性和合同的属性，作为合同规定违约条款有利于维护征收人与被征收人双方的合法权益。当然，违约条款的约定也需要对等，例如，可以就征收人和相关行政机关违法实施征收，导致被征收人长期未依法得到补偿安置的，房价上涨时，征收人有义务保证被征收人得到公平合理安置补偿进行约定。同时，如被征收人选择房屋产权调换时，可以就征收人和相关行政机关无法兑现产权调换时的违约责任，包括但不限于应向被征收人支付生效判决作出时以同类房屋的房地产市场评估价格为标准的补偿款等。

法律依据

《国有土地上房屋征收与补偿条例》

第十七条第一款 作出房屋征收决定的市、县级人民政府对被征收人给予的补偿包括：

（一）被征收房屋价值的补偿；

（二）因征收房屋造成的搬迁、临时安置的补偿；

（三）因征收房屋造成的停产停业损失的补偿。

第二十一条 被征收人可以选择货币补偿，也可以选择房屋产权调换。

被征收人选择房屋产权调换的，市、县级人民政府应当提供用于产权调换的房屋，并与被征收人计算、结清被征收房屋价值与用于产权调换房屋价值的差价。

因旧城区改建征收个人住宅，被征收人选择在改建地段进行房屋产权调换的，作出房屋征收决定的市、县级人民政府应当提供改建地段或者就近地段的房屋。

第二十三条 对因征收房屋造成停产停业损失的补偿，根据房屋被征收前的效益、停产停业期限等因素确定。具体办法由省、自治区、直辖市制定。

第二十五条第一款 房屋征收部门与被征收人依照本条例的规定，就补偿方式、补偿金额和支付期限、用于产权调换房屋的地点和面积、搬迁费、临时安置费或者周转用房、停产停业损失、搬迁期限、过渡方式和过渡期限等事项，订立补偿协议。

《最高人民法院关于审理行政协议案件若干问题的规定》

第二条 公民、法人或者其他组织就下列行政协议提起行政诉讼的，人民法院应当依法受理：

(一)政府特许经营协议；

(二)土地、房屋等征收征用补偿协议；

(三)矿业权等国有自然资源使用权出让协议；

(四)政府投资的保障性住房的租赁、买卖等协议；

(五)符合本规定第一条规定的政府与社会资本合作协议；

(六)其他行政协议。

21. 房屋征收协议有效的条件是什么?

法律咨询

某市因修建汽车站需要征收余某的房屋。征收公告发布之后,征收部门便准备与被征收人签订房屋征收协议。但是,余某觉得自己并不懂相关的法律知识,不知道这些协议是否有效。因此,余某欲咨询房屋征收协议的有效条件是什么。

律师答疑

根据《最高人民法院关于审理行政协议案件若干问题的规定》第12条的规定,房屋征收补偿协议系行政协议兼具行政性和合同属性。因此,对其协议效力也应当结合这二重属性做出判断:

一方面,从行政性的角度看,需要结合征收行为本身是否合法来确认行政协议是否有效,通常情况下如行政行为没有经过法定机关通过法定程序被撤销或宣布无效时可推定其具有公定力。

另一方面,从合同的属性看,需要结合民事法律规范确认行政协议是否有效。结合我国《民法典》第143条之规定,具备下列条件的民事法律行为有效:行为人具有相应的民事行为能力;意思表示真实;不违反法律、行政法规的强制性规定,不违背公序良俗。

如果房屋征收补偿协议满足以上两个层面的规定,方可认定协议合法有效。

法律依据

《最高人民法院关于审理行政协议案件若干问题的规定》

第十二条 行政协议存在行政诉讼法第七十五条规定的重大且明显违法情形的，人民法院应当确认行政协议无效。

人民法院可以适用民事法律规范确认行政协议无效。

行政协议无效的原因在一审法庭辩论终结前消除的，人民法院可以确认行政协议有效。

《中华人民共和国行政诉讼法》（2017年修正）

第七十五条 行政行为有实施主体不具有行政主体资格或者没有依据等重大且明显违法情形，原告申请确认行政行为无效的，人民法院判决确认无效。

《中华人民共和国民法典》

第一百四十三条 具备下列条件的民事法律行为有效：

（一）行为人具有相应的民事行为能力；

（二）意思表示真实；

（三）不违反法律、行政法规的强制性规定，不违背公序良俗。

22. 房屋征收协议无效的情形有哪些？

法律咨询

某村土地因国家建设工程项目而被征收，该村村民向某的五间房屋也被征收。一次，向某在看新闻时，看到一个村民与用地者签订的房屋征收协议被法院判定无效。对此，向某非常担心，害怕自己签了协议也被认定无效。那么，房屋征收协议无效的情形有哪些？

律师答疑

对于房屋征收协议有效还是无效的考量应结合行政协议的二重属性进行分析：

一方面，从行政性的角度需要考量政府的征收行为是否存在有实施主体不具有行政主体资格或者没有依据等重大且明显违法情形，如存在前述违法情形则将导致房屋征收协议的签订欠缺基础而被确认无效。

另一方面，从合同属性来看，需要结合民事法律规范来确定合同的效力。根据我国《民法典》的规定，当出现下列情形时，房屋征收补偿协议会无效：

（1）房屋征收部门与不具备民事行为能力的被征收人订立的征收补偿协议；

（2）合同当事人以虚假的意思表示签订征收补偿协议；

（3）征收补偿协议当事人恶意串通，损害他人合法权益的；

（4）征收补偿协议当事人违背法律、行政法规的强制性规定的；

（5）征收补偿协议内容违背公序良俗的。

法律依据

《最高人民法院关于审理行政协议案件若干问题的规定》

第十二条　行政协议存在行政诉讼法第七十五条规定的重大且明显违法情形的，人民法院应当确认行政协议无效。

人民法院可以适用民事法律规范确认行政协议无效。

行政协议无效的原因在一审法庭辩论终结前消除的，人民法院可以确认行政协议有效。

《中华人民共和国行政诉讼法》

第七十五条 行政行为有实施主体不具有行政主体资格或者没有依据等重大且明显违法情形，原告申请确认行政行为无效的，人民法院判决确认无效。

《中华人民共和国民法典》

第一百四十四条 无民事行为能力人实施的民事法律行为无效。

第一百四十五条第一款 限制民事行为能力人实施的纯获利益的民事法律行为或者与其年龄、智力、精神健康状况相适应的民事法律行为有效；实施的其他民事法律行为经法定代理人同意或者追认后有效。

第一百四十六条 行为人与相对人以虚假的意思表示实施的民事法律行为无效。

以虚假的意思表示隐藏的民事法律行为的效力，依照有关法律规定处理。

第一百五十三条 违反法律、行政法规的强制性规定的民事法律行为无效。但是，该强制性规定不导致该民事法律行为无效的除外。

违背公序良俗的民事法律行为无效。

23. 房屋征收协议效力待定的情形有哪些?

法律咨询

某市因修建机场需要征收附近村民的土地。该村村民谢某一直在外打工，相关部门一直无法与其取得联系。后来，谢某的哥哥便代谢某签订了房屋征收补偿协议。对此，有人说谢某的哥哥代签的协议效力待定，还得等谢某同意。那么，房屋征收协议效力待定的情形有哪些？

律师答疑

根据《民法典》第171条的规定，房屋征收协议这类行政协议会因代理人没有代理权限、超越代理权限或者代理权终止后所签订的征收补偿协议而效力待定。对于效力待定的房屋征收补偿协议，必须由真正的被征收人即房屋所有人追认后，才能有效，未被追认的，对房屋所有权人不发生效力。

具体到本案中，谢某的哥哥在没有取得谢某授权的情况下仍与房屋征收部门签订房屋征收补偿协议，其主观存在恶意和重大过错，事后如未经被代理人谢某追认，则需要根据房屋征收部门是否为善意第三人来判断各方的法律责任。如房屋征收部门为善意第三人的，其无法识别谢某的哥哥出示的授权为虚假授权等，则应由无权代理人即谢某的哥哥对房屋征收部门承担违约责任，以维护交易秩序的稳定；如房屋征收部门明知谢某的哥哥无代理权，仍然与无权代理人签约的，在此种情形下如产生损失，则由房屋征收部门与无权代理人根据各自过错承担缔约过失责任。

法律依据

《中华人民共和国民法典》

第一百七十一条　行为人没有代理权、超越代理权或者代理权终止后，仍然实施代理行为，未经被代理人追认的，对被代理人不发生效力。

相对人可以催告被代理人自收到通知之日起三十日内予以追认。被代理人未作表示的,视为拒绝追认。行为人实施的行为被追认前,善意相对人有撤销的权利。撤销应当以通知的方式作出。

行为人实施的行为未被追认的,善意相对人有权请求行为人履行债务或者就其受到的损害请求行为人赔偿。但是,赔偿的范围不得超过被代理人追认时相对人所能获得的利益。

相对人知道或者应当知道行为人无权代理的,相对人和行为人按照各自的过错承担责任。

24. 征收人不履行补偿协议怎么办?

法律咨询

金某是某村村民,该村部分临街房屋因国家公共建设需要被征收。金某的房屋正好在征收范围内,但是,金某与相关部门签订征收补偿协议时约定给他100平方米的房屋。协议签订后,征收部门并未按照约定履行协议,只给了金某不到90平方米的房屋。那么,征收人不履行补偿协议怎么办?

律师答疑

根据《国有土地上房屋征收与补偿条例》第25条的规定,房屋征收部门与被征收人依照本条例的规定，就补偿方式、补偿金额和支付期限、用于产权调换房屋的地点和面积、搬迁费、临时安置费或者周转用房、停产停业损失、搬迁期限、过渡方式和过渡期限等事项，订立补偿协议。补偿协议订立后，一方当事人不履行补偿协议约定的义务的，另一方当事人可以依法提起诉讼。

在维护自己合法权益的过程中，一方面，要注意收集证据材料。“打官司”其实打的是证据，因此我们一定要注意收集和保存证据。例如，房屋征收部门承诺的安置政策，要在协议中列明，若未列明而以其他形式或方式向被征收人明确的，则被征收人应当保存好证据。只有己方的证据充分，才能够为维护自己的权利打下基础。另一方面，要注意选择正确的维权路径并及时行权，避免盲目救济或因救济不当导致丧失胜诉权。首先，应当明确救济的方式。根据《行政诉讼法》第 12 条第 11 项的规定，行政机关不依法履行、未按照约定履行或者违法变更、解除土地房屋征收补偿协议等行政协议引发纠纷，可以提起行政诉讼，并以该行政机关为被告。其次，应在诉讼时效之内及时行权。根据《最高人民法院关于审理行政协议案件若干问题的规定》第 25 条之规定，公民、法人或者其他组织对行政机关不依法履行、未按照约定履行行政协议提起诉讼的，诉讼时效参照民事法律规范确定；对行政机关变更、解除行政协议等行政行为提起诉讼的，起诉期限依照行政诉讼法及其司法解释确定。因此，如行政机关明示或默示不履行征收补偿协议约定时，被征收人应按照《民法典》的规定自知道或应当知道之日起 3 年内及时向人民法院提起诉讼。如属于对行政机关单方变更、解除行政协议等行政行为不服的，则被征收人应按《行政诉讼法》之规定，在知道或应当知道行政行为 6 个月内提起诉讼,否则超过起诉期限会丧失胜诉权。为避免钱财两空的局面,被征收人需注重依法维权。

法律依据

《国有土地上房屋征收与补偿条例》

第二十五条 房屋征收部门与被征收人依照本条例的规定,就补偿方式、补偿金额和支付期限、用于产权调换房屋的地点和面积、搬迁费、临时安置费或者周转用房、停产停业损失、搬迁期限、过渡方式和过渡期限等事项,订立补偿协议。

补偿协议订立后,一方当事人不履行补偿协议约定的义务的,另一方当事人可以依法提起诉讼。

《中华人民共和国行政诉讼法》

第十二条 人民法院受理公民、法人或者其他组织提起的下列诉讼:

(一)对行政拘留、暂扣或者吊销许可证和执照、责令停产停业、没收违法所得、没收非法财物、罚款、警告等行政处罚不服的;

(二)对限制人身自由或者对财产的查封、扣押、冻结等行政强制措施和行政强制执行不服的;

(三)申请行政许可,行政机关拒绝或者在法定期限内不予答复,或者对行政机关作出的有关行政许可的其他决定不服的;

(四)对行政机关作出的关于确认土地、矿藏、水流、森林、山岭、草原、荒地、滩涂、海域等自然资源的所有权或者使用权的决定不服的；

（五）对征收、征用决定及其补偿决定不服的；

（六）申请行政机关履行保护人身权、财产权等合法权益的法定职责，行政机关拒绝履行或者不予答复的；

（七）认为行政机关侵犯其经营自主权或者农村土地承包经营权、农村土地经营权的；

（八）认为行政机关滥用行政权力排除或者限制竞争的；

（九）认为行政机关违法集资、摊派费用或者违法要求履行其他义务的；

（十）认为行政机关没有依法支付抚恤金、最低生活保障待遇或者社会保险待遇的；

（十一）认为行政机关不依法履行、未按照约定履行或者违法变更、解除政府特许经营协议、土地房屋征收补偿协议等协议的；

（十二）认为行政机关侵犯其他人身权、财产权等合法权益的。

除前款规定外，人民法院受理法律、法规规定可以提起诉讼的其他行政案件。

《最高人民法院关于审理行政协议案件若干问题的规定》

第二十五条　公民、法人或者其他组织对行政机关不依法履行、未按照约定履行行政协议提起诉讼的，诉讼时效参照民事法律规范确定；对行政机关变更、解除行政协议等行政行为提起诉讼的，起诉期限依照行政诉讼法及其司法解释确定。

25. 房屋征收的货币补偿方式有最高额限定吗?

法律咨询

某村部分土地因国家修建火车站而被征收。杜某是该村村民,在征收范围内有一栋刚刚修建的二层小楼。但是,在征地补偿时,相关部门只给杜某 20 万元的补偿款,并称货币补偿方式有最高额的限定。对此,杜某认为不合理。那么,房屋征收的货币补偿方式有最高额限定吗?

律师答疑

根据《国有土地上房屋征收与补偿条例》第 19 条的规定,对被征收房屋价值的补偿,不得低于房屋征收决定公告之日被征收房屋类似房地产的市场价格,这就是所谓的市场价格标准。据此,房屋征收部门征收被征收人的房屋时,对被征收人进行货币补偿时,被征收人可以获得的货币补偿款不得低于房屋征收决定公告之日被征收房屋类似房地产的市场价格。很显然,被征收人获得货币补偿的数额是没有最高额限定的。如果房屋征收部门对被征收人表示,所给的货币补偿已经是该批房屋征收货币补偿的最高额,即使该房屋的市场价格高于该货币补偿价也不能给更多了。此时,该房屋征收部门的行为明显是违法的,侵犯了被征收人的合理求偿权。但是,也需要提醒被征收人注意的是,房屋征收补偿贯彻的也是等价交换原则,房屋征收不能用来作为家庭发家致富的出路,在商谈补偿金额时应当以被征收房屋类似房地产的市场价格为基础。

法律依据

《国有土地上房屋征收与补偿条例》

第十九条 对被征收房屋价值的补偿，不得低于房屋征收决定公告之日被征收房屋类似房地产的市场价格。被征收房屋的价值，由具有相应资质的房地产价格评估机构按照房屋征收评估办法评估确定。

对评估确定的被征收房屋价值有异议的，可以向房地产价格评估机构申请复核评估。对复核结果有异议的，可以向房地产价格评估专家委员会申请鉴定。

房屋征收评估办法由国务院住房城乡建设主管部门制定，制定过程中，应当向社会公开征求意见。

26. 被征收人已经选择了一种补偿方式，还能再改选另一种补偿方式吗？

法律咨询

夏某是某村村民，该村的部分房屋因公路拓宽而被征收。在相关部门工作人员与夏某商议补偿事宜时，其选择的是货币补偿方式。后来，夏某觉得选择房屋产权调换更合适。那么，被征收人已经选择了一种补偿方式，还能再改选另一种补偿方式吗？

律师答疑

根据《国有土地上房屋征收与补偿条例》第21条第1款的规

定,被征收人可以选择货币补偿,也可以选择房屋产权调换。但有时候会发生这样的例子:被征收人先选择了货币补偿,后来又觉得不合适,想再选择产权调换的补偿方式;或者先选择了产权调换的补偿方式,后来又想改为货币补偿的方式。在现实生活中,这样的例子经常发生,并经常引起纠纷。那么,依据相关规定,被征收人在房屋征收补偿方式的选择上能够反悔吗?

房屋征收补偿协议属于行政协议,兼具有行政性和合同性二重属性。房屋征收补偿协议作为合同,依据《民法典》等相关规定,被征收人与征收人就房屋征收的补偿方式等问题,在自愿平等和意思表示真实的基础上达成并签署了补偿协议之后,该协议即生效并对双方具有法律约束力。任何一方想要反悔都属违约行为,都要承担相应的违约责任。所以,协议的签订就意味着协议双方对于补偿安置条件进行了确认,在被征收人已经选择了一种补偿方式的情况下反悔选择另一种补偿方式将不被法律支持。除非双方经协商一致同意解除原有补偿协议后重新签订补偿协议或者就补偿方式等问题进行协议变更,法律上也是认可的,即经房屋征收部门同意,重新签订补偿协议后才可以再选另一种补偿方式,但这种情况在实务中较少发生。

法律依据

《国有土地上房屋征收与补偿条例》

第二十一条 被征收人可以选择货币补偿,也可以选择房屋产权调换。

被征收人选择房屋产权调换的,市、县级人民政府应当提供用于产权调换的房屋,并与被征收人计算、结清被征收房屋价值与用于产权调换房屋价值的差价。

因旧城区改建征收个人住宅，被征收人选择在改建地段进行房屋产权调换的，作出房屋征收决定的市、县级人民政府应当提供改建地段或者就近地段的房屋。

27. 选择产权调换的补偿方式时，被征收人能要求就近安排住房吗？

法律咨询

某市因进行旧城区改造，需要征收部分居民的房屋。李某家的房屋也在征收范围内，在商量补偿事宜时，李某选择了产权调换的补偿方式。但是，李某觉得一旦拆迁，自己可能就无法再生活在这里了。那么，选择产权调换的补偿方式时，被征收人能要求就近安排住房吗？

律师答疑

针对这个问题，依据《国有土地上房屋征收与补偿条例》第 21 条第 2 款的规定，被征收人选择房屋产权调换的，市、县级人民政府应当提供用于产权调换的房屋，并与被征收人计算、结清被征收房屋价值与用于产权调换房屋价值的差价。因旧城区改建征收个人住宅，被征收人选择在改建地段进行房屋产权调换的，作出房屋征收决定的市、县级人民政府应当提供改建地段或者就近地段的房屋。本案中，系因旧城区改建征收个人住宅，符合前述法律就近安排的规定,故被征收人在选择产权调换补偿时,可以要求就近安排住房。

法律依据

《国有土地上房屋征收与补偿条例》

第二十一条 被征收人可以选择货币补偿,也可以选择房屋产权调换。

被征收人选择房屋产权调换的,市、县级人民政府应当提供用于产权调换的房屋,并与被征收人计算、结清被征收房屋价值与用于产权调换房屋价值的差价。

因旧城区改建征收个人住宅,被征收人选择在改建地段进行房屋产权调换的,作出房屋征收决定的市、县级人民政府应当提供改建地段或者就近地段的房屋。

28. 哪些情况下可以获得房屋征收的补助和奖励?

法律咨询

舒某的房屋因国家修建铁路需要被征收。舒某听相关部门的工作人员说,配合搬迁工作的被征收人可以获得房屋征收的补助和奖励。因此,舒某在哪些情况下可以获得房屋征收的补助和奖励?

律师答疑

为了加快或推动房屋征收的进度,缩小或者缓解补偿标准与被征收人期待之间的差距，政府通常在制定征收补偿政策时会考虑给予特定人群的补助或者对符合条件的被征收人给予一定的奖励。实务中，很多人对这个问题并不了解，他们不知道法律对于补助和奖励是如何规定的以及应当如何执行。根据《国有土地上房屋征收与补偿条例》第17条第2款的规定，市、县级人民政府应当制定补助和奖励办法，对被征收人给予补助和奖励。《国有土地上房屋征收与补偿条例》中并没有对补助和奖励制度作出具体的规定，而是授权给地方政府根据实际情况制定适合本地区的补助和奖励政策，这样可以更好地促使被征收人在合理的期限里搬迁，能够最大限度地实现公共利益。

由于《国有土地上房屋征收与补偿条例》没有对补助和奖励制度的适用范围、补偿标准等作出具体的规定，并不能作为实践中进行补助和奖励的程序依据或者标准依据。那么到底在什么具体的状况下可以获得补助或奖励呢？要回答这个问题，我们需要弄明白前述规定中关于房屋征收的补助和奖励是什么。补助和奖励从性质上看，不具有普惠性，并不是所有的被征收人都可以获取的，以补助为例，可能是给予生活困难、患重大疾病的被征收人，也可能是给予住房困难的家庭；以奖励为例，可能为了公共利益而按期搬迁的被征收人给予的奖励，具体情况要看市、县级人民政府的规定。但是，无论市、县级政府的具体规定是什么，在那些为公共利益牺牲自己利益的、积极搬迁的被征收人中，生活困难或者患重大疾病的人都应该是补助和奖励重点考虑的对象。

由于不同地区的具体情况不同，补助和奖励对象也不同，市、县级政府必须做出清晰明确的具体规定，才能最大限度地维护被征收房屋所有权人的合法权益，并且有效推动房屋征收工作进程。

例如,《长沙市国有土地上房屋征收奖励和补助办法》所确立的补助和奖励的规则就非常清晰,其中第3条、第4条规定:在房屋征收补偿方案确定的签约期限内签订补偿协议,区房屋征收部门可以给予被征收人适当奖励。对于私有住宅房屋被征收人选择货币补偿的,对被征收人的奖励包括:

(1)成新奖励。对被征收房屋按房屋实际成新提高两个成新后计算补偿,如房屋提高两个成新后仍不足六成新的,可以按六成新计算补偿,最高按十成新计算补偿。

(2)上浮奖励。对被征收房屋在提高成新的基础上,可再根据评估报告测算出的征收补偿单价适当上浮,但上浮比例不得超过15%。

(3)提前搬迁奖励。可以根据被征收人的搬迁时间,分阶段、分档次、按被征收房屋的合法建筑面积给予不超过200元/平方米的提前搬迁奖励。具体分段时间和档次在各项目的房屋征收补偿方案中明确。

(4)选择货币补偿奖励。在房屋征收决定公告发布之日起60日内签订补偿协议,并按协议约定期限搬迁的被征收人,可按被征收房屋的合法建筑面积给予200元/平方米的选择货币补偿奖励,但每户最高不超过20 000元。

(5)寻找房源奖励。对被征收人给予寻找房源奖励每户(以房屋所有权证为准,共有产不得分开计算)10 000元。

法律依据

《国有土地上房屋征收与补偿条例》

第十七条第二款 市、县级人民政府应当制定补助和奖励办法，对被征收人给予补助和奖励。

《长沙市国有土地上房屋征收奖励和补助办法》

第三条　在房屋征收补偿方案确定的签约期限内签订补偿协议，区房屋征收部门可以给予被征收人适当奖励，市房屋征收部门应当加强监督管理。

第四条　对于私有住宅房屋被征收人选择货币补偿的，房屋征收部门可根据实际情况，对被征收人给予以下奖励：

（一）成新奖励。对被征收房屋按房屋实际成新提高两个成新后计算补偿，如房屋提高两个成新后仍不足六成新的，可以按六成新计算补偿，最高按十成新计算补偿。

（二）上浮奖励。对被征收房屋在提高成新的基础上，可再根据评估报告测算出的征收补偿单价适当上浮，但上浮比例不得超过15%。

（三）提前搬迁奖励。可以根据被征收人的搬迁时间，分阶段、分档次、按被征收房屋的合法建筑面积给予不超过200元/平方米的提前搬迁奖励。具体分段时间和档次在各项目的房屋征收补偿方案中明确。

（四）选择货币补偿奖励。在房屋征收决定公告发布之日起60日内签订补偿协议，并按协议约定期限搬迁的被征收人，可按被征收房屋的合法建筑面积给予200元/平方米的选择货币补偿奖励，但每户最高不超过20000元。

（五）寻找房源奖励。对被征收人给予寻找房源奖励每户（以房屋所有权证为准，共有产不得分开计算）10000元。

29. 房屋征收补偿的标准如何确定？

法律咨询

吕某的房屋因国家修建铁路而被征收，房屋征收部门的工作人员与吕某商量补偿事宜时，吕某选择了房屋产权调换。工作人员称吕某可以获得200平方米的房屋。但是，吕某并不清楚房屋征收补偿的标准是如何确定的。

律师答疑

对于国有土地上房屋的征收，必须了解补偿标准是如何确定的。在确定补偿标准的时候要明确以下几个问题：

一是补偿方式。《国有土地上房屋征收与补偿条例》确定了两种补偿方式供被征收人选择，即货币补偿和房屋产权调换。货币补偿就是用人民币对被征收人进行的补偿。《国有土地上房屋征收与补偿条例》第21条在确立货币补偿的同时，还为被征收人提供了其他的补偿方式，即可采取房屋产权调换的方式，被征收人可根据自己的意愿和偏好作出选择。

二是补偿范围。《国有土地上房屋征收与补偿条例》第17条明确了征收人给予被征收人的补偿范围包括以下三个方面：被征收房屋价值的补偿；因征收房屋造成的搬迁、临时安置的补偿；因征收房屋造成的停产停业损失的补偿。具体而言：

1. 关于被征收房屋的价值。被征收房屋的价值是指被征收的建筑物及其附属物占用的范围内的建设用地使用权和其他不动产的价值。为了更好地理解被征收房屋的价值范围，我们需要厘清以下概念：首先，我们不能仅仅理解为房屋本身，因为任何房屋的建设都是要依托土地而建的，如果要建房则必须依法获取一定的土地使用权才可以，因此这里房屋的价值当然包括土地使用权的价值。其次，在对房屋进行估价的时候，评估的范围必须包括合法的被征收建筑物及其占用范围内的建设用地上的其他不动产，不能包括为了获取高额补偿而进行的临时搭建物或者违法建筑，或者超过批准期限的临时建筑。最后，在实际的补偿中，根据《国有土地上房屋征收与补偿条例》第 19 条的规定，被征收房屋的价值是指经房地产价格评估机构评估过后确定的市场价值，征收人必须在合理合法的标准下对被征收人进行合理的补偿。对被征收人而言，需要注意关注评估报告的合法性，重点可从对于房地产价格评估机构的选定程序是否合法、房地产价格评估机构以及评估师是否具备相应资质、评估时点的确定以及评估程序是否合法、评估的依据和使用的技术手段等诸多环节进行审查。只有合法的评估报告才能作为确定被征收房屋价值的依据。另外，如被征收人选择房屋产权调换的，征收人提供用于产权调换房屋时，也应与被征收人计算、结算被征收房屋价值与用于产权调换房屋价值的差价。具体到本案中，工作人员称吕某可以获得 200 平方米的房屋，是结合吕某的房屋价值与产权调换房屋价值衡量的。

2. 关于搬迁的费用。根据《国有土地上房屋征收与补偿条例》第 22 条的规定，因征收房屋造成搬迁的，房屋征收部门应当向被征收人支付搬迁费。搬迁费是指被征收房屋被合法的拆除后，被征收人在就地安置或者异地安置的过程中，因为搬迁相关物品所需支出的必要的合理费用。搬迁费具体怎么计算，《国有土地上房屋征收与补偿条例》中并没有明确的规定，其他法律中也没有相关的规定，这个计算标准往往根据地方人民政府通过出台地方性规定的方式予以明确。

3. 关于临时安置的费用。根据《国有土地上房屋征收与补偿条例》第22条的规定，临时安置费用顾名思义就是指在房屋征收开始后，被征收人已经不能再使用或者居住其房屋，同时征收人也没有向被征收人提供临时周转的房屋，于是需要支付被征收人一定的金钱或者费用，然后让被征收人自己解决其过渡时期住房问题的相关费用。

4. 关于停产停业损失。停产停业损失是指因房屋征收活动对被征收人的生产经营等活动的暂停或者终止而造成的损失。根据《国有土地上房屋征收与补偿条例》第23条的规定，对因征收房屋造成停产停业损失的补偿，根据房屋被征收前的效益、停产停业期限等因素确定。具体办法由省、自治区、直辖市制定。

上述四个方面都是在确定补偿标准时必须要考量的内容。

法律依据

《国有土地上房屋征收与补偿条例》

第十七条 作出房屋征收决定的市、县级人民政府对被征收人给予的补偿包括：

(一)被征收房屋价值的补偿；

(二)因征收房屋造成的搬迁、临时安置的补偿；

(三)因征收房屋造成的停产停业损失的补偿。

市、县级人民政府应当制定补助和奖励办法，对被征收人给予补助和奖励。

第十九条　对被征收房屋价值的补偿，不得低于房屋征收决定公告之日被征收房屋类似房地产的市场价格。被征收房屋的价值，由具有相应资质的房地产价格评估机构按照房屋征收评估办法评估确定。

对评估确定的被征收房屋价值有异议的，可以向房地产价格评估机构申请复核评估。对复核结果有异议的，可以向房地产价格评估专家委员会申请鉴定。

房屋征收评估办法由国务院住房城乡建设主管部门制定，制定过程中，应当向社会公开征求意见。

第二十一条　被征收人可以选择货币补偿，也可以选择房屋产权调换。

被征收人选择房屋产权调换的，市、县级人民政府应当提供用于产权调换的房屋，并与被征收人计算、结清被征收房屋价值与用于产权调换房屋价值的差价。

因旧城区改建征收个人住宅，被征收人选择在改建地段进行房屋产权调换的，作出房屋征收决定的市、县级人民政府应当提供改建地段或者就近地段的房屋。

第二十二条　因征收房屋造成搬迁的，房屋征收部门应当向被征收人支付搬迁费；选择房屋产权调换的，产权调换房屋交付前，房屋征收部门应当向被征收人支付临时安置费或者提供周转用房。

第二十三条　对因征收房屋造成停产停业损失的补偿，根据房屋被征收前的效益、停产停业期限等因素确定。具体办法由省、自治区、直辖市制定。

30. 房屋征收时对空地进行补偿吗？

法律咨询

某市准备建设工业园区，需要对某区域的房屋进行征收。史某的房屋及土地位于被征收范围内，但是，史某被征收的土地中有一部分是空地，还没有建房屋。那么，空地还需要补偿吗？

律师答疑

《最高人民法院关于征收国有土地上房屋时是否应当对被征收人未经登记的空地和院落予以补偿的答复》(〔2012〕行他字第16号)认为："国有土地上房屋征收补偿中，应将当事人合法享有国有土地使用权的院落、空地面积纳入评估范围，按照征收时的房地产市场价格，一并予以征收补偿。"

法律依据

《最高人民法院关于征收国有土地上房屋时是否应当对被征收人未经登记的空地和院落予以补偿的答复》

山东省高级人民法院：

你院《关于征收国有土地上房屋时是否应当对被征收人未确权登记的空地和院落单独予以补偿的请示》收悉，经研究，答复如下：

对土地公有制之前，通过购买房屋方式使用私有的土地，土地转为国有后迄今仍继续使用的，未经确权登记，亦应确定现使用者的国有土地使用权。

国有土地上房屋征收补偿中，应将当事人合法享有国有土地使用权的院落、空地面积纳入评估范围，按照征收时的房地产市场价格，一并予以征收补偿。

31. 征收哪类房屋可以获得停产停业补偿？

法律咨询

王某的房屋因当地修建公园需要而被征收，在被征收的五间房屋中，其中有两间虽然产权证书上的用途是住宅，但是，王某一直用这两间房屋开小卖部。因此，王某非常担心不能获得停产停业补偿。于是，王某便四处咨询，想了解一下，征收哪类房屋可以获得停产停业补偿？

律师答疑

根据《国有土地上房屋征收与补偿条例》第23条的规定，对因征收房屋造成停产停业损失的补偿，根据房屋被征收前的效益、停产停业期限等因素确定。具体办法由省、自治区、直辖市制定。对此，地方政府对停产停业损失的补偿对象作出了具体规定。例如，根据《北京市国有土地上房屋征收停产停业损失补偿暂行办法》第3条的规定，停产停业损失的补偿对象应当符合以下条件：第一，被征收房屋具有房屋权属证明或者经有关部门认定为合法建筑。第二，有合法、有效的营业执照或者登记证，且营业执照或者登记证上载明的住所（营业场所）为被征收房屋。但在办理工商登记注册时提交了由经营者和房屋提供者签署的《临时住所（经营场所)使用承诺书》,承诺遇有政府有关部门依法拆除其场所或经政府批准进行拆迁以及要求恢复原场地使用性质时,不申请相应补偿的除外。第三,已办理税务登记并具有纳税凭证。

在实际补偿时,对于被征收人将住宅房屋改变为经营性用房的是否需要给予补偿,需要根据当地的政策规定来具体考量。通常情况下各地也都会规定根据经营实际情况、纳税等实际情况给予适当补偿。

法律依据

《国有土地上房屋征收与补偿条例》

第二十三条 对因征收房屋造成停产停业损失的补偿,根据房屋被征收前的效益、停产停业期限等因素确定。具体办法由省、自治区、直辖市制定。

《北京市国有土地上房屋征收停产停业损失补偿暂行办法》

第三条 被征收房屋符合下列条件的,房屋征收部门应当给予被征收人停产停业损失补偿:

(一)被征收房屋具有房屋权属证明或者经有关部门认定为合法建筑。

(二)有合法、有效的营业执照或者登记证,且营业执照或者登记证上载明的住所(营业场所)为被征收房屋。但在办理工商登记注册时提交了由经营者和房屋提供者签署的《临时住所(经营场所)使用承诺书》,承诺遇有政府有关部门依法拆除其场所或经政府批准进行拆迁、以及要求恢复原场地使用性质时,不申请相应补偿的除外。

(三)已办理税务登记并具有纳税凭证。

32. 停产停业损失如何计算和补偿？

法律咨询

朱某在邻街处开了一家服装店。后来，朱某的服装店因修建公路而被征收。在征收的过程中，朱某得知，自己的服装店会获得停业停产的损失补偿。但是，朱某并不知道停业停产的损失应当如何计算和补偿？

律师答疑

根据《国有土地上房屋征收与补偿条例》第23条的规定，对因征收房屋造成停产停业损失的补偿，根据房屋被征收前的效益、停产停业期限等因素确定。具体办法由省、自治区、直辖市制定。各地关于确认停产停业损失的标准和方法不一，有的地方采用了以被征收房屋评估价值为基数，按一定比例进行补偿的办法；有的地方按照房屋被征收前平均利润计算；有的地方根据房屋用途不同，结合房屋面积计算；等等。

《陕西省国有土地上房屋征收停产停业损失补偿办法》第5条第1款规定："被征收房屋停产停业损失补偿，由房屋征收当事人按照房屋被征收前的效益、停产停业期限等因素协商确定。协商不成的，可以委托房地产价格评估机构依据相关规定通过评估确定。被征收人选择房屋产权调换的，停产停业损失补偿费按月支付；被征收人选择货币补偿的，一次性给予停产停业损失补偿费。"

《广东省住房和城乡建设厅关于实施〈国有土地上房屋征收与补偿条例〉有关具体问题的通知》规定，对因征收合法房屋造成被征收人停产停业损失的补偿，根据房屋被征收前的效益、停产停业期限等因素确定。其中，房屋被征收前的效益原则上以房屋征收决定作出前1年内实际月平均税后利润为准，不能提供纳税情况等证明或者无法核算税后利润的，按上年度本地区同行业平均税后利润额或者同类房屋市场租金计算。停产停业期限的确定，选择货币补偿的按6个月计算；选择产权调换的，停产停业期限自被征收人实际搬迁之日起至产权调换房屋通知交付之日止。

根据《河北省国有土地上房屋征收与补偿实施办法》第14条和第15条的规定，因征收房屋造成停产停业损失的补偿，按征收房屋造成的实际财产损失进行补偿。计算因征收房屋造成的停产停业损失，应当根据纳税情况、经营规模、停产停业期限等因素确定。征收房屋造成停产停业的，应当给停产停业的职工发放生活补助费。停产停业的职工月生活补助费，按当地社会平均工资标准计算；其停产停业职工数量以生产经营者在征收决定发布前12个月缴纳社会保险的月平均人数计算；发放停产停业生活补助费期限按6个月计算。征收非住宅用房，被征收人选择货币补偿的，被征收房屋的临时安置补偿费按6个月计算；被征收人选择产权调换的，被征收房屋的临时安置补偿费按实际期限计算。生产经营者依法承租房屋进行生产经营且租赁合同未到期所承租房屋被征收的，其停产停业损失补偿费应当依照生产经营者与被征收人的约定分配；无约定的，房屋征收部门可将生产经营者的停产停业损失直接补偿给生产经营者。

北京市在房屋征收造成停产停业这个问题上，于2011年11月18日出台了专门的规定，即《北京市国有土地上房屋征收停产停业损失补偿暂行办法》。该暂行办法第 5 条规定的非住宅房屋停产停业损失补偿评估的计算公式是：停产停业损失补偿费 =（用于生产经营的非住宅房屋的月租金 + 月净利润 × 修正系数 + 员工月生活补助）× 停产停业补偿期限。这里用于生产经营的非住宅房屋的月租金是指被征收房屋停产停业期间平均每月的市场月租金，由房地产价格评估机构评估确定；月净利润是指生产经营者利用被征收房屋，在停产停业期间每月平均能够获取的税后净利润。月净利润按征收决定发布前 12 个月的损益表确定。无法根据损益表确定的根据生产经营者在征收决定发布前 12 个月实际缴纳的企业所得税推算；修正系数基准值为 1，根据使用被征收房屋的生产经营运行状况和市场预期进行修正，修正调整幅度不得超过 20%。员工月生活补助是指生产经营者在停产停业期间，每月支付给员工的基本生活保障补助，员工月生活补助标准按征收决定发布前上个月的北京市最低工资标准计算；员工数量以生产经营者在征收决定发布前 12 个月缴纳社会保险的月平均人数计算。生产经营者凭房屋征收决定相关证明到区县社会保险经（代）办机构开具参保人数证明。

此外，《北京市国有土地上房屋征收停产停业损失补偿暂行办法》第 6 条至第 9 条还规定，被征收人不能在规定期限内提供反映月净利润和员工数量等有效凭证的，在停产停业损失补偿费的计算公式中不计月净利润和员工月生活补助。停产停业补偿期限由房地产价格评估机构参照本办法所附停产停业补偿期限参考表评估确定。对从事生产制造的经营性房屋，停产停业期限超过本办法附表所规定标准的，停产停业补偿期限可以适当延长，但最长不超过 12 个月。用住宅房屋从事生产经营活动，按照实际经营面积每平方米给予 800 元至 3000 元一次性停产停业损失补偿费，具体标准由各区县房屋征收部门结合本地区实际情况确定。被征收人对一次性停产停业损失补偿费有异议的，可以在规定期限内申请参照本办法有关规定评估确定。生产经营者承租房屋的，依照与被征收人的约定分配停产停业损失补偿费；没有约定的，由被征收人参照本办法规定的标准对生产经营者给予适当补偿。

法律依据

《国有土地上房屋征收与补偿条例》

第二十三条 对因征收房屋造成停产停业损失的补偿，根据房屋被征收前的效益、停产停业期限等因素确定。具体办法由省、自治区、直辖市制定。

《陕西省国有土地上房屋征收停产停业损失补偿办法》

第五条 被征收房屋停产停业损失补偿，由房屋征收当事人按照房屋被征收前的效益、停产停业期限等因素协商确定。协商不成的，可以委托房地产价格评估机构依据相关规定通过评估确定。被征收人选择房屋产权调换的，停产停业损失补偿费按月支付；被征收人选择货币补偿的，一次性给予停产停业损失补偿费。

具体标准、办法由各市县根据本地实际制定。

《广东省住房和城乡建设厅关于实施〈国有土地上房屋征收与补偿条例〉有关具体问题的通知》

四、关于停产停业损失补偿。对因征收合法房屋造成被征收人停产停业损失的补偿，根据房屋被征收前的效益、停产停业期限等因素确定。其中，房屋被征收前的效益原则上以房屋征收决定作出前1年内实际月平均税后利润为准，不能提供纳税情况等证明或者无法核算税后利润的，按上年度本地区同行业平均税后利润额或者同类房屋市场租金计算。停产停业期限的确定，选择货币补偿的按6个月计算；选择产权调换的，停产停业期限自被征收人实际搬迁之日起至产权调换房屋通知交付之日止。

《河北省国有土地上房屋征收与补偿实施办法》

第十四条　因征收房屋造成停产停业损失的补偿，按征收房屋造成的实际财产损失进行补偿。计算因征收房屋造成的停产停业损失，应当根据纳税情况、经营规模、停产停业期限等因素确定。

征收房屋造成停产停业的，应当给停产停业的职工发放生活补助费。停产停业的职工月生活补助费，按当地社会平均工资标准计算；其停产停业职工数量以生产经营者在征收决定发布前12个月缴纳社会保险的月平均人数计算；发放停产停业生活补助费期限按6个月计算。

征收非住宅用房，被征收人选择货币补偿的，被征收房屋的临时安置补偿费按6个月计算；被征收人选择产权调换的，被征收房屋的临时安置补偿费按实际期限计算。

第十五条　生产经营者依法承租房屋进行生产经营且租赁合同未到期所承租房屋被征收的，其停产停业损失补偿费应当依照生产经营者与被征收人的约定分配；无约定的，房屋征收部门可将生产经营者的停产停业损失直接补偿给生产经营者。

《北京市国有土地上房屋征收停产停业损失补偿暂行办法》

第一条 为规范本市国有土地上房屋征收停产停业损失补偿活动,维护被征收人合法权益,根据《国有土地上房屋征收与补偿条例》(国务院令第590号)制定本办法。

第二条 在本市行政区域内因国有土地上房屋征收造成停产停业损失的补偿,适用本办法。

第三条 被征收房屋符合下列条件的,房屋征收部门应当给予被征收人停产停业损失补偿:

(一)被征收房屋具有房屋权属证明或者经有关部门认定为合法建筑。

(二)有合法、有效的营业执照或者登记证,且营业执照或者登记证上载明的住所(营业场所)为被征收房屋。但在办理工商登记注册时提交了由经营者和房屋提供者签署的《临时住所(经营场所)使用承诺书》,承诺遇有政府有关部门依法拆除其场所或经政府批准进行拆迁,以及要求恢复原场地使用性质时,不申请相应补偿的除外。

(三)已办理税务登记并具有纳税凭证。

第四条 被征收房屋为非住宅房屋的,由房屋征收当事人按照房屋被征收前的效益、停产停业期限等因素协商确定停产停业损失补偿金额;协商不成的,由房地产价格评估机构评估确定。

第五条 非住宅房屋停产停业损失补偿评估的计算公式为:

停产停业损失补偿费=(用于生产经营的非住宅房屋的月

租金 + 月净利润 × 修正系数 + 员工月生活补助）× 停产停业补偿期限

（1）用于生产经营的非住宅房屋的月租金是指被征收房屋停产停业期间平均每月的市场月租金，由房地产价格评估机构评估确定。

（2）月净利润是指生产经营者利用被征收房屋，在停产停业期间每月平均能够获取的税后净利润。月净利润按征收决定发布前12个月的损益表确定。无法根据损益表确定的根据生产经营者在征收决定发布前12个月实际缴纳的企业所得税推算。

（3）修正系数基准值为1，根据使用被征收房屋的生产经营运行状况和市场预期进行修正，修正调整幅度不得超过20%。

（4）员工月生活补助是指生产经营者在停产停业期间，每月支付给员工的基本生活保障补助，员工月生活补助标准按征收决定发布前上个月的北京市最低工资标准计算。

员工数量以生产经营者在征收决定发布前12个月缴纳社会保险的月平均人数计算。生产经营者凭房屋征收决定相关证明到区县社会保险经（代）办机构开具参保人数证明。

第六条 被征收人不能在规定期限内提供反映月净利润和员工数量等有效凭证的，在停产停业损失补偿费的计算公式中不计月净利润和员工月生活补助。

第七条 停产停业补偿期限由房地产价格评估机构参照本办法所附停产停业补偿期限参考表评估确定。对从事生产制造的经营性房屋，停产停业期限超过本办法附表所规定标准的，停产停业补偿期限可以适当延长，但最长不超过12个月。

第八条 用住宅房屋从事生产经营活动，按照实际经营面积每平方米给予800元至3000元一次性停产停业损失补偿费，具体标准由各区县房屋征收部门结合本地区实际情况确定。被征收人对一次性停产停业损失补偿费有异议的，可以在规定期限内申请参照本办法有关规定评估确定。

第九条 生产经营者承租房屋的，依照与被征收人的约定分配停产停业损失补偿费；没有约定的，由被征收人参照本办法规定的标准对生产经营者给予适当补偿。

33. 户口不在本地的被征收人能够获得补偿吗?

法律咨询

季某一家原是某村村民，后因城市化进程，该村的土地被征为国有，整村撤村转居。之后由于季某在外地做生意，当孩子上学时，他们便将户口迁到了外地。因国家修建项目工程，季某家的房屋也在被征收范围内。季某家的户口已经不在本地，其非常担心不能获得补偿。那么，户口不在本地的被征收人能够获得补偿吗?

律师答疑

近年来，随着我国经济社会的不断发展和人口流动不断增多，有些人的户口和房屋不在同一个地方。在这种情况下，如果其房屋面临征收，这些户口不在本地的被征收人能否获得补偿、能否获得和本地人一样的补偿，往往困扰着群众。在此，笔者可以很明确地告诉大家，国有土地上房屋征收补偿与被征收人的户口没有关系，只要被征收人是房屋的所有权人，被征收人就能因房屋被征收而获得补偿，而且补偿标准的适用不会因为是否为本地人而有所区别。《国有土地上房屋征收与补偿条例》第 2 条规定，为了公共利益的需要，征收国有土地上单位、个人的房屋，应当对被征收房屋所有权人（被征收人）给予公平补偿。这里获得补偿的前提条件为补偿的对象是被征收房屋的所有权人（被征收人），没有对户口问题提出任何限制。

法律依据

《国有土地上房屋征收与补偿条例》

第二条　为了公共利益的需要，征收国有土地上单位、个人的房屋，应当对被征收房屋所有权人（以下称被征收人）给予公平补偿。

34. 房屋的承租人有权获得征收补偿吗？

法律咨询

杨某的房屋将要被国家征收。但是，因杨某将自己的三间房屋出租给了来本地打工的吴某夫妇。在看到房屋征收公告后，吴某夫妇认为他们也有权获得补偿款，为此，双方发生纠纷。那么，房屋的承租人有权获得征收补偿吗?

律师答疑

《国有土地上房屋征收与补偿条例》第2条已经将被征收人明确限定在房屋所有权人范围,根据物权优于债权的原理,通常而言房屋承租人不能分享房屋征收补偿中的房屋补偿,但是,直管公房和单位自管公房的承租人是例外。公房本身是我国特殊经济社会环境之下的历史的产物,公房承租人虽然不享有所有权,但实质上成为一种长期存续的且带有福利性质、社会保障性质的"永租关系"。公房名为租赁,但承租人享有的是类似于物权的财产权益。因此,在房屋征收中,公房承租人应享有类似于所有权人的物权权利,既有获得补偿安置的权利,也有提出意见、陈述、申辩、参加听证和选择评估机构的权利。

此外,如果被征收房屋是非住宅房屋,承租人在租赁合同中对于搬迁补助、停产停业损失以及装饰装修补偿款等有约定的,可以按约定处理;没有约定的,虽然《国有土地上房屋征收与补偿条例》中未明确规定承租人安置补偿的权利,但也并未排除承租人权益保障。而且,各地出台的相关补偿政策中多对于营业用房承租人的权利也进行了保障,对符合条件的承租人也依法享有停产停业损失、装饰装修损失等补偿。在实务中,市、县级政府、房屋所有权人、承租人对相关补偿金的分配无法达成一致的,对与承租人密切相关的装饰装修补偿、搬迁费用、临时安置补偿以及停产停业损失补偿等,可以考虑先予提存,并引导所有权人与承租人通过协商或者民事诉讼的方式解决补偿金分配问题。

法律依据

《国有土地上房屋征收与补偿条例》

第二条　为了公共利益的需要，征收国有土地上单位、个人的房屋，应当对被征收房屋所有权人（以下称被征收人）给予公平补偿。

35. 征收范围内未经登记的房屋能否获得补偿？

法律咨询

董某的房屋因修建省道需要被征收。但是，董某的房屋是多年前自己建造的，一直未办理任何手续，也没有进行产权登记。因此，董某并不清楚自己的房屋能否获得补偿。那么，征收范围内未经登记的房屋能否获得补偿？

律师答疑

根据《国有土地上房屋征收与补偿条例》第24条第2款的规定，市、县级人民政府作出房屋征收决定前，应当组织有关部门依法对征收范围内未经登记的建筑进行调查、认定和处理。对认定为合法建筑和未超过批准期限的临时建筑的，应当给予补偿；对认定为违法建筑和超过批准期限的临时建筑的，不予补偿。所以，征收范围内没有经过产权登记的房屋，能否获得补偿分为以下两种情况：

第一种情况：被认定为合法建筑和未超过批准期限的临时建

筑的，应当给予补偿。比如，1989年，唐某通过合法程序在某市修建了一套房屋，但没有办理产权登记。20多年来，唐某一直使用和居住在该房屋。2012年，市里对城市建设进行重新规划，需要征收唐某的房屋。经有关部门依法调查，认定唐某的房屋为合法建筑，虽然唐某未办理产权登记，但不影响唐某基于合法建造行为已取得房屋的事实物权，故此唐某也拿到了房屋征收补偿款。

第二种情况：被认定为违法建筑和超过批准期限的临时建筑的，不予补偿。比如，上例中唐某的邻居孙某，其居住的房屋是在1990年修建的，也是一直居住和使用该房屋至今，但是没有办理相关手续，也没进行产权登记。有关部门经过认真调查，最终认定孙某的房屋为违法建筑，因此孙某就无法拿到房屋征收补偿款。

由于无证房屋形成的时间、原因等较为复杂，且对于违法建筑不仅要结合法律的沿革，还需要综合考量建设年代、建设原因以及建设者的过错等因素进行认定，为统一认定标准，加强对房屋征收工作的指导，很多地方都制定了在房屋征收中对无证房屋进行认定的规则。例如，《沈阳市国有土地上房屋征收与补偿办法》第35条规定："下列未经登记房屋经区、县（市）人民政府组织相关部门认定后，符合下列条件之一的，应当给予相应补偿：（一）1990年4月1日《中华人民共和国城市规划法》颁布前，具有土地、规划等审批文件的住宅房屋应当按照有证房屋给予补偿；（二）1990年4月1日《中华人民共和国城市规划法》颁布前，自建、自住的具备独立生活条件住宅房屋，应当按照有证房屋70%给予补偿；（三）1990年4月1日《中华人民共和国城市规划法》颁布后，房屋征收公告前，自建、自住的具备独立生活条件住宅房屋，其权利人具有房屋征收范围内的独立户口，在本市城市规划区域内确无其他住房，且未得到过征收补偿的低保、低保边缘户，应当按照有证房屋 60% 给予补偿。”

法律依据

《国有土地上房屋征收与补偿条例》

第二十四条第二款 市、县级人民政府作出房屋征收决定前，应当组织有关部门依法对征收范围内未经登记的建筑进行调查、认定和处理。对认定为合法建筑和未超过批准期限的临时建筑的，应当给予补偿；对认定为违法建筑和超过批准期限的临时建筑的，不予补偿。

《沈阳市国有土地上房屋征收与补偿办法》

第三十五条 下列未经登记房屋经区、县（市）人民政府组织相关部门认定后，符合下列条件之一的，应当给予相应补偿：

（一）1990 年 4 月 1 日《中华人民共和国城市规划法》颁布前，具有土地、规划等审批文件的住宅房屋应当按照有证房屋给予补偿；

（二）1990 年 4 月 1 日《中华人民共和国城市规划法》颁布前，自建、自住的具备独立生活条件住宅房屋，应当按照有证房屋 70% 给予补偿；

（三）1990 年 4 月 1 日《中华人民共和国城市规划法》颁布后，房屋征收公告前，自建、自住的具备独立生活条件住宅房屋，其权利人具有房屋征收范围内的独立户口，在本市城市规划区域内确无其他住房，且未得到过征收补偿的低保、低保边缘户，应当按照有证房屋 60% 给予补偿。

36. 临时建筑能获得征收补偿吗？

法律咨询

因国家修建水利工程，傅某的房屋被列入征收范围，在征收公告发布之后，傅某非常担心，因傅某在原有房之外又搭建了一间临时房屋，因此，傅某不知道该临时建筑是否可以得到补偿。那么，临时建筑能获得征收补偿吗？

律师答疑

根据《国有土地上房屋征收与补偿条例》第 24 条的规定，市、县级人民政府作出房屋征收决定前，应当组织有关部门依法对征收范围内未经登记的建筑进行调查、认定和处理。对认定为合法建筑和未超过批准期限的临时建筑的，应当给予补偿；对认定为违法建筑和超过批准期限的临时建筑的，不予补偿。因此，临时建筑被国家征收时，能否获得补偿也分两种情况：

一种情况是未超过批准期限的临时建筑，可以获得补偿。关于临时建筑的批准期限，以临时建设工程规划许可证上批准的期限为准，以北京为例，根据《北京市城乡规划条例》的规定，临时建设工程规划许可证的有效期不超过 2 年。期满需要延续的，可以在期限届满前向规划主管部门提出申请，经批准可以延续，每次期限不得超过一年。2020 年 1 月，周某经批准在北京市临时建造了一幢 300 平方米的房屋，使用期限 2 年，后经批准延期 1 年。2022 年 5 月，该市修建高速公路欲征收这幢房屋。由于这幢房屋并未超过批准期限，因此周某可以获得征收补偿。

另一种情况是超过批准期限的临时建筑，不能获得补偿。比如，在上例中，周某的房屋是在2020年1月临时建造的，但未在到期前及时办理使用期限的延续。到了2022年5月房屋被征收时，该房屋已经超过了2年的临时建筑使用期限，此时周某应当无条件拆除临时建设工程及设施，不能再就超过批准期限的临时建筑获得征收补偿。

法律依据

《国有土地上房屋征收与补偿条例》

第二十四条　市、县级人民政府及其有关部门应当依法加强对建设活动的监督管理，对违反城乡规划进行建设的，依法予以处理。

市、县级人民政府作出房屋征收决定前，应当组织有关部门依法对征收范围内未经登记的建筑进行调查、认定和处理。对认定为合法建筑和未超过批准期限的临时建筑的，应当给予补偿；对认定为违法建筑和超过批准期限的临时建筑的，不予补偿。

《北京市城乡规划条例》（2021年修正）

第四十二条　城镇建设项目因施工或者建设城乡基础设施、公共服务设施和公共安全设施需要临时占用土地或者建设临时工程的，建设单位应当向规划自然资源主管部门申请临时建设用地批准文件或临时建设工程规划许可证。

临时建设用地批准文件和临时建设工程规划许可证的有效期不超过二年，期满需要延续的，应当在期限届满前向规划自然资源主管部门提出申请，经批准可以延续，每次期限不得超过一年。

因城乡建设需要或者临时使用期届满未延续的,建设单位应当无条件拆除临时建设工程及设施。为建设主体工程申请的临时建设工程,应当在主体工程申请规划核验之前拆除。

37. 丈夫在婚前所买的房屋在婚后被征收,补偿款归谁所有?

法律咨询

郑某在结婚前自己修建了一幢二层小楼作为婚房。但是,在结婚一年后,郑某因与妻子性格不合,准备离婚。此时,政府发布通知,称该村房屋将要被国家征收。郑某的妻子要求将补偿款作为夫妻共同财产进行分割。那么,丈夫在婚前所买的房屋在婚后被征收,补偿款归谁所有?

律师答疑

房屋征收补偿款的归属问题是以确定被征收房屋所有权人为前提的,我们只有先确定房屋归谁所有才能解决补偿款的归属问题。根据《民法典》第 1063 条的规定:“下列财产为夫妻一方的个人财产:(一)一方的婚前财产;(二)一方因受到人身损害获得的赔偿或者补偿;(三)遗嘱或者赠与合同中确定只归一方的财产;(四)一方专用的生活用品;(五)其他应当归一方的财产。”房屋作为夫妻一方的婚前财产是郑某的个人财产,故对于被征收房屋价值的补偿部分亦是郑某的个人财产的形态转化,不会因为婚姻关系的存续而转化为夫妻共同财产，而且即使房屋有增值，亦为夫妻一方个人财产。此外，需要说明的是，前面的案例中曾详细介绍过房屋征收补偿的构成，除对被征收房屋价值补偿外，还会包括因征收房屋造成的搬迁、临时安置的补偿款、补助或奖励费等，前述费用根据相应征收补偿政策可能涉及按照家庭成员数量进行的相关补偿或者根据家庭成员的情况在符合特定条件下可以获得的补偿，故对于这部分需要根据具体政策具体分析，不宜单一地仅根据被征收房屋的所有权进行划分，尤其是对家庭成员的补偿部分也不宜简单认定为夫妻个人财产。

法律依据

《中华人民共和国民法典》

第一千零六十三条　下列财产为夫妻一方的个人财产：

（一）一方的婚前财产；

（二）一方因受到人身损害获得的赔偿或者补偿；

（三）遗嘱或者赠与合同中确定只归一方的财产；

（四）一方专用的生活用品；

（五）其他应当归一方的财产。

38. 一方婚前付首付款婚后夫妻共同还贷的房屋被征收，补偿款归谁?

法律咨询

杜某在结婚前用个人存款按揭了一套房屋，将其作为婚房。

结婚后，杜某与妻子共同还贷。几年之后，杜某因妻子有了外遇准备离婚。在两人协议离婚期间，该房屋因旧城改造而被征收。为此，双方因补偿款的归属发生纠纷。那么，一方婚前付首付款婚后夫妻共同还贷的房屋被征收，补偿款归谁？

律师答疑

在一方婚前付首付款买的房屋，结婚后夫妻双方共同来偿还房贷的情形下，房屋被征收则补偿款归谁这个问题，仍然要适用对于被征收房屋价值的补偿部分与房屋所有权人挂钩的原则，即首先要确定房屋所有权的归属问题。根据《最高人民法院关于适用〈中华人民共和国民法典〉婚姻家庭编的解释（一）》第 78 条“夫妻一方婚前签订不动产买卖合同，以个人财产支付首付款并在银行贷款，婚后用夫妻共同财产还贷，不动产登记于首付款支付方名下的，离婚时该不动产由双方协议处理。依前款规定不能达成协议的，人民法院可以判决该不动产归登记一方，尚未归还的贷款为不动产登记一方的个人债务。双方婚后共同还贷支付的款项及其相对应财产增值部分，离婚时应根据民法典第一千零八十七条第一款规定的原则，由不动产登记一方对另一方进行补偿”的规定，一方婚前签订购房合同并支付首付款，婚后夫妻共同偿还房贷的情形下，房屋所有权的归属问题有两种情形，则房屋征收补偿款的归属也分为两种情形。第一种情形，离婚时双方对不动产的归属问题达成协议的，则房屋征收补偿款的归属也参照协议分配。第二种情形，如果双方对不动产的产权归属没有达成协议，人民法院在离婚判决中可以判决该不动产应该归产权登记一方所有，如判决归产权登记一方所有的，则对于被征收房屋价值的补偿部分也应该归产权登记一方所有。但是，对于共同还贷支付的款项以及相对应财产增值部分，另一方可以要求产权登记一方给予补偿。

法律依据

《最高人民法院关于适用〈中华人民共和国民法典〉婚姻家庭编的解释（一）》

第七十八条　夫妻一方婚前签订不动产买卖合同，以个人财产支付首付款并在银行贷款，婚后用夫妻共同财产还贷，不动产登记于首付款支付方名下的，离婚时该不动产由双方协议处理。

依前款规定不能达成协议的，人民法院可以判决该不动产归登记一方，尚未归还的贷款为不动产登记一方的个人债务。双方婚后共同还贷支付的款项及其相对应财产增值部分，离婚时应根据民法典第一千零八十七条第一款规定的原则，由不动产登记一方对另一方进行补偿。

39. 离婚时房屋被判归一方所有，则另一方还能要征收补偿款吗？

法律咨询

钱某与丈夫诉讼离婚，法院将房屋判归钱某所有。后来，钱某的房子被征收，钱某的丈夫得知此消息后，便找到钱某，要求分一半的房屋补偿款。那么，离婚时房屋被判归一方所有，则另一方还能要征收补偿款吗？

律师答疑

通常而言，在离婚时，如已经有生效判决将房屋所有权判归一方所有，则房屋征收补偿款当然归该方所有，另一方无权索要。但是，除非具备《民法典》第1092条“夫妻一方隐藏、转移、变卖、毁损、挥霍夫妻共同财产，或者伪造夫妻共同债务企图侵占另一方财产的，在离婚分割夫妻共同财产时，对该方可以少分或者不分。离婚后，另一方发现有上述行为的，可以向人民法院提起诉讼，请求再次分割夫妻共同财产”规定的情形，也即在离婚后，另一方发现取得房屋所有权的一方，在离婚时有隐藏、转移、变卖、毁损、挥霍夫妻共同财产或伪造债务企图侵占另一方财产的行为，则可以向人民法院提起诉讼，请求再次分割房屋的所有权。如果法院判定其享有涉诉房屋所有权的全部或者一部分，则此时有权索要征收补偿款的全部或者一部分。

法律依据

《中华人民共和国民法典》

第一千零九十二条 夫妻一方隐藏、转移、变卖、毁损、挥霍夫妻共同财产，或者伪造夫妻共同债务企图侵占另一方财产的，在离婚分割夫妻共同财产时，对该方可以少分或者不分。离婚后，另一方发现有上述行为的，可以向人民法院提起诉讼，请求再次分割夫妻共同财产。

40. 违法建筑能获得补偿吗？

法律咨询

盛某自家院落中有一块空地。后来，因为儿子结婚，盛某未经批准就在这块空地上修建了五间房子。最近，因国家建设项目盛某家房屋将要被征收。盛某听说自己在院里修建的房子属于违法建筑，不能获得补偿。那么，依据法律规定，违法建筑能获得补偿吗？

律师答疑

违法建筑一般是指未经规划土地主管部门批准，未领取建设工程规划许可证或临时建设工程规划许可证，擅自建造的建筑物和构筑物。也就是，没有依法建造，不经允许擅自建造，或者超出了建设工程规划许可证范围的建筑。本案中盛某修建的五间房子就属于未经审批擅自建造的建筑物。违法建筑大致有以下几类：一类是违反规划管理规定进行建设的，含不按规划许可的内容进行建设或未办理规划手续擅自进行建设；另一类是非法占地擅自进行建设的，其不仅违反规划管理的规定，还违反了土地管理的相关规定。生活中常见的违法建筑有：占用已规划为公共场所、公共设施用地或公共绿化用地的建筑；不按批准的设计图纸施工的建筑；擅自改建、加建的建筑；擅自改变工业厂房、住宅和其他建筑物使用功能的建筑；逾期未拆除的临时建筑等。

根据《国有土地上房屋征收与补偿条例》第24条的规定，市、县级人民政府及其有关部门应当依法加强对建设活动的监督管理，对违反城乡规划进行建设的，依法予以处理。市、县级人民政府作出房屋征收决定前，应当组织有关部门依法对征收范围内未经登记的建筑进行调查、认定和处理。对认定为合法建筑和未超过批准期限的临时建筑的，应当给予补偿；对认定为违法建筑和超过批准期限的临时建筑的，不予补偿。由此可知，违法建筑是不能得到房屋征收补偿的。

法律依据

《国有土地上房屋征收与补偿条例》

第二十四条 市、县级人民政府及其有关部门应当依法加强对建设活动的监督管理，对违反城乡规划进行建设的，依法予以处理。

市、县级人民政府作出房屋征收决定前，应当组织有关部门依法对征收范围内未经登记的建筑进行调查、认定和处理。对认定为合法建筑和未超过批准期限的临时建筑的，应当给予补偿；对认定为违法建筑和超过批准期限的临时建筑的，不予补偿。

41. 在房屋征收搬迁时，如何保护被征收人的权益及改善被征收人的居住条件？

法律咨询

伍某的房屋因国家修建铁路被征收。在协商补偿事宜时，伍某选择了房屋产权调换。但是，一旦搬迁，伍某一家便没有地方居住。那么，在房屋征收搬迁时，如何保护被征收人的权益及改善被征收人的居住条件？

律师答疑

首先，按照保证房屋被征收群众居住条件有改善、生活水平不降低的原则，《国有土地上房屋征收与补偿条例》确定了“公平补偿原则”。《国有土地上房屋征收与补偿条例》第 17 条规定，对被征收人的补偿包括：被征收房屋价值的补偿，因征收房屋造成的搬迁与临时安置的补偿，停产停业损失的补偿。市、县级人民政府应当制定补助和奖励办法，对被征收人给予补助和奖励。而对被征收房屋价值的补偿，按《国有土地上房屋征收与补偿条例》第 19 条规定，不得低于房屋征收决定公告之日被征收房屋类似房地产的市场价格。而市场价格包含了土地使用权的价值，不低于市场价格就可以保证被征收人所得补偿在市场上能买到区位、面积、用途、结构相当的房屋。

其次，为了保证生活条件困难的被征收人居住条件有改善，《国有土地上房屋征收与补偿条例》第 18 条规定，政府对符合住房保障条件的被征收人除给予上述补偿外，还要优先安排被征收人享受住房保障，使其不再等待轮候保障房。

最后，《国有土地上房屋征收与补偿条例》第 27 条确立了实施房屋征收应当“先补偿、后搬迁”的原则，该条规定是从规范房屋征收补偿与被征收人搬迁的先后关系入手提出了明确的要求，可有效杜绝实务中可能出现的房屋被拆除但补偿款迟迟不能下发的现象，应该说该条对于保障被征收人合法权益具有重要意义。同时，该条中也规定，任何单位和个人不得采取暴力、威胁或者违反规定中断供水、供热、供气、供电和道路通行等非法方式迫使被征收人搬迁。禁止建设单位参与搬迁活动。通过立法的方式明确禁止采取非法的方式迫使被征收人搬迁的方式，这也是对被征收人权益的一种维护。

法律依据

《国有土地上房屋征收与补偿条例》

第十七条 作出房屋征收决定的市、县级人民政府对被征收人给予的补偿包括：

（一）被征收房屋价值的补偿；

（二）因征收房屋造成的搬迁、临时安置的补偿；

（三）因征收房屋造成的停产停业损失的补偿。

市、县级人民政府应当制定补助和奖励办法，对被征收人给予补助和奖励。

第十八条 征收个人住宅，被征收人符合住房保障条件的，作出房屋征收决定的市、县级人民政府应当优先给予住房保障。具体办法由省、自治区、直辖市制定。

第十九条 对被征收房屋价值的补偿，不得低于房屋征收决定公告之日被征收房屋类似房地产的市场价格。被征收房屋的价值，由具有相应资质的房地产价格评估机构按照房屋征收评估办法评估确定。

对评估确定的被征收房屋价值有异议的，可以向房地产价格评估机构申请复核评估。对复核结果有异议的，可以向房地产价格评估专家委员会申请鉴定。

房屋征收评估办法由国务院住房城乡建设主管部门制定，制定过程中，应当向社会公开征求意见。

第二十七条 实施房屋征收应当先补偿、后搬迁。

作出房屋征收决定的市、县级人民政府对被征收人给予补偿后，被征收人应当在补偿协议约定或者补偿决定确定的搬迁期限内完成搬迁。

任何单位和个人不得采取暴力、威胁或者违反规定中断供水、供热、供气、供电和道路通行等非法方式迫使被征收人搬迁。禁止建设单位参与搬迁活动。

42. 被征收人搬迁时产生的搬迁费用由谁负责?

法律咨询

某市因扩建主城区需要征收部分郊区的土地，在征收公告发布之后，当地居民有的选择了货币补偿，有的选择了房屋产权调换。但是，大家都想知道，他们在搬迁时的费用由谁承担?

律师答疑

根据《国有土地上房屋征收与补偿条例》第22条的规定，因征收房屋造成搬迁的，房屋征收部门应当向被征收人支付搬迁费；选择房屋产权调换的，产权调换房屋交付前，房屋征收部门应当向被征收人支付临时安置费或者提供周转用房。很显然，被征收人进行搬迁时，其产生的搬迁费应由房屋征收部门承担。

法律依据

《国有土地上房屋征收与补偿条例》

第二十二条　因征收房屋造成搬迁的，房屋征收部门应当向被征收人支付搬迁费；选择房屋产权调换的，产权调换房屋交付前，房屋征收部门应当向被征收人支付临时安置费或者提供周转用房。

43. 被征收人没有获得补偿，是否可以先进行拆迁？

法律咨询

某市因修建学校需要征收附近居民的房屋，征收通知发布之后，相关部门便开始与居民商量补偿事宜。但是，在签订补偿协议后，部分居民还未获得补偿款，相关部门就已经开始拆迁。那么，被征收人没有获得补偿，是否可以先进行拆迁？

律师答疑

《国有土地上房屋征收与补偿条例》第 27 条明确规定了实施房屋征收应当“先补偿、后搬迁”的制度，其中，“先补偿”是指征收部门应与被征收人达成补偿协议或征收部门作出补偿决定，并且按照补偿协议或补偿决定履行完补偿义务。如被征收人选择货币补偿的，则需要货币补偿支付到位；如选择房屋产权调换的，对于安置房属于现房则需完成房屋的交付手续，对于安置房属于期房的，则需提供了相应的周转用房或支付了临时安置费方可视为完成补偿。“后搬迁”是指征收部门完成前述补偿义务之后，被征收人应当在补偿协议约定或者补偿决定确定的搬迁期限内完成搬迁。

根据上述规定，在被征收人获得补偿之前，相关部门不能要求其搬迁，否则就构成违法征收。征收程序的正义必须是被征收人看得到的正义，这对保护被征收人的合法权益至关重要。房屋征收补偿工作中必须先依法进行补偿然后才能开展搬迁工作，也就是说，只有在房屋征收补偿协议的约束下，对被征收人依法进行了补偿之后，被征收人才应当依法在补偿协议或补偿决定确定的期限内完成搬迁。在补偿协议尚未签订或补偿决定尚未作出、补偿尚未到位的情况下，就拆除房屋是一种违法的行为，如出现此种情形，被征收人可以通过法律手段依法维权。

法律依据

《国有土地上房屋征收与补偿条例》

第二十七条 实施房屋征收应当先补偿、后搬迁。

作出房屋征收决定的市、县级人民政府对被征收人给予补偿后，被征收人应当在补偿协议约定或者补偿决定确定的搬迁期限内完成搬迁。

任何单位和个人不得采取暴力、威胁或者违反规定中断供水、供热、供气、供电和道路通行等非法方式迫使被征收人搬迁。禁止建设单位参与搬迁活动。

44. 什么时候房屋征收部门应当向被征收人支付临时安置费或者提供周转用房？

法律咨询

杨某是某市居民，其房屋因该市修建体育馆而被征收。在土地征收部门与杨某等居民协商好补偿事宜后，大家开始准备搬迁。后来，杨某听说，房屋征收部门应当向他们支付临时安置费或者周转用房。那么，什么时候房屋征收部门应当向被征收人支付临时安置费或者提供周转用房？

律师答疑

根据《国有土地上房屋征收与补偿条例》第21条第3款和第22条的规定，因旧城区改建征收个人住宅，被征收人选择在改建地段进行房屋产权调换的，作出房屋征收决定的市、县级人民政府应当提供改建地段或者就近地段的房屋。因征收房屋造成搬迁的，房屋征收部门应当向被征收人支付搬迁费；选择房屋产权调换的，产权调换房屋交付前，房屋征收部门应当向被征收人支付临时安置费或者提供周转用房。

从实务操作来看，如果被征收人选择产权调换时，在房屋征收部门正式交房之前存在一个过渡期，在这个过渡期内，被征收人或是由房屋征收部门提供临时使用的周转房，或者是自己寻找房子过渡。对于房屋征收部门提供了周转房并且被征收人接收的，就无须支付临时安置补助费；对于自行寻找房子过渡的，房屋征收部门就应当支付临时安置补助费。另外，如果房屋征收部门提供了周转房，但是被征收人对周转房的质量或者区位不满意而不愿意接受的，房屋征收部门仍应当支付临时安置补助费。也就是说，临时安置补助费用是指被征收人在过渡期内因无房屋居住所发生费用的补助，对于补助的标准目前从国家层面没有统一的规定，多是由省、自治区、直辖市人民政府结合当地的实际情况做出规定。

法律依据

《国有土地上房屋征收与补偿条例》

第二十一条第三款 因旧城区改建征收个人住宅，被征收人选择在改建地段进行房屋产权调换的，作出房屋征收决定的市、县级人民政府应当提供改建地段或者就近地段的房屋。

第二十二条　因征收房屋造成搬迁的，房屋征收部门应当向被征收人支付搬迁费；选择房屋产权调换的，产权调换房屋交付前，房屋征收部门应当向被征收人支付临时安置费或者提供周转用房。

第二十五条　房屋征收部门与被征收人依照本条例的规定，就补偿方式、补偿金额和支付期限、用于产权调换房屋的地点和面积、搬迁费、临时安置费或者周转用房、停产停业损失、搬迁期限、过渡方式和过渡期限等事项，订立补偿协议。

补偿协议订立后，一方当事人不履行补偿协议约定的义务的，另一方当事人可以依法提起诉讼。

45. 周转用房和临时安置费可以同时获得吗？

法律咨询

某县要修建医院，决定征收某小区居民的房屋，其中曾某的一套三居室也在征收范围。在选择补偿方式时，曾某选择了产权调换。后来，曾某听说选择产权调换可以申请周转用房和临时安置费。那么，周转用房和临时安置费可以同时获得吗？

律师答疑

根据《国有土地上房屋征收与补偿条例》第22条的规定，因征收房屋造成搬迁的，房屋征收部门应当向被征收人支付搬迁费；选择房屋产权调换的，产权调换房屋交付前，房屋征收部门应当向被征收人支付临时安置费或者提供周转用房。据此，在被征收人选择了房屋产权调换这种补偿形式时，在产权调换房屋交付前，周转用房和临时安置费两种搬迁的补助方式，只能二选一。也就是说，如果被征收人已经接受了房屋征收部门提供的周转用房，就不能再要求获得临时安置费了，如果房屋征收部门已经向被征收人支付了临时安置费，则被征收人就不能要求向其提供周转用房。

法律依据

《国有土地上房屋征收与补偿条例》

第二十二条 因征收房屋造成搬迁的，房屋征收部门应当向被征收人支付搬迁费；选择房屋产权调换的，产权调换房屋交付前，房屋征收部门应当向被征收人支付临时安置费或者提供周转用房。

第四节 房屋征收补偿决定和强制拆迁

46. 房屋征收补偿决定送达后会产生哪些法律后果？

法律咨询

钟某的房屋因安置房建设而被纳入征收范围。征收部门履行了征收程序，在取得政府下发的征收决定后，与钟某协商房屋征收补偿。后因协商未果，征收部门便将房屋征收补偿决定送达给了钟某。那么，房屋征收补偿决定送达后会产生哪些法律后果？

律师答疑

房屋征收补偿决定，是指国家为了公共利益的需要，在依法征收公民房屋过程中，如房屋征收部门与被征收人在征收补偿方案确定的签约期限内没有达成补偿协议的，或者被征收房屋所有权人不明确的，房屋征收部门报请作出房屋征收决定的市、县级人民政府，由市、县级人民政府依照有关规定、按照征收补偿方案确定的价格作出的征收补偿决定。一个依法依规作出的房屋征收补偿决定一旦送达被征收人，将会产生如下法律效果：

第一，在补偿决定确定的补偿到位后，被征收房屋的所有权发生变动。补偿决定指向了具体的被征收人和被征收房屋，并产生一定的法律效力。如前所述，被征收房屋的物权会因合法的征收行为而灭失或转移给国家。而房屋补偿决定是实现征收决定中对应的补偿的一种措施或手段，只有在征收决定作出并且对应的补偿完成后，对被征收人而言才是一个完整的具有执行力的行政行为，因此，笔者比较赞同只有补偿决定确定的补偿对被征收人到位后，方可认定被征收房屋的所有权发生了变动。

第二，被征收人开始享有申请行政复议、提起行政诉讼的权利。依据《国有土地上房屋征收与补偿条例》第26条第3款的规定，被征收人对补偿决定不服的，可以依法申请行政复议，也可以依法提起行政诉讼。

第三，征收人开始享有申请法院强制执行的权利。根据《国有土地上房屋征收与补偿条例》第28条第1款的规定，被征收人在法定期限内不申请行政复议或者不提起行政诉讼，在补偿决定规定的期限内又不搬迁的，由作出房屋征收决定的市、县级人民政府依法申请人民法院强制执行。

法律依据

《中华人民共和国民法典》

第二百二十九条 因人民法院、仲裁机构的法律文书或者人民政府的征收决定等，导致物权设立、变更、转让或者消灭的，自法律文书或者征收决定等生效时发生效力。

《国有土地上房屋征收与补偿条例》

第二十六条第三款 被征收人对补偿决定不服的，可以依法申请行政复议，也可以依法提起行政诉讼。

第二十八条第一款 被征收人在法定期限内不申请行政复议或者不提起行政诉讼，在补偿决定规定的期限内又不搬迁的，由作出房屋征收决定的市、县级人民政府依法申请人民法院强制执行。

47. 被征收房屋所有权何时发生变动？

法律咨询

付某是某市居民，其所在小区由于该市建设汽车站而被征收。在下发征收通知后，土地征收部门便开始与居民商量征地补偿事宜，并签订了补偿协议。但是，付某想知道被征收房屋的所有权在什么时候发生变动？

律师答疑

征收过程涉及征收决定和补偿（含签订补偿协议或作出征收补偿决定）两个环节，根据《民法典》第229条“因人民法院、仲裁机构的法律文书或者人民政府的征收决定等，导致物权设立、变更、转让或者消灭的，自法律文书或者征收决定等生效时发生效力”之规定，人民政府作出征收决定可以直接导致征收范围内房屋物权发生变动。那么征收决定何时生效，则成为判断物权变动的核心问题，这一问题对被征收人的权利保护影响重大。

结合《国有土地上房屋征收与补偿条例》第13条第1款的规定：“市、县级人民政府作出房屋征收决定后应当及时公告。公告应当载明征收补偿方案和行政复议、行政诉讼权利等事项。”以及第27条第1款的规定：“实施房屋征收应当先补偿、后搬迁。”征收决定自公告之日起产生法律效力。但是这时的法律效力并不完全，只有拘束力、确定力和公定力，而不具有执行力。只有在补偿完成后征收决定才具有执行力。笔者比较赞同在补偿完成后，已经成立的征收决定才具有完全的行政行为效力，被征收房屋的所有权从这一时点发生转移。

当然，实务中也有观点认为，征收决定公告后已经产生了部分法律效力，房屋归国家所有，《国有土地上房屋征收与补偿条例》只是为保障被征收人的合法权益，特别规定了在补偿工作完成前，被征收人仍然享有被征收房屋的占有、使用、收益和处分的权利。只有在补偿工作完成后，如果被征收人在法定期限内不提起行政诉讼也不申请行政复议，在补偿决定规定的期限内也不搬迁的，作出征收决定的市、县级政府以及具体实施征收的政府部门才可以向人民法院申请强制执行。因而，征收决定经公告后即发生物权变动的效力，补偿决定或者补偿协议签订后才发生强制执行效力。这种分阶段产生不同法律效力的观点也有一定的道理，只是从更有利于保障被征收人的合法权益的角度出发，笔者更加赞同只有在补偿决定或补偿协议确定的补偿完成后，征收决定的效力才完全产生这一观点，否则容易引发矛盾。比如，某市某区连连发生征收人组织实施单位工作人员及社会闲散人员强拆被征收房屋事件，其间亦会发生肢体冲突。被征收人报警，处警民警拒绝制止强拆行为的理由是，双方已经签订征收补偿协议，房屋就是征收人的了。如此一来，是征收人拆自己的房屋，并不违法。该处警民警的回答是正确的吗？如果政府下发了征收决定物权就转移，那征收实施单位就可以接受房屋征收部门的委托随意去处置这些财产了吗？答案显然是否定的，这不符合法律背后的立法精神和逻辑。实务中，被征收人交出房屋和房屋产权文件的，仅仅是占有、使用权的转移，所有权要在登记机关注销或变更后才消失。

法律依据

《中华人民共和国民法典》

第二百二十九条 因人民法院、仲裁机构的法律文书或者人民政府的征收决定等，导致物权设立、变更、转让或者消灭的，自法律文书或者征收决定等生效时发生效力。

《国有土地上房屋征收与补偿条例》

第十三条 市、县级人民政府作出房屋征收决定后应当及时公告。公告应当载明征收补偿方案和行政复议、行政诉讼权利等事项。

市、县级人民政府及房屋征收部门应当做好房屋征收与补偿的宣传、解释工作。

房屋被依法征收的，国有土地使用权同时收回。

第二十七条 实施房屋征收应当先补偿、后搬迁。

作出房屋征收决定的市、县级人民政府对被征收人给予补偿后，被征收人应当在补偿协议约定或者补偿决定确定的搬迁期限内完成搬迁。

任何单位和个人不得采取暴力、威胁或者违反规定中断供水、供热、供气、供电和道路通行等非法方式迫使被征收人搬迁。禁止建设单位参与搬迁活动。

第二十八条 被征收人在法定期限内不申请行政复议或者不提起行政诉讼，在补偿决定规定的期限内又不搬迁的，由作出房屋征收决定的市、县级人民政府依法申请人民法院强制执行。

强制执行申请书应当附具补偿金额和专户存储账号、产权调换房屋和周转用房的地点和面积等材料。

48. 申请强制拆迁的条件是什么？

法律咨询

季某的房屋因国家修建工程被划入征收范围。季某对房屋征收部门所提出的补偿标准不满意，因此，一直拒绝搬迁。房屋征收部门告知：如在征收补偿方案确定的签约期限内达不成补偿协议的，将申请作出房屋征收决定的县级政府作出补偿决定。在补偿决定作出后，如果季某仍坚持不搬迁，政府将会申请强制拆迁。那么，申请强制拆迁的条件是什么？

律师答疑

房屋征收中的强制执行是指被征收房屋的所有权人或者承租人未在约定或者规定的搬迁期限内履行搬迁义务，经过征收人或者相关部门的催告后仍未履行搬迁义务，由被征收房屋所在地的市、县人民政府依法向人民法院提出申请，采取强制措施对房屋予以拆迁的强制手段。

根据《国有土地上房屋征收与补偿条例》第28条的规定，被征收人在法定期限内不申请行政复议或者不提起行政诉讼，在补偿决定规定的期限内又不搬迁的，由作出房屋征收决定的市、县级人民政府依法申请人民法院强制执行。由此可以得出进行房屋强制执行的条件主要包括以下两个方面：

第一，实体条件。市、县级人民政府申请人民法院强制执行的前提条件之一必须是被征收人在补偿决定规定的期限内拒不搬迁。如果不存在补偿决定，仅仅存在补偿协议，那么房屋征收部门不可直接申请强制执行。因此，强制拆迁的实体条件是作出房屋征收决定的市、县级人民政府在依法作出补偿决定，并且已经按照补偿决定的内容对被征收人进行补偿安置后，如果被征收人依然不履行补偿决定拒不搬迁的，则政府可以申请人民法院进行强制执行。

第二，程序条件。市、县级人民政府申请人民法院强制执行的另一个前提条件是被征收人在法定期限内不申请行政复议或行政诉讼。因此，申请强制执行应当在被征收人可以申请复议或行政诉讼的期限届满后，如果被征收人对征收补偿决定提出了行政复议或行政诉讼，需要等复议机关或司法机关作出生效法律文书，确认征收补偿决定的合法性之后征收人方可申请人民法院强制执行。

法律依据

《国有土地上房屋征收与补偿条例》

第二十八条　被征收人在法定期限内不申请行政复议或者不提起行政诉讼，在补偿决定规定的期限内又不搬迁的，由作出房屋征收决定的市、县级人民政府依法申请人民法院强制执行。

强制执行申请书应当附具补偿金额和专户存储账号、产权调换房屋和周转用房的地点和面积等材料。

49. 政府是否有强制拆迁的权力？

法律咨询

郑某的房屋被划入国家征收范围，但是，郑某认为补偿费用过低，因此一直不搬迁。经过多次协商未果后，当地政府决定强制拆迁。那么，政府是否有强制拆迁的权力？

律师答疑

根据《国有土地上房屋征收与补偿条例》第28条的规定，被征收人在法定期限内不申请行政复议或者不提起行政诉讼，在补偿决定规定的期限内又不搬迁的，由作出房屋征收决定的市、县级人民政府依法申请人民法院强制执行。由此可见，政府只有申请人民法院依法强制拆迁的权力，而没有自己去决定强制拆迁的权力。根据《最高人民法院关于认真贯彻执行〈关于办理申请人民法院强制执行国有土地上房屋征收补偿决定案件若干问题的规定〉的通知》（法〔2012〕97号）以及《最高人民法院关于办理申请人民法院强制执行国有土地上房屋征收补偿决定案件若干问题的规定》（法释〔2012〕4号）相关规定明确了人民法院裁定准予执行的，一般由作出征收补偿决定的市、县级人民政府组织实施的总原则，以体现“裁执分离”的改革方向。

此外，根据《国有土地上房屋征收与补偿条例》第35条的规定，“本条例自公布之日起施行。2001年6月13日国务院公布的《城市房屋拆迁管理条例》同时废止。本条例施行前已依法取得房屋拆迁许可证的项目，继续沿用原有的规定办理，但政府不得责成有关部门强制拆迁”。

法律依据

《国有土地上房屋征收与补偿条例》

第二十八条第一款 被征收人在法定期限内不申请行政复议或者不提起行政诉讼，在补偿决定规定的期限内又不搬迁的，由作出房屋征收决定的市、县级人民政府依法申请人民法院强制执行。

第三十五条 本条例自公布之日起施行。2001年6月13日国务院公布的《城市房屋拆迁管理条例》同时废止。本条例施行前已依法取得房屋拆迁许可证的项目，继续沿用原有的规定办理，但政府不得责成有关部门强制拆迁。

《最高人民法院关于办理申请人民法院强制执行国有土地上房屋征收补偿决定案件若干问题的规定》（法释〔2012〕4号）

第二条第一款 申请机关向人民法院申请强制执行，除提供《条例》第二十八条规定的强制执行申请书及附具材料外，还应当提供下列材料：

（一）征收补偿决定及相关证据和所依据的规范性文件；

（二）征收补偿决定送达凭证、催告情况及房屋被征收人、直接利害关系人的意见；

（三）社会稳定风险评估材料；

（四）申请强制执行的房屋状况；

（五）被执行人的姓名或者名称、住址及与强制执行相关的财产状况等具体情况；

（六）法律、行政法规规定应当提交的其他材料。

第六条　征收补偿决定存在下列情形之一的，人民法院应当裁定不准予执行：

（一）明显缺乏事实根据；

（二）明显缺乏法律、法规依据；

（三）明显不符合公平补偿原则，严重损害被执行人合法权益，或者使被执行人基本生活、生产经营条件没有保障；

（四）明显违反行政目的，严重损害公共利益；

（五）严重违反法定程序或者正当程序；

（六）超越职权；

（七）法律、法规、规章等规定的其他不宜强制执行的情形。

人民法院裁定不准予执行的，应当说明理由，并在五日内将裁定送达申请机关。

《最高人民法院关于认真贯彻执行〈关于办理申请人民法院强制执行国有土地上房屋征收补偿决定案件若干问题的规

定〉的通知》(法〔2012〕97号)

六是强制执行方式问题。《规定》明确了人民法院裁定准予执行的,一般由作出征收补偿决定的市、县级人民政府组织实施的总原则,以体现“裁执分离”的改革方向。人民法院在作出准予执行的裁定时,可以同时载明由相关政府组织实施;认为自身有足够能力实施时(个别例外情形),也可以依照《规定》由人民法院执行。

50. 通过断水、断电等方式迫使被征收人搬迁是否合法?

法律咨询

朱某是某市居民,其所在小区因修建公路而被划入征收范围。因一直无法达成补偿协议,朱某拒绝搬迁。于是,相关部门便准备采取断水、断电的方式强迫朱某搬迁。那么,通过断水、断电等方式迫使被征收人搬迁是否合法?

律师答疑

当前,房屋征收成为社会关注的焦点问题。房屋征收中如何维护老百姓的切身利益,为社会各界所关注。现实生活中,在房屋征收过程中出现补偿价格谈不拢等问题,使房屋征收很容易成为引发涉诉信访以及“钉子户”等社会问题和群体性事件的导火索,所以现行立法对房屋搬迁活动的方式方法进行了严格的规定和限制。比如,《国有土地上房屋征收与补偿条例》第 27 条第 3 款就规定:“任何单位和个人不得采取暴力、威胁或者违反规定中断供水、供热、供气、供电和道路通行等非法方式迫使被征收人搬迁。禁止建设单位参与搬迁活动。”

此外,对于实施了断水、断电等强迫搬迁方式的违法行为,《国有土地上房屋征收与补偿条例》第 31 条还规定相应的法律责任,即采取暴力、威胁或者违反规定中断供水、供热、供气、供电和道路通行等非法方式迫使被征收人搬迁,造成损失的,依法承担赔偿责任;对直接负责的主管人员和其他直接责任人员,构成犯罪的,依法追究刑事责任;尚不构成犯罪的,依法给予处分;构成违反治安管理行为的,依法给予治安管理处罚。

法律依据

《国有土地上房屋征收与补偿条例》

第二十七条第三款　任何单位和个人不得采取暴力、威胁或者违反规定中断供水、供热、供气、供电和道路通行等非法方式迫使被征收人搬迁。禁止建设单位参与搬迁活动。

第三十一条　采取暴力、威胁或者违反规定中断供水、供热、供气、供电和道路通行等非法方式迫使被征收人搬迁,造成损失的,依法承担赔偿责任;对直接负责的主管人员和其他直接责任人员,构成犯罪的,依法追究刑事责任;尚不构成犯罪的,依法给予处分;构成违反治安管理行为的,依法给予治安管理处罚。

51. 采用暴力、威胁等方法阻碍依法进行的房屋征收合法吗?

法律咨询

因国家修建工程项目,某市政府对包括方某的房屋在内的部分房屋进行征收。达成补偿协议后,方某等人开始反悔,认为补偿标准过低,因此,便纠结其他被征收人威胁房屋征收部门的工作人员。那么,采用暴力、威胁等方法阻碍依法进行的房屋征收是否合法?

律师答疑

根据《国有土地上房屋征收与补偿条例》第32条的规定,采取暴力、威胁等方法阻碍依法进行的房屋征收与补偿工作,行为比较严重构成犯罪的,依法追究刑事责任;行为比较轻微构成违反治安管理行为的,依法给予治安管理处罚。由此可以得出结论:采取暴力、威胁等方法阻碍依法进行的房屋征收是违法行为。

法律依据

《国有土地上房屋征收与补偿条例》

第三十二条 采取暴力、威胁等方法阻碍依法进行的房屋征收与补偿工作,构成犯罪的,依法追究刑事责任;构成违反治安管理行为的,依法给予治安管理处罚。

52. 房屋征收争议的解决方式有哪些?

法律咨询

某市因修建幼儿园需要征收某小区居民的房屋,林某的房屋也在征收范围内。但是,林某等人认为政府作出的补偿决定不合理。为此,双方发生争议。那么,在房屋征收过程中发生争议的,其解决方式有哪些?

律师答疑

房屋征收活动中存在征收、补偿两个环节,而补偿又分为签订征收补偿协议进行补偿或者通过作出征收补偿决定进行补偿两种方式。相应地,房屋征收争议就包括被征收人因不服房屋征收决定和房屋征收补偿决定而与作出房屋征收决定和房屋征收补偿决定的市、县级人民政府之间就前述行政行为产生的行政争议,以及被征收人与房屋征收部门之间因征收补偿协议发生的行政合同争议这两大类型。

针对第一种争议类型的救济方式为:被征收人因房屋征收决定或者房屋征收补偿决定与作出房屋征收决定或者房屋征收补偿决定的市、县级人民政府之间的行政争议,根据《国有土地上房屋征收与补偿条例》第 14 条、第 26 条的规定,通过行政复议或行政诉讼的方式解决。其争议主要包括:被征收人认为征收决定违反了公共利益原则的要求;被征收人认为政府在做出征收决定时违反了法律程序;被征收人认为征收补偿安置方案不合理;被征收人不服征收补偿决定的补偿金额、补偿方式等情形。

针对第二种争议类型的救济方式为:《行政诉讼法》第 12 条

及《最高人民法院关于审理行政协议案件若干问题的规定》第2条，将房屋征收补偿协议纳入行政诉讼的受案范围，明确了房屋征收补偿协议为行政协议的性质，被征收人可基于签署房屋征收补偿协议提起行政诉讼。该类纠纷具体包括被征收人或者房屋征收部门不履行或不完全履行房屋征收补偿协议中约定产生的争议、征收人对于协议效力产生的争议、对协议是否具备撤销或解除的情形产生的争议以及基于房屋征收部门违法实施征收所提起损失赔偿产生的争议等。根据《最高人民法院关于审理行政协议案件若干问题的规定》第9条的规定，被征收人可以提起的诉讼请求包括：请求判决撤销行政机关变更、解除行政协议的行政行为，或者确认该行政行为违法；请求判决行政机关依法履行或者按照行政协议约定履行义务；请求判决确认行政协议的效力；请求判决行政机关依法或者按照约定订立行政协议；请求判决撤销、解除行政协议；请求判决行政机关赔偿或者补偿；等等。

法律依据

《国有土地上房屋征收与补偿条例》

第十四条 被征收人对市、县级人民政府作出的房屋征收决定不服的，可以依法申请行政复议，也可以依法提起行政诉讼。

第二十五条第二款 补偿协议订立后，一方当事人不履行补偿协议约定的义务的，另一方当事人可以依法提起诉讼。

第二十六条第三款 被征收人对补偿决定不服的，可以依法申请行政复议，也可以依法提起行政诉讼。

《中华人民共和国行政诉讼法》

第十二条　人民法院受理公民、法人或者其他组织提起的下列诉讼：

……

（五）对征收、征用决定及其补偿决定不服的；

……

（十一）认为行政机关不依法履行、未按照约定履行或者违法变更、解除政府特许经营协议、土地房屋征收补偿协议等协议的；

……

《最高人民法院关于审理行政协议案件若干问题的规定》

第二条　公民、法人或者其他组织就下列行政协议提起行政诉讼的，人民法院应当依法受理：

（一）政府特许经营协议；

（二）土地、房屋等征收征用补偿协议；

（三）矿业权等国有自然资源使用权出让协议；

（四）政府投资的保障性住房的租赁、买卖等协议；

（五）符合本规定第一条规定的政府与社会资本合作协议；

（六）其他行政协议。

第九条　在行政协议案件中，行政诉讼法第四十九条第三项规定的“有具体的诉讼请求”是指：

（一）请求判决撤销行政机关变更、解除行政协议的行政行为，或者确认该行政行为违法；

（二）请求判决行政机关依法履行或者按照行政协议约定

履行义务；

（三）请求判决确认行政协议的效力；

（四）请求判决行政机关依法或者按照约定订立行政协议；

（五）请求判决撤销、解除行政协议；

（六）请求判决行政机关赔偿或者补偿；

（七）其他有关行政协议的订立、履行、变更、终止等诉讼请求。

53. 被征收人可以申请行政复议或者提起行政诉讼的情形有哪些？

法律咨询

某市人民政府与开发商达成协议，将某小区征收给开发商修建商场。该市人民政府与居民多次协商，都未取得居民的同意。后来，该市人民政府未经听证程序，便擅自作出了征收决定。为此，该区居民准备申请行政复议。那么，被征收人可以申请行政复议或者提起行政诉讼的情形有哪些？

律师答疑

根据《国有土地上房屋征收与补偿条例》第 14 条和第 26 条第 3 款的规定，被征收人在以下两种情形下可以申请行政复议或者提起行政诉讼：一是被征收人对市、县级人民政府作出的房屋征收决定不服的，可以依法申请行政复议，也可以依法提起行政诉讼；二是被征收人对补偿决定不服的，可以依法申请行政复议，也可以依法提起行政诉讼。由此可见，被征收人对房屋征收决定与补偿决定这两个行政行为不服时，可以依法申请行政复议或者提起行政诉讼。

行政复议和行政诉讼是公民对行政机关的行政行为不服，可以寻求权利救济的两个途径。房屋征收决定和房屋征收补偿决定，就其本质而言属于行政征收的行政行为。因此，对于这两个决定，被征收人可以基于对行政行为合法性审查的几个维度来寻求救济，包括审查作出征收决定的主体是否具备法定职权、实体是否合法、程序是否不当以及法律适用是否正确。

对于征收决定，首先，审看作出主体的职权依据是否充分，有没有越权作出征收决定；其次，审看实体层面有无问题，审查主要包括：征收范围内的土地性质是否为国有土地、房屋的征收是否符合公共利益、补偿安置方案的内容是否符合规定、是否依法开展了社会稳定风险评估、征收补偿费用是否到位以及是否存立专户、是否提供了一定数量的用于产权调换的房源、是否对征收范围内的房屋开展了面积与性质的调查与认定等；最后，审看程序层面有无不当，审查主要包括：征收决定是否经过听证程序、征收补偿方案有没有征求公众的意见、是否根据公众意见修改方案、征收补偿方案有没有经过公示程序、征收决定作出后是否及时公告、在涉及人数较多时征收人是否召开常务会议讨论征收的风险等。

对于征收补偿决定，首先，审看作出主体的职权依据是否充分，有没有越权作出征收补偿决定。其次，审看实体层面有无问题，审查主要包括：房屋征收部门对房屋、土地面积和性质认定是否正确；评估机构的选定是否符合规定；评估以及评估报告是否正确、是否依法送达；补偿安置方式是否保障了被征收人的选择权，补偿是否明确、具体，是否有违反法律禁止性规定的内容，是否违反征收决定中所确定的事项，是否保障了商业用房或“住改商”中对应权利人的合法权益等。

除前述介绍的两类行政征收的行政行为，被征收人不服可以提起行政复议和行政诉讼外，《行政诉讼法》第 12 条及《最高人民法院关于审理行政协议案件若干问题的规定》第 2 条，将房屋征收补偿协议纳入行政诉讼的受案范围，明确了房屋征收补偿协议为行政协议的性质，被征收人也可以基于签署房屋征收补偿协议将协议履行中产生的各类争议提起行政诉讼。此外，2023 年修订的《行政复议法》第 11 条也规定，基于房屋征收补偿协议产生的各类争议也可提起行政复议。

法律依据

《国有土地上房屋征收与补偿条例》

第十四条 被征收人对市、县级人民政府作出的房屋征收决定不服的，可以依法申请行政复议，也可以依法提起行政诉讼。

第二十六条第三款 被征收人对补偿决定不服的，可以依法申请行政复议，也可以依法提起行政诉讼。

《中华人民共和国行政诉讼法》

第十二条 人民法院受理公民、法人或者其他组织提起的下列诉讼：

……

（五）对征收、征用决定及其补偿决定不服的；

……

（十一）认为行政机关不依法履行、未按照约定履行或者违法变更、解除政府特许经营协议、土地房屋征收补偿协议等协议的；

……

《最高人民法院关于审理行政协议案件若干问题的规定》

第二条　公民、法人或者其他组织就下列行政协议提起行政诉讼的，人民法院应当依法受理：

（一）政府特许经营协议；

（二）土地、房屋等征收征用补偿协议；

（三）矿业权等国有自然资源使用权出让协议；

（四）政府投资的保障性住房的租赁、买卖等协议；

（五）符合本规定第一条规定的政府与社会资本合作协议；

（六）其他行政协议。

54. 征收部门违反补偿协议，被征收人应提起民事诉讼还是行政诉讼？

法律咨询

萧某在某村的房屋因国家修建防洪工程而被征收，在征收公告张贴后，萧某与征收部门达成了征收补偿协议。签订补偿协议后，征收部门却未按照协议履行义务。那么，征收部门违反补偿协议，被征收人应提起民事诉讼还是行政诉讼？

律师答疑

《国有土地上房屋征收与补偿条例》第25条第2款规定："补偿协议订立后，一方当事人不履行补偿协议约定的义务的，另一方当事人可以依法提起诉讼。"该规定并没有明确规定一方违约时，另一方提起的是民事诉讼还是行政诉讼。虽然1996年7月24日最高人民法院作出的《关于受理房屋拆迁、补偿、安置等案件问题的批复》（已失效）中规定，对房屋补偿协议等问题发生争议提起的是民事诉讼。但如前所述，《行政诉讼法》及《最高人民法院关于审理行政协议案件若干问题的规定》将房屋征收补偿协议纳入行政诉讼的受案范围，明确了补偿协议为行政协议的性质，被征收人可基于签署的补偿协议提起行政诉讼。按照新法优于旧法的基本规则，对于被征收人对房屋补偿协议等问题发生的争议应当提起的是行政诉讼。

法律依据

《国有土地上房屋征收与补偿条例》

第二十五条第二款 补偿协议订立后，一方当事人不履行补偿协议约定的义务的，另一方当事人可以依法提起诉讼。

《中华人民共和国行政诉讼法》

第十二条 人民法院受理公民、法人或者其他组织提起的下列诉讼：

……

（五）对征收、征用决定及其补偿决定不服的；

……

（十一）认为行政机关不依法履行、未按照约定履行或者违法变更、解除政府特许经营协议、土地房屋征收补偿协议等协议的；

……

《最高人民法院关于审理行政协议案件若干问题的规定》

第二条　公民、法人或者其他组织就下列行政协议提起行政诉讼的，人民法院应当依法受理：

（一）政府特许经营协议；

（二）土地、房屋等征收征用补偿协议；

（三）矿业权等国有自然资源使用权出让协议；

（四）政府投资的保障性住房的租赁、买卖等协议；

（五）符合本规定第一条规定的政府与社会资本合作协议；

（六）其他行政协议。

Chapter 2

第二章

农村集体土地和房屋征收补偿纠纷

第一节　集体土地征收政策要点

55. 什么是土地征收、征用制度?

法律咨询

郑某是某村的村民,2018年,其所在省将要修建的某高速公路需经过该村,恰好要占用郑某的6亩土地。于是,村领导便通知郑某他的土地要被征收,但会给予补偿。那么,什么是土地征收、征用制度?

律师答疑

《宪法》第10条第3款规定:“国家为了公共利益的需要,可以依照法律规定对土地实行征收或者征用并给予补偿。”《土地管理法》第2条第4款规定:“国家为了公共利益的需要,可以依法对土地实行征收或者征用并给予补偿。”《民法典》第117条规定,为了公共利益的需要,依照法律规定的权限和程序征收、征用不动产或者动产的,应当给予公平、合理的补偿。这是《宪法》《土地管理法》《民法典》为了正确处理私有财产保护和公共利益需要、公民权利和国家权力之间的关系,确立的我国土地征收、征用制度。

征收和征用是两个不同的法律概念。征收是以转移所有权为

条件;征用是以暂时转移土地使用权为条件,所有权不发生变化。关于土地征收和征用,其具体内容如下:

(1)集体土地征收。根据《土地管理法》第2条第1款和第2款的规定,中华人民共和国实行土地的社会主义公有制,即全民所有制和劳动群众集体所有制。全民所有,即国家所有土地的所有权由国务院代表国家行使。根据第9条的规定,城市市区的土地属于国家所有。农村和城市郊区的土地,除由法律规定属于国家所有的以外,属于农民集体所有;宅基地和自留地、自留山,属于农民集体所有。我国的土地征收是国家为了公共利益的需要,依法将集体所有土地转为国家所有并给予补偿的行为。征收的实质,是国家强制性取得集体土地的所有权,意味着所有权性质的改变。与税法上的税收制度和行政法上的罚款制度的根本区别就在于征收必须给予公正补偿。具体的征收行为,虽然是为了公共利益的需要,也符合法律规定的权限和程序,但如果对被征收的单位和个人未给予补偿或未给予公正补偿,就变成了对公民合法财产的无偿剥夺或者低价剥夺,这不仅违反《宪法》保护公民合法财产的基本原则,违背《土地管理法》第48条所规定的征收土地应当给予公平、合理的补偿,保障被征地农民原有生活水平不降低、长远生计有保障的精神,也违背了政府保护公民合法财产的神圣职责。

(2)土地征用。土地征用是指国家为了公共利益的需要,依法强制使用集体土地,在使用完毕后再将土地归还为集体的一种行为,类似于临时使用土地。《民法典》第245条规定,因抢险救灾、疫情防控等紧急需要,依照法律规定的权限和程序可以征用组织、个人的不动产或者动产。被征用的不动产或者动产使用后,应当返还被征用人。组织、个人的不动产或者动产被征用或者征用后毁损、灭失的，应当给予补偿。土地征用的实质是国家强制性使用集体土地，使用完毕再返还原集体，并不改变所有权性质。

法律依据

《中华人民共和国宪法》

第十条第三款 国家为了公共利益的需要，可以依照法律规定对土地实行征收或者征用并给予补偿。

《中华人民共和国土地管理法》（2019 年修正）

第二条 中华人民共和国实行土地的社会主义公有制，即全民所有制和劳动群众集体所有制。

全民所有，即国家所有土地的所有权由国务院代表国家行使。

任何单位和个人不得侵占、买卖或者以其他形式非法转让土地。土地使用权可以依法转让。

国家为了公共利益的需要，可以依法对土地实行征收或者征用并给予补偿。

国家依法实行国有土地有偿使用制度。但是，国家在法律规定的范围内划拨国有土地使用权的除外。

第九条 城市市区的土地属于国家所有。

农村和城市郊区的土地，除由法律规定属于国家所有的以外，属于农民集体所有；宅基地和自留地、自留山，属于农民集体所有。

第四十八条第一款 征收土地应当给予公平、合理的补偿，保障被征地农民原有生活水平不降低、长远生计有保障。

《中华人民共和国民法典》

第一百一十七条　为了公共利益的需要，依照法律规定的权限和程序征收、征用不动产或者动产的，应当给予公平、合理的补偿。

第二百四十五条　因抢险救灾、疫情防控等紧急需要，依照法律规定的权限和程序可以征用组织、个人的不动产或者动产。被征用的不动产或者动产使用后，应当返还被征用人。组织、个人的不动产或者动产被征用或者征用后毁损、灭失的，应当给予补偿。

56. 什么情况下可以征收土地？

法律咨询

郑某是某村的村民，其在种田时听大家说，政府准备修路，可能会征收他们的土地。对此，郑某非常担心，认为土地一旦被征收，家里就没有了生活来源。因此，郑某很想知道，在何种情况下可以征收土地？

律师答疑

国家不是在任何情况下都可以随意征收土地的，《宪法》第10条第3款规定："国家为了公共利益的需要，可以依照法律规定对土地实行征收或者征用并给予补偿。"《土地管理法》第2条第4款规定："国家为了公共利益的需要，可以依法对土地实行征收或者征用并给予补偿。"《民法典》第117条规定，为了公共利益的需要,依照法律规定的权限和程序征收、征用不动产或者动产的,应当给予公平、合理的补偿。也就是说,国家只有在为了公共利益时才可以征收土地。

我国《土地管理法》对公共利益采取了列举 + 兜底的方式作出规定:(1)军事和外交需要用地的;(2)由政府组织实施的能源、交通、水利、通信、邮政等基础设施建设需要用地的;(3)由政府组织实施的科技、教育、文化、卫生、体育、生态环境和资源保护、防灾减灾、文物保护、社区综合服务、社会福利、市政公用、优抚安置、英烈保护等公共事业需要用地的;(4)由政府组织实施的扶贫搬迁、保障性安居工程建设需要用地的;(5)在土地利用总体规划确定的城镇建设用地范围内,经省级以上人民政府批准由县级以上地方人民政府组织实施的成片开发建设需要用地的;(6)法律规定为公共利益需要可以征收农民集体所有的土地的其他情形。

自然资源部于 2020 年 11 月印发的《土地征收成片开发标准(试行)》明确成片开发的含义、确定原则、确定程序及负面清单等内容。

在征地过程中,县级以上人民政府首先应判断是否符合上述规定,只有符合上述规定的项目才可启动征地。针对具体项目,县级以上人民政府在征收土地预公告中需注明征地项目是否符合公共利益,因此,村民可结合相关内容进行具体判断。

法律依据

《中华人民共和国宪法》

第十条第三款 国家为了公共利益的需要,可以依照法律规定对土地实行征收或者征用并给予补偿。

《中华人民共和国土地管理法》

第二条 中华人民共和国实行土地的社会主义公有制，即全民所有制和劳动群众集体所有制。

全民所有，即国家所有土地的所有权由国务院代表国家行使。

任何单位和个人不得侵占、买卖或者以其他形式非法转让土地。土地使用权可以依法转让。

国家为了公共利益的需要，可以依法对土地实行征收或者征用并给予补偿。

国家依法实行国有土地有偿使用制度。但是，国家在法律规定的范围内划拨国有土地使用权的除外。

第四十五条 为了公共利益的需要，有下列情形之一，确需征收农民集体所有的土地的，可以依法实施征收：

（一）军事和外交需要用地的；

（二）由政府组织实施的能源、交通、水利、通信、邮政等基础设施建设需要用地的；

（三）由政府组织实施的科技、教育、文化、卫生、体育、生态环境和资源保护、防灾减灾、文物保护、社区综合服务、社会福利、市政公用、优抚安置、英烈保护等公共事业需要用地的；

（四）由政府组织实施的扶贫搬迁、保障性安居工程建设需要用地的；

（五）在土地利用总体规划确定的城镇建设用地范围内，经省级以上人民政府批准由县级以上地方人民政府组织实施的成片开发建设需要用地的；

（六）法律规定为公共利益需要可以征收农民集体所有的土地的其他情形。

前款规定的建设活动，应当符合国民经济和社会发展规划、土地利用总体规划、城乡规划和专项规划；第（四）项、第（五）项规定的建设活动，还应当纳入国民经济和社会发展年度计划；第（五）项规定的成片开发并应当符合国务院自然资源主管部门规定的标准。

《中华人民共和国民法典》

第一百一十七条 为了公共利益的需要，依照法律规定的权限和程序征收、征用不动产或者动产的，应当给予公平、合理的补偿。

57. 以租代征是否合法？

法律咨询

某企业准备在某村建设厂房，在确定方案之后，该企业便通过以租代征的方式与该村的村委会签订了土地有偿租赁协议。后来，该村村民听说，以租代征的方式是违反法律规定的。那么，以租代征是否合法？

律师答疑

《土地管理法》（2004 年修正）第 43 条规定：“任何单位和个人进行建设，需要使用土地的，必须依法申请使用国有土地；但是，兴办乡镇企业和村民建设住宅经依法批准使用本集体经济组织农民集体所有的土地的，或者乡（镇）村公共设施和公益事业建设经依法批准使用农民集体所有的土地的除外。前款所称依法申请使用的国有土地包括国家所有的土地和国家征收的原属于农民集体所有的土地。”从该条中可以清晰地看出，只有兴办乡镇企业和村民建设住宅经批准后或乡镇（村）公共设施建设方可使用本集体经济组织的土地。也就是说，其他任何形式占有农民集体土地进行非农业建设均为非法行为，从而租赁农民集体土地的合同因违反法律强制性的规定而无效。前述规定严格限制集体土地直接进入市场，但是随着社会经济的发展，这种体制造成土地浪费严重，违法交易大量存在，集体建设用地不能与国有建设用地同地同权同价，不利于城乡统筹发展。故而，在2019年修正《土地管理法》时，删除“任何单位和个人进行建设，需要使用土地的，必须依法申请使用国有土地”的规定，确立了农村集体经营性建设用地入市制度。《土地管理法》第63条第1款规定，土地利用总体规划、城乡规划确定为工业、商业等经营性用途，并经依法登记的集体经营性建设用地，土地所有权人可以通过出让、出租等方式交由单位或者个人使用，并应当签订书面合同，载明土地界址、面积、动工期限、使用期限、土地用途、规划条件和双方其他权利义务。

但是，集体经营性建设用地直接出让出租也需要遵循严格的范围、条件和程序，本案例中某企业使用集体经营性建设用地是否合法也需要结合是否符合通过出租方式使用的条件、是否履行法定程序等诸多因素综合作出判断。根据《土地管理法》第63条、《土地管理法实施条例》第37~43条的规定，集体经营性用地入市

要点及流程如下:

1. 办理土地所有权登记

集体经营性建设用地入市范围仅限于土地利用总体规划、城乡规划(国土空间规划)确定为工业、商业等经营性用途,且已依法办理土地所有权登记的集体经营性建设用地,未办理土地所有权登记的,应办理土地所有权登记。目前住宅用途尚未纳入集体经营性建设用地入市范围。

2. 落实规划条件及产业、环保要求

拟出让、出租集体经营性建设用地的,土地所有权人向市、县人民政府自然资源主管部门提出规划条件、产业准入以及生态保护要求的申请,自然资源主管部门应当依据国土空间规划提出拟出让、出租的集体经营性建设用地的规划条件,明确土地界址、面积、用途和开发建设强度等,并会同有关部门提出产业准入和生态环境保护要求,出具书面规划条件以及产业、环保要求文件。

3. 编制土地入市方案

土地所有权人应当依据规划条件、产业准入和生态环境保护要求等,编制集体经营性建设用地出让、出租等方案,应载明宗地的土地界址、面积、用途、规划条件、产业准入和生态环境保护要求、使用期限、交易方式、入市价格、集体收益分配安排等内容。

4. 集体会议表决

土地所有权人编制集体经营性建设用地出让、出租等方案后,应当经本集体经济组织成员的村民会议 2/3 以上成员或者 2/3 以上村民代表同意。

5. 政府审查入市方案

土地所有权人在集体经营性建设用地出让、出租前不少于 10 个工作日报市、县人民政府审查,市、县人民政府认为方案符合规划条件、产业准入和生态环境保护等要求，方案方可实施；若方案不符合规划条件或者产业准入和生态环境保护等要求，应当在收到方案后5个工作日内提出修改意见。土地所有权人应当按照市、县人民政府的意见进行修改。

6. 组织土地供应程序

土地所有权人应当依据集体经营性建设用地出让、出租等方案，以招标、拍卖、挂牌或者协议等方式确定土地使用者。集体经营性建设用地入市原则上应通过农村产权流转交易市场平台进行。

7. 签订入市合同

通过土地供应程序，确定土地使用者后，土地所有权人与土地使用者签订书面合同，载明土地界址、面积、用途、规划条件、使用期限、交易价款支付、交地时间和开工竣工期限、产业准入和生态环境保护要求，约定提前收回的条件、补偿方式、土地使用权届满续期和地上建筑物、构筑物等附着物处理方式，以及违约责任和解决争议的方法等。未依法将规划条件、产业准入和生态环境保护要求纳入合同的，合同无效；造成损失的，依法承担民事责任。

8. 入市合同备案

土地所有权人与土地使用者签订经营性建设用地出让、出租合同后，并报市、县人民政府自然资源主管部门备案。

9. 土地使用权登记

土地使用者应当按照约定及时支付集体经营性建设用地价款，并依法缴纳相关税费，对集体经营性建设用地使用权以及依法利用集体经营性建设用地建造的建筑物、构筑物及其附属设施的所有权，依法申请办理不动产登记。

法律依据

《中华人民共和国土地管理法》

第六十三条第一款 土地利用总体规划、城乡规划确定为工业、商业等经营性用途，并经依法登记的集体经营性建设用地，土地所有权人可以通过出让、出租等方式交由单位或者个人使用，并应当签订书面合同，载明土地界址、面积、动工期限、使用期限、土地用途、规划条件和双方其他权利义务。

《中华人民共和国土地管理法实施条例》

第三十七条 国土空间规划应当统筹并合理安排集体经营性建设用地布局和用途，依法控制集体经营性建设用地规模，促进集体经营性建设用地的节约集约利用。

鼓励乡村重点产业和项目使用集体经营性建设用地。

第三十八条 国土空间规划确定为工业、商业等经营性用途，且已依法办理土地所有权登记的集体经营性建设用地，土地所有权人可以通过出让、出租等方式交由单位或者个人在一定年限内有偿使用。

第三十九条 土地所有权人拟出让、出租集体经营性建设用地的，市、县人民政府自然资源主管部门应当依据国土空间规划提出拟出让、出租的集体经营性建设用地的规划条件，明确土地界址、面积、用途和开发建设强度等。

市、县人民政府自然资源主管部门应当会同有关部门提出产业准入和生态环境保护要求。

第四十条 土地所有权人应当依据规划条件、产业准入和生态环境保护要求等，编制集体经营性建设用地出让、出租等方案，并依照《土地管理法》第六十三条的规定，由本集体经济组织形成书面意见，在出让、出租前不少于十个工作日报市、县人民政府。市、县人民政府认为该方案不符合规划条件或者产业准入和生态环境保护要求等的，应当在收到方案后五个工作日内提出修改意见。土地所有权人应当按照市、县人民政府的意见进行修改。

集体经营性建设用地出让、出租等方案应当载明宗地的土地界址、面积、用途、规划条件、产业准入和生态环境保护要求、使用期限、交易方式、入市价格、集体收益分配安排等内容。

第四十一条　土地所有权人应当依据集体经营性建设用地出让、出租等方案，以招标、拍卖、挂牌或者协议等方式确定土地使用者，双方应当签订书面合同，载明土地界址、面积、用途、规划条件、使用期限、交易价款支付、交地时间和开工竣工期限、产业准入和生态环境保护要求，约定提前收回的条件、补偿方式、土地使用权届满续期和地上建筑物、构筑物等附着物处理方式，以及违约责任和解决争议的方法等，并报市、县人民政府自然资源主管部门备案。未依法将规划条件、产业准入和生态环境保护要求纳入合同的，合同无效；造成损失的，依法承担民事责任。合同示范文本由国务院自然资源主管部门制定。

第四十二条　集体经营性建设用地使用者应当按照约定及时支付集体经营性建设用地价款，并依法缴纳相关税费，对集体经营性建设用地使用权以及依法利用集体经营性建设用地建造的建筑物、构筑物及其附属设施的所有权，依法申请办理不动产登记。

第四十三条 通过出让等方式取得的集体经营性建设用地使用权依法转让、互换、出资、赠与或者抵押的，双方应当签订书面合同，并书面通知土地所有权人。

集体经营性建设用地的出租，集体建设用地使用权的出让及其最高年限、转让、互换、出资、赠与、抵押等，参照同类用途的国有建设用地执行，法律、行政法规另有规定的除外。

58. 同一个项目可以拆分为几批申报征地手续吗？

法律咨询

某国有企业因为建设高科技产业园区需要征收某村的土地，但是，由于占地面积非常大，无法一次获得审批。因此，该企业便准备将此项目拆分，分三次进行征地手续的申报。那么，同一个项目可以拆分为几批申报征地手续吗？

律师答疑

根据《土地管理法》第46条的规定，涉及永久基本农田的、涉及永久基本农田以外的耕地超过35公顷的、其他土地超过70公顷的，都必须由国务院批准，只有在此之外的其他征地才能由省级人民政府审批。但在征地实践中，某些地方政府为了规避征地审批权限，采取化整为零的策略，把一个项目用地分拆为多个项目申报或进行多个批次的申报，这些规避行为都是法律禁止的。

2004年出台的《国务院关于深化改革严格土地管理的决定》第2条规定："严格依照法定权限审批土地。农用地转用和土地征收的审批权在国务院和省、自治区、直辖市人民政府，各省、自治区、直辖市人民政府不得违反法律和行政法规的规定下放土地审批权。严禁规避法定审批权限，将单个建设项目用地拆分审批。"

所以，"同一项目拆分为几批申报征地"这种做法是非法的。该行为实际上不仅违反了法律的规定，而且在实践中也造成了耕地的流失，损害了公共利益。

法律依据

《中华人民共和国土地管理法》

第四十六条　征收下列土地的，由国务院批准：

（一）永久基本农田；

（二）永久基本农田以外的耕地超过三十五公顷的；

（三）其他土地超过七十公顷的。

征收前款规定以外的土地的，由省、自治区、直辖市人民政府批准。

征收农用地的，应当依照本法第四十四条的规定先行办理农用地转用审批。其中，经国务院批准农用地转用的，同时办理征地审批手续，不再另行办理征地审批；经省、自治区、直辖市人民政府在征地批准权限内批准农用地转用的，同时办理征地审批手续，不再另行办理征地审批，超过征地批准权限的，应当依照本条第一款的规定另行办理征地审批。

《国务院关于深化改革严格土地管理的决定》

第二条 严格依照法定权限审批土地。农用地转用和土地征收的审批权在国务院和省、自治区、直辖市人民政府，各省、自治区、直辖市人民政府不得违反法律和行政法规的规定下放土地审批权。严禁规避法定审批权限，将单个建设项目用地拆分审批。

59. 未经征收，可以通过“农转非”把农村集体土地变为国有土地吗？

法律咨询

某村的土地因工程项目建设陆续被征收为国有，几年后该村全部村民转成城市户口，该村也变成某居委会。但是，村里还有一块土地没有被征收。后来，县政府因建设的需要准备通过“农转非”将土地变成国有土地。那么，未经征收，通过“农转非”农村集体土地就变为国有土地了吗？

律师答疑

在实践中，有的地方政府认为，只要是农民集体建制被撤销或其人口全部转为非农业人口（或城镇居民）的，该集体原有的土地就一并转归国家所有，不需要再走征地程序。此说法源于2021年修订前的《土地管理法实施条例》第2条“下列土地属于全民所有即国家所有……（五）农村集体经济组织全部成员转为城镇居民的，原属于其成员集体所有的土地”（该条规定在2021年修订的

《土地管理法实施条例》中已被删除)。因此,有的地方政府大搞"村改居",规避土地征收程序,严重损害了集体成员的权益。为此,《国务院关于深化改革严格土地管理的决定》第2条第10项明令禁止通过"村改居"的方式将集体所有的土地转为国有土地。原国务院法制办公室和原国土资源部曾专门发布意见,指出农村集体经济组织的土地被依法征收后,其成员随土地征收已经全部转为城镇居民的,该农村集体经济组织剩余的少量集体土地只有通过依法征收才能够转为国家所有。

可见,即使在村集体成员全部转为居民的情况下,集体土地也必须通过依法征收方可变为国有土地。地方政府无权以"村改居"的形式直接将集体土地征收为国有土地,而必须按照法定的征收程序进行审批,经批准后才能实施征收,经征收后才能转为国有土地。

法律依据

《国务院关于深化改革严格土地管理的决定》

二、加强土地利用总体规划、城市总体规划、村庄和集镇规划实施管理

(十)加强村镇建设用地的管理。要按照控制总量、合理布局、节约用地、保护耕地的原则,编制乡(镇)土地利用总体规划、村庄和集镇规划,明确小城镇和农村居民点的数量、布局和规模。鼓励农村建设用地整理,城镇建设用地增加要与农村建设用地减少相挂钩。农村集体建设用地,必须符合土地利用总体规划、村庄和集镇规划,并纳入土地利用年度计划,凡占用农用地的必须依法办理审批手续。禁止擅自通

过“村改居”等方式将农民集体所有土地转为国有土地。禁止农村集体经济组织非法出让、出租集体土地用于非农业建设。改革和完善宅基地审批制度，加强农村宅基地管理，禁止城镇居民在农村购置宅基地。引导新办乡村工业向建制镇和规划确定的小城镇集中。在符合规划的前提下，村庄、集镇、建制镇中的农民集体所有建设用地使用权可以依法流转。

《国务院法制办公室、国土资源部关于对〈中华人民共和国土地管理法实施条例〉第二条第（五）项的解释意见》

根据《行政法规制定程序条例》第三十一条的规定，经国务院批准，现对《中华人民共和国土地管理法实施条例》第二条第（五）项作如下解释：

一、该项规定，是指农村集体经济组织土地被依法征收后，其成员随土地征收已经全部转为城镇居民，该农村集体经济组织剩余的少量集体土地可以依法征收为国家所有。

60. 抢险救灾急用土地时，可以不办理审批手续先用地吗？

法律咨询

2017年夏天，某地降雨量较大，导致该地的江河一直处于高水位，很可能引发洪水危及沿线居民的安全。因此，为了及时抢险救灾，该地政府没有办理审批手续就占用了某村的土地。那么，抢险救灾急用土地时，可以不办理审判手续先用地吗？

律师答疑

由于抢险救灾等活动具有事发突然性、时间紧急性、影响重大等特点，如发生险情需要占用农村土地，可以先不办用地审批手续。

根据我国《土地管理法实施条例》第21条的规定，“抢险救灾、疫情防控等急需使用土地的，可以先行使用土地。其中，属于临时用地的，用后应当恢复原状并交还原土地使用者使用，不再办理用地审批手续；属于永久性建设用地的，建设单位应当在不晚于应急处置工作结束六个月内申请补办建设用地审批手续”。如果紧急征用的土地属于临时用地，比如，仅仅是堆积沙袋加固堤坝所占用的土地，灾后恢复原状交还原土地使用者即可，不用办理用地审批手续；如果征用的土地上已经修建了永久性建筑则应该在灾情结束6个月内补办建设用地审批手续。

法律依据

《中华人民共和国土地管理法实施条例》

第二十一条　抢险救灾、疫情防控等急需使用土地的，可以先行使用土地。其中，属于临时用地的，用后应当恢复原状并交还原土地使用者使用，不再办理用地审批手续；属于永久性建设用地的，建设单位应当在不晚于应急处置工作结束六个月内申请补办建设用地审批手续。

61. 征地审批权限是怎样设置的？

法律咨询

某市由于人口众多，为了减少市内的交通压力，市领导班子决定扩大主城区的范围。为此，需要占用耕地。但是，该市政府并未经过上级征地审批，擅自占用农民土地。那么，征地审批权限是怎样设置的？

律师答疑

按照《土地管理法》第46条的规定，我国征地批准机关为国务院和省、自治区、直辖市人民政府，并且双方有不同的权限：

（1）征收下列土地由国务院批准。

①永久基本农田。

②永久基本农田以外的耕地超过35公顷的。

③其他土地超过70公顷的（征收土地若超过70公顷无论土地属于什么类型都必须由国务院批准，包括耕地之外的所有土地；也包括耕地35公顷以下其他土地70公顷以下，两项之和超过70公顷的）。

④征地项目涉及农转用且属于国务院审批权限范围内的，征地项目也应当由国务院批准。按照《土地管理法》第46条第3款的规定，经国务院批准农用地转用的，同时办理征地审批手续，不再另行办理征地审批。因此，如征地项目涉及农转用且属于国务院审批权限范围的，征地项目实际上也应当由国务院批准。

根据《土地管理法》第44条及《国务院关于授权和委托用地审批权的决定》（国发〔2020〕4号）的规定，除永久基本农田转为建设用地的由国务院批准外，其余农转用均由省、自治区、直辖市人民政府批准。

（2）省、自治区、直辖市人民政府的征地审批权限。

永久基本农田以外的耕地35公顷以下的，其他土地70公顷以下的，包括永久基本农田以外的耕地和其他土地之和不足70公顷的，由省、自治区、直辖市人民政府批准。

法律依据

《中华人民共和国土地管理法》

第四十四条　建设占用土地，涉及农用地转为建设用地的，应当办理农用地转用审批手续。

永久基本农田转为建设用地的，由国务院批准。

在土地利用总体规划确定的城市和村庄、集镇建设用地规模范围内，为实施该规划而将永久基本农田以外的农用地转为建设用地的，按土地利用年度计划分批次按照国务院规定由原批准土地利用总体规划的机关或者其授权的机关批准。在已批准的农用地转用范围内，具体建设项目用地可以由市、县人民政府批准。

在土地利用总体规划确定的城市和村庄、集镇建设用地规模范围外，将永久基本农田以外的农用地转为建设用地的，由国务院或者国务院授权的省、自治区、直辖市人民政府批准。

第四十六条　征收下列土地的，由国务院批准：

（一）永久基本农田；

(二)永久基本农田以外的耕地超过三十五公顷的;

(三)其他土地超过七十公顷的。

征收前款规定以外的土地的,由省、自治区、直辖市人民政府批准。

征收农用地的,应当依照本法第四十四条的规定先行办理农用地转用审批。其中,经国务院批准农用地转用的,同时办理征地审批手续,不再另行办理征地审批;经省、自治区、直辖市人民政府在征地批准权限内批准农用地转用的,同时办理征地审批手续,不再另行办理征地审批,超过征地批准权限的,应当依照本条第一款的规定另行办理征地审批。

《国务院关于授权和委托用地审批权的决定》(国发〔2020〕4号)

一、将国务院可以授权的永久基本农田以外的农用地转为建设用地审批事项授权各省、自治区、直辖市人民政府批准。自本决定发布之日起,按照《中华人民共和国土地管理法》第四十四条第三款规定,对国务院批准土地利用总体规划的城市在建设用地规模范围内,按土地利用年度计划分批次将永久基本农田以外的农用地转为建设用地的,国务院授权各省、自治区、直辖市人民政府批准;按照《中华人民共和国土地管理法》第四十四条第四款规定,对在土地利用总体规划确定的城市和村庄、集镇建设用地规模范围外,将永久基本农田以外的农用地转为建设用地的,国务院授权各省、自治区、直辖市人民政府批准。

62. 征地批准文件有有效期吗？

法律咨询

钟某是某村的村民，一天，钟某发现该村村委会贴出了一份告示，该份告示称由于修建地铁需征收该村的土地，并在最后附有征地的批准文件。但是，钟某发现，此份批准文件的落款日期在3年前。那么，超过3年的征地批准文件还能使用吗？

律师答疑

实际上，这种做法是违反相关规定的。我国人多地少，农地资源非常紧张，因而实行严格的农用地转用和征地审批制度。“征而不用”是我国征地实践中的一个突出问题，为解决这一问题，2004年发布的《国务院关于深化改革严格土地管理的决定》第4条第19项规定，严禁闲置土地。农用地转用批准后，满两年未实施具体征地或用地行为的，批准文件自动失效；已实施征地，满两年未供地的，在下达下一年度的农用地转用计划时扣减相应指标，对具备耕作条件的土地，应当交原土地使用者继续耕种，也可以由当地人民政府组织耕种。对用地单位闲置的土地，严格依照《土地管理法》的有关规定处理。2018年印发的《自然资源部关于健全建设用地“增存挂钩”机制的通知》（自然资规〔2018〕1号）明确规定：“规范认定无效用地批准文件。各省（区、市）要适时组织市、县对已经合法批准的用地进行清查，清理无效用地批准文件。农用地转用或土地征收经依法批准后，两年内未用地或未实施征地补偿安置方案的，有关批准文件自动失效；对已实施征地补偿安置方案，因相关规划、政策调整、不具备供地条件的土地，经市、县人民政府组织核实现场地类与批准前一致的,在处理好有关征地补偿事宜后,可由市、县人民政府逐级报原批准机关申请撤回用地批准文件。”

因此,征地批准文件的有效期为印发之日起 2 年,超过此期限未完成征地补偿或未有效利用的,征地批准文件将失效或由批准机关撤回。

法律依据

《国务院关于深化改革严格土地管理的决定》

四、健全土地节约利用和收益分配机制

(十九)严禁闲置土地。农用地转用批准后,满两年未实施具体征地或用地行为的,批准文件自动失效;已实施征地,满两年未供地的,在下达下一年度的农用地转用计划时扣减相应指标,对具备耕作条件的土地,应当交原土地使用者继续耕种,也可以由当地人民政府组织耕种。对用地单位闲置的土地,严格依照《中华人民共和国土地管理法》的有关规定处理。

……

《自然资源部关于健全建设用地“增存挂钩”机制的通知》(自然资规〔2018〕1 号)

二、规范认定无效用地批准文件。各省(区、市)要适时组织市、县对已经合法批准的用地进行清查,清理无效用地批准文件。农用地转用或土地征收经依法批准后,两年内未用地或未实施征地补偿安置方案的,有关批准文件自动失效;对已实施征地补偿安置方案,因相关规划、政策调整、不具备供地条件的土地,经市、县人民政府组织核实现场地类与批准前一致的,在处理好有关征地补偿事宜后,可由市、县人民政府逐级报原批准机关申请撤回用地批准文件。

63. 被征地农民享有哪些知情权？

法律咨询

张某是某村村民，其在该村的土地因修建铁路需要被征收。在张某得知土地将要被征收后，想了解一下关于征地的相关信息。但是，村委会却说这些都是涉密信息，不宜对外公开。那么，被征地农民享有哪些知情权？

律师答疑

2019 年修正的《土地管理法》结合实践经验，建立了以充分尊重被征地农民意愿为核心价值的征地程序，《土地管理法实施条例》则在《土地管理法》的基础上对征地程序作了进一步细化。

根据《土地管理法实施条例》的规定，需要征收土地的，县级以上人民政府应当发布征收土地预公告，征收土地预公告应当包括征收范围、征收目的、开展土地现状调查的安排等内容。征收土地预公告应当采用有利于社会公众知晓的方式，在拟征收土地所在的乡（镇）和村、村民小组范围内发布，预公告时间不少于 10 个工作日。

发布征收土地预公告后，县级以上人民政府组织进行土地现状调查及社会稳定风险评估，土地现状调查应当查明土地的位置、权属、地类、面积，以及农村村民住宅、其他地上附着物和青苗等的权属、种类、数量等情况。

社会稳定风险评估应当对征收土地的社会稳定风险状况进行综合研判，确定风险点，提出风险防范措施和处置预案。社会稳定风险评估应当有被征地的农村集体经济组织及其成员、村民委员会和其他利害关系人参加，评估结果是申请征收土地的重要依据。

征地补偿安置方案拟定后，县级以上地方人民政府应当在拟征收土地所在的乡(镇)和村、村民小组范围内公告，公告时间不少于30日。征地补偿安置方案应当包括征收范围、土地现状、征收目的、补偿方式和标准、安置对象、安置方式、社会保障等内容。

征收土地申请经依法批准后，县级以上地方人民政府应当自收到批准文件之日起15个工作日内在拟征收土地所在的乡(镇)和村、村民小组范围内发布征收土地公告，公布征收范围、征收时间等具体工作安排，对个别未达成征地补偿安置协议的应当作出征地补偿安置决定，并依法组织实施。

此外，结合自然资源部印发的《农村集体土地征收基层政务公开标准目录》，征地启动公告(征收土地预公告)、拟征收土地现状调查结果、征地补偿安置方案公告、组织征地听证的结果、征地补偿登记汇总表、征地报批材料、征地批准文件、征收土地公告、征地补偿费用支付凭证等均属于被征地农民应享有的知情权内容，相关单位应当主动公开或依申请公开。

因此，按照上述规定，行政机关应当保障村民的知情权。如果被征地农民对有关政府未履行告知义务的证据进行了保全，可以通过法律程序控诉行政机关不履行职责。

法律依据

《中华人民共和国土地管理法实施条例》

第二十六条 需要征收土地，县级以上地方人民政府认为符合《土地管理法》第四十五条规定的，应当发布征收土地预公告，并开展拟征收土地现状调查和社会稳定风险评估。

征收土地预公告应当包括征收范围、征收目的、开展土地现状调查的安排等内容。征收上地预公告应当采用有利于社会公众知晓的方式，在拟征收土地所在的乡（镇）和村、村民小组范围内发布，预公告时间不少于十个工作日。自征收土地预公告发布之日起，任何单位和个人不得在拟征收范围内抢栽抢建；违反规定抢栽抢建的，对抢栽抢建部分不予补偿。

土地现状调查应当查明土地的位置、权属、地类、面积，以及农村村民住宅、其他地上附着物和青苗等的权属、种类、数量等情况。

社会稳定风险评估应当对征收土地的社会稳定风险状况进行综合研判，确定风险点，提出风险防范措施和处置预案。社会稳定风险评估应当有被征地的农村集体经济组织及其成员、村民委员会和其他利害关系人参加，评估结果是申请征收土地的重要依据。

第二十七条　县级以上地方人民政府应当依据社会稳定风险评估结果，结合土地现状调查情况，组织自然资源、财政、农业农村、人力资源和社会保障等有关部门拟定征地补偿安置方案。

征地补偿安置方案应当包括征收范围、土地现状、征收目的、补偿方式和标准、安置对象、安置方式、社会保障等内容。

第二十八条　征地补偿安置方案拟定后，县级以上地方人民政府应当在拟征收土地所在的乡（镇）和村、村民小组范围内公告，公告时间不少于三十日。

征地补偿安置公告应当同时载明办理补偿登记的方式和期限、异议反馈渠道等内容。

多数被征地的农村集体经济组织成员认为拟定的征地补偿安置方案不符合法律、法规规定的，县级以上地方人民政府应当组织听证。

第二十九条 县级以上地方人民政府根据法律、法规规定和听证会等情况确定征地补偿安置方案后，应当组织有关部门与拟征收土地的所有权人、使用权人签订征地补偿安置协议。征地补偿安置协议示范文本由省、自治区、直辖市人民政府制定。

对个别确实难以达成征地补偿安置协议的，县级以上地方人民政府应当在申请征收土地时如实说明。

第三十条 县级以上地方人民政府完成本条例规定的征地前期工作后，方可提出征收土地申请，依照《土地管理法》第四十六条的规定报有批准权的人民政府批准。

有批准权的人民政府应当对征收土地的必要性、合理性、是否符合《土地管理法》第四十五条规定的为了公共利益确需征收土地的情形以及是否符合法定程序进行审查。

第三十一条 征收土地申请经依法批准后，县级以上地方人民政府应当自收到批准文件之日起十五个工作日内在拟征收土地所在的乡（镇）和村、村民小组范围内发布征收土地公告，公布征收范围、征收时间等具体工作安排，对个别未达成征地补偿安置协议的应当作出征地补偿安置决定，并依法组织实施。

64. 被征土地的农民有没有预征知情权？

法律咨询

某市准备修建地铁，该条线路刚好经过某村，需要占用该村的土地。但某市政府并没有提前通知村民，直到发布征地公告，村民才知道此事。那么，被征土地的农民有没有预征知情权？

律师答疑

我国法律对行政机关征收农民土地作出了明确的规定。行政机关在进行征地时应依照法律的规定逐步实施。预征知情权指的是行政机关在准备实施征地之前，应当将与征地有关的事实告知被征地农民。行政机关若不及时将征地信息告诉被征地农民，被征地农民就有疑虑，反而增加了政府的工作压力。2019年修正的《土地管理法》结合实践经验，建立了以充分尊重被征地农民意愿为核心价值的征地程序，《土地管理法实施条例》则在《土地管理法》的基础上对征地程序进一步细化。

根据《土地管理法实施条例》第26条第1款、第2款的规定，需要征收土地，县级以上地方人民政府认为符合《土地管理法》第45条规定的，应当发布征收土地预公告，并开展拟征收土地现状调查和社会稳定风险评估。征收土地预公告应当包括征收范围、征收目的、开展土地现状调查的安排等内容。征收土地预公告应当采用有利于社会公众知晓的方式，在拟征收土地所在的乡（镇）和村、村民小组范围内发布，预公告时间不少于10个工作日。自征收土地预公告发布之日起，任何单位和个人不得在拟征收范围内抢栽抢建；违反规定抢栽抢建的，对抢栽抢建部分不予补偿。

因此，按照上述规定，行政机关应当保障村民的知情权。如果被征地农民对有关政府未履行告知义务的证据进行了保全，可以通过法律程序控诉行政机关不履行职责。

法律依据

《中华人民共和国土地管理法实施条例》

第二十六条 需要征收土地，县级以上地方人民政府认为符合《土地管理法》第四十五条规定的，应当发布征收土地预公告，并开展拟征收土地现状调查和社会稳定风险评估。

征收土地预公告应当包括征收范围、征收目的、开展土地现状调查的安排等内容。征收土地预公告应当采用有利于社会公众知晓的方式，在拟征收土地所在的乡（镇）和村、村民小组范围内发布，预公告时间不少于十个工作日。自征收土地预公告发布之日起，任何单位和个人不得在拟征收范围内抢栽抢建；违反规定抢栽抢建的，对抢栽抢建部分不予补偿。

土地现状调查应当查明土地的位置、权属、地类、面积，以及农村村民住宅、其他地上附着物和青苗等的权属、种类、数量等情况。

社会稳定风险评估应当对征收土地的社会稳定风险状况进行综合研判，确定风险点，提出风险防范措施和处置预案。社会稳定风险评估应当有被征地的农村集体经济组织及其成员、村民委员会和其他利害关系人参加，评估结果是申请征收土地的重要依据。

65. 征收土地应该怎么公告？

法律咨询

为建设城市机场需占用某村的土地，某村的部分土地将要被征收。该村的农民听说后，便到村委会询问相关情况，村委会告诉大家，征收土地时会进行公告。那么，征收土地应当怎样进行公告？

律师答疑

我国《土地管理法》《土地管理法实施条例》等有关法律、法规和规章明确规定了土地征收的公告程序，且公告程序属于必经程序。

为了保证征地过程的公开、公平和公正，切实维护被征地农民的合法权益，国家规定了严格的征地程序。但是，《土地管理法》规定的“两公告一登记”都是在征地批准后进行的，不利于保障被征收人的知情权、参与权、表达权和监督权。2021 年修正的《土地管理法实施条例》为了充分保障农民的利益，由此前的征地批准后公告改为征地批准前公告，主要在以下阶段涉及公告程序：

（1）发布土地征收预公告，启动土地征收。

县级以上地方人民政府认为符合《土地管理法》第 45 条规定的公共利益，需要启动土地征收的，应当发布土地征收预公告，并开展拟征收土地现状调查和社会稳定风险评估。征收土地预公告应当采用有利于社会公众知晓的方式，在拟征收土地所在的乡（镇）和村、村民小组范围内发布，预公告时间不少于 10 个工作日。

（2）组织编制征地补偿安置方案（补偿标准），并进行征地补偿安置公告和听证。

县级以上地方人民政府应当在拟征收土地所在的乡（镇）和村、村民小组范围内公告，公告时间不少于30日。征地补偿安置方案应当包括征收范围、土地现状、征收目的、补偿方式和标准、安置对象、安置方式、社会保障等内容。

（3）土地征收经依法批准后发布土地征收公告。

县级以上地方人民政府应当自收到批准文件之日起15个工作日内在拟征收土地所在的乡（镇）和村、村民小组范围内发布征收土地公告，公布征收范围、征收时间等具体工作安排。

法律依据

《中华人民共和国土地管理法实施条例》

第二十六条　需要征收土地，县级以上地方人民政府认为符合《土地管理法》第四十五条规定的，应当发布征收土地预公告，并开展拟征收土地现状调查和社会稳定风险评估。

征收土地预公告应当包括征收范围、征收目的、开展土地现状调查的安排等内容。征收土地预公告应当采用有利于社会公众知晓的方式，在拟征收土地所在的乡（镇）和村、村民小组范围内发布，预公告时间不少于十个工作日。自征收土地预公告发布之日起，任何单位和个人不得在拟征收范围内抢栽抢建；违反规定抢栽抢建的，对抢栽抢建部分不予补偿。

土地现状调查应当查明土地的位置、权属、地类、面积，以及农村村民住宅、其他地上附着物和青苗等的权属、种类、数量等情况。

社会稳定风险评估应当对征收土地的社会稳定风险状况进行综合研判，确定风险点，提出风险防范措施和处置预案。社会稳定风险评估应当有被征地的农村集体经济组织及其成员、村民委员会和其他利害关系人参加，评估结果是申请征收土地的重要依据。

第二十七条 县级以上地方人民政府应当依据社会稳定风险评估结果，结合土地现状调查情况，组织自然资源、财政、农业农村、人力资源和社会保障等有关部门拟定征地补偿安置方案。

征地补偿安置方案应当包括征收范围、土地现状、征收目的、补偿方式和标准、安置对象、安置方式、社会保障等内容。

第二十八条 征地补偿安置方案拟定后，县级以上地方人民政府应当在拟征收土地所在的乡（镇）和村、村民小组范围内公告，公告时间不少于三十日。

征地补偿安置公告应当同时载明办理补偿登记的方式和期限、异议反馈渠道等内容。

多数被征地的农村集体经济组织成员认为拟定的征地补偿安置方案不符合法律、法规规定的，县级以上地方人民政府应当组织听证。

第三十一条 征收土地申请经依法批准后，县级以上地方人民政府应当自收到批准文件之日起十五个工作日内在拟征收土地所在的乡（镇）和村、村民小组范围内发布征收土地公告，公布征收范围、征收时间等具体工作安排，对个别未达成征地补偿安置协议的应当作出征地补偿安置决定，并依法组织实施。

66. 征地的实施机关有哪些?

法律咨询

因政府修建省道,需要征收某村部分土地。该村的村民想了解相关的征收信息,而村委会称,相关的信息只有征地的实施机关才清楚。那么,征地的实施机关有哪些?

律师答疑

根据我国《土地管理法》第47条第1款的规定,国家征收土地的,依照法定程序批准后,由县级以上地方人民政府予以公告并组织实施。

实际上,县级以上人民政府往往依据相关规定或在发布征地补偿安置方案公告时指定征收单位。以上海市为例,根据《上海市征收集体土地房屋补偿规定》(沪府规〔2021〕13号)第5条的规定,区人民政府负责本行政区域的征地房屋补偿工作。区人民政府可以指定区规划资源等部门组织实施本行政区域的征地房屋补偿工作。区人民政府指定的区征地事务机构具体实施征地房屋补偿工作。区征地事务机构委托实施单位承担征地房屋补偿具体工作的,应当对实施单位在委托范围内实施的征地房屋补偿行为进行监督,并对其行为后果承担法律责任。

因此,征地实施机关首先是县级以上人民政府,被征收人可首先选择向县级以上人民政府了解相关情况,并在县级以上人民政府的指引下向其指定的实施单位了解详细情况。

法律依据

《中华人民共和国土地管理法》

第四十七条第一款　国家征收土地的，依照法定程序批准后，由县级以上地方人民政府予以公告并组织实施。

《上海市征收集体土地房屋补偿规定》（沪府规〔2021〕13号）

第五条　（补偿主体与实施部门）

区人民政府负责本行政区域的征地房屋补偿工作。

区人民政府可以指定区规划资源等部门组织实施本行政区域的征地房屋补偿工作。

区人民政府指定的区征地事务机构具体实施征地房屋补偿工作。

区征地事务机构委托实施单位承担征地房屋补偿具体工作的，应当对实施单位在委托范围内实施的征地房屋补偿行为进行监督，并对其行为后果承担法律责任。

67. 市、县自然资源主管部门有权进行征地吗？

法律咨询

某市为了发展旅游业，需要征收某村的土地进行建设。于是，该市的自然资源主管部门便准备进行征地。对此，该村的村民认为，自然资源主管部门无权进行征地。那么，市、县自然资源主管部门有权进行征地吗？

律师答疑

根据《宪法》第 10 条第 3 款的规定,国家为了公共利益的需要,可以依照法律规定对土地实行征收或征用并给予补偿。因此,在我国可以实施征地行为的主体只能是国家,只有国家或者代表国家行使职权的相关部门才能够依照规定对农村集体土地进行征收,如市、县级人民政府。《土地管理法》第 47 条第 1 款规定,国家征收土地的,依照法定程序批准后,由县级以上地方人民政府予以公告并组织实施。因此,有权征地的单位是县级以上人民政府,市、县自然资源主管部门是没有征地权的。

当然,在具体执行征收工作的过程中,市、县政府可以委托自然资源或其他有关部门一起开展土地征收工作。以上海市的情况为例,《上海市征收集体土地房屋补偿规定》第 5 条规定,区人民政府负责本行政区域的征地房屋补偿工作。区人民政府可以指定区规划资源等部门组织实施本行政区域的征地房屋补偿工作。区人民政府指定的区征地事务机构具体实施征地房屋补偿工作。区征地事务机构委托实施单位承担征地房屋补偿具体工作的,应当对实施单位在委托范围内实施的征地房屋补偿行为进行监督,并对其行为后果承担法律责任。

因此,征地机关首先是县级以上人民政府,其他机关比如自然资源主管部门等接受县级以上人民政府授权或委托的,也可具体实施征地。

法律依据

《中华人民共和国宪法》

第十条第三款 国家为了公共利益的需要,可以依照法律规定对土地实行征收或者征用并给予补偿。

《中华人民共和国土地管理法》

第四十七条第一款　国家征收土地的，依照法定程序批准后，由县级以上地方人民政府予以公告并组织实施。

《上海市征收集体土地房屋补偿规定》（沪府规〔2021〕13号）

第五条　（补偿主体与实施部门）

区人民政府负责本行政区域的征地房屋补偿工作。

区人民政府可以指定区规划资源等部门组织实施本行政区域的征地房屋补偿工作。

区人民政府指定的区征地事务机构具体实施征地房屋补偿工作。

区征地事务机构委托实施单位承担征地房屋补偿具体工作的，应当对实施单位在委托范围内实施的征地房屋补偿行为进行监督，并对其行为后果承担法律责任。

68. 村委会是否有权与土地征收部门签订征地协议？

法律咨询

某市由于人口众多，为改善城市环境，市领导班子决定扩大主城区的范围，于是土地征收部门便找到该村村委会协商。后来，该村村委会便与土地征收部门签订了征地协议，并通知了当地村民。那么，村委会是否有权与土地征收部门签订征地协议？

律师答疑

土地征收是国家为了公共利益的需要,依据法律规定的程序和批准权限,并依法给予农村集体经济组织及农民补偿后,将农民集体所有土地收归国有的行为。从此定义能够看出,土地的征收,是由国家实施的改变土地所有权性质的行为,即土地由原来的村集体经济组织所有变成了国家所有。

《土地管理法》第47条规定,国家征收土地的,依照法定程序批准后,由县级以上地方人民政府予以公告并组织实施。《土地管理法实施条例》第29条规定,县级以上地方人民政府根据法律、法规规定和听证会等情况确定征地补偿安置方案后,应当组织有关部门与拟征收土地的所有权人、使用权人签订征地补偿安置协议。征地补偿安置协议示范文本由省、自治区、直辖市人民政府制定。根据前述规定,征地补偿安置协议的一方当事人是县级以上人民政府,其有关部门主要是指地方自然资源主管部门,另一方当事人是集体土地的所有权人。集体土地征收为国家行为,必须经过法定程序批准后方可实施,在未经法定程序批准的情形下,用地方无权直接与村委会签订征地协议。相反,如相关项目已经法定程序批准,村委会是否具有签署征地协议的资格需要从村委会是否为集体土地所有权人的角度进行判断:

根据《民法典》第262条的规定,对于集体所有的土地和森林、山岭、草原、荒地、滩涂等,依照下列规定行使所有权:(1)属于村农民集体所有的,由村集体经济组织或者村民委员会依法代表集体行使所有权;(2)分别属于村内两个以上农民集体所有的,由村内各该集体经济组织或者村民小组依法代表集体行使所有权;(3)属于乡镇农民集体所有的,由乡镇集体经济组织代表集体行使所有权。

因此，村委会或者村集体经济组织作为行使集体所有权的主体，具有与用地方签署征地协议的资格。但是需要说明的是，村委会或村集体经济组织仅是集体资产的代行主体，对涉及集体资产处分以及村民利益的事宜，仍需要经过村民会议或村民代表大会集体讨论并决议后执行，村委会或村集体经济组织无权自行决定签署征地协议。

法律依据

《中华人民共和国土地管理法》

第四十七条　国家征收土地的，依照法定程序批准后，由县级以上地方人民政府予以公告并组织实施。

县级以上地方人民政府拟申请征收土地的，应当开展拟征收土地现状调查和社会稳定风险评估，并将征收范围、土地现状、征收目的、补偿标准、安置方式和社会保障等在拟征收土地所在的乡（镇）和村、村民小组范围内公告至少三十日，听取被征地的农村集体经济组织及其成员、村民委员会和其他利害关系人的意见。

多数被征地的农村集体经济组织成员认为征地补偿安置方案不符合法律、法规规定的，县级以上地方人民政府应当组织召开听证会，并根据法律、法规的规定和听证会情况修改方案。

拟征收土地的所有权人、使用权人应当在公告规定期限内，持不动产权属证明材料办理补偿登记。县级以上地方人民政府应当组织有关部门测算并落实有关费用,保证足额到位,与拟征收土地的所有权人、使用权人就补偿、安置等签订协议;个别确实难以达成协议的,应当在申请征收土地时如实说明。

相关前期工作完成后,县级以上地方人民政府方可申请征收土地。

《中华人民共和国土地管理法实施条例》

第二十九条 县级以上地方人民政府根据法律、法规规定和听证会等情况确定征地补偿安置方案后,应当组织有关部门与拟征收土地的所有权人、使用权人签订征地补偿安置协议。征地补偿安置协议示范文本由省、自治区、直辖市人民政府制定。

对个别确实难以达成征地补偿安置协议的,县级以上地方人民政府应当在申请征收土地时如实说明。

《中华人民共和国民法典》

第二百六十二条 对于集体所有的土地和森林、山岭、草原、荒地、滩涂等,依照下列规定行使所有权:

(一)属于村农民集体所有的,由村集体经济组织或者村民委员会依法代表集体行使所有权;

(二)分别属于村内两个以上农民集体所有的,由村内各该集体经济组织或者村民小组依法代表集体行使所有权;

(三)属于乡镇农民集体所有的,由乡镇集体经济组织代表集体行使所有权。

69. 土地征收过程中，如何确定被征土地是否属于永久基本农田？

法律咨询

史某是某村村民，其所耕种的土地因国家公共建设需要被征收。但是，史某曾经听说，永久基本农田的征收程序更为严格。那么，在土地征收过程中，如何确定被征土地是否属于永久基本农田？

律师答疑

2019 年修正的《土地管理法》将“基本农田”全部修改为“永久基本农田”，体现了对基本农田永久保护这样一个价值理念。

永久基本农田是为保证国家粮食安全和重要农产品供给，实施永久特殊保护的耕地。我国人多地少，永久基本农田也逐年减少，而永久基本农田是确保国家粮食安全的基础，鉴于此，我国实行永久基本农田保护制度。《基本农田保护条例》第 2 条第 2 款规定，所谓基本农田是指按照一定时期人口和社会经济发展对农产品的需求，依据土地利用总体规划确定的不得占用的耕地。根据这一规定，永久基本农田是由土地利用总体规划（国土空间规划）确定下来的。《土地管理法》第 33 条第 1 款规定，下列耕地应当根据土地利用总体规划划为永久基本农田：(1)经国务院农业农村主管部门或者县级以上地方人民政府批准确定的粮、棉、油、糖等重要农产品生产基地内的耕地；(2)有良好的水利与水土保持设施的耕地，正在实施改造计划以及可以改造的中、低产田和已建成的高标准农田；(3)蔬菜生产基地；(4)农业科研、教学试验田；(5)国务院规定应当划为永久基本农田的其他耕地。

《土地管理法》第34条规定,永久基本农田划定以乡(镇)为单位进行,由县级人民政府自然资源主管部门会同同级农业农村主管部门组织实施。永久基本农田应当落实到地块,纳入国家永久基本农田数据库严格管理。乡(镇)人民政府应当将永久基本农田的位置、范围向社会公告,并设立保护标志。

根据《土地管理法》第35条的规定,永久基本农田经依法划定后,任何单位和个人不得擅自占用或者改变其用途。国家能源、交通、水利、军事设施等重点建设项目选址确实难以避让永久基本农田,涉及农用地转用或者土地征收的,必须经国务院批准。禁止通过擅自调整县级土地利用总体规划、乡(镇)土地利用总体规划等方式规避永久基本农田农用地转用或者土地征收的审批。

可见,是否是永久基本农田,要看是不是《基本农田保护条例》以及《土地管理法》中确定的属于永久基本农田的土地。一般可以按照农田附近是否有基本农田保护标志确定拟征收地块是否涉及永久基本农田。如存在疑义,亦可通过向当地自然资源主管部门申请信息公开或提出信访咨询的方式进一步确定。如果是永久基本农田,其被征收时,必须经国务院批准才可以,省级单位没有批准权限。

法律依据

《中华人民共和国基本农田保护条例》

第二条 国家实行基本农田保护制度。

本条例所称基本农田,是指按照一定时期人口和社会经济发展对农产品的需求，依据土地利用总体规划确定的不得占用的耕地。

本条例所称基本农田保护区，是指为对基本农田实行特殊保护而依据土地利用总体规划和依照法定程序确定的特定保护区域。

《中华人民共和国土地管理法》

第三十三条　国家实行永久基本农田保护制度。下列耕地应当根据土地利用总体规划划为永久基本农田，实行严格保护：

（一）经国务院农业农村主管部门或者县级以上地方人民政府批准确定的粮、棉、油、糖等重要农产品生产基地内的耕地；

（二）有良好的水利与水土保持设施的耕地，正在实施改造计划以及可以改造的中、低产田和已建成的高标准农田；

（三）蔬菜生产基地；

（四）农业科研、教学试验田；

（五）国务院规定应当划为永久基本农田的其他耕地。

各省、自治区、直辖市划定的永久基本农田一般应当占本行政区域内耕地的百分之八十以上，具体比例由国务院根据各省、自治区、直辖市耕地实际情况规定。

第三十四条　永久基本农田划定以乡（镇）为单位进行，由县级人民政府自然资源主管部门会同同级农业农村主管部门组织实施。永久基本农田应当落实到地块，纳入国家永久基本农田数据库严格管理。

乡（镇）人民政府应当将永久基本农田的位置、范围向社会公告,并设立保护标志。

第三十五条 永久基本农田经依法划定后,任何单位和个人不得擅自占用或者改变其用途。国家能源、交通、水利、军事设施等重点建设项目选址确实难以避让永久基本农田,涉及农用地转用或者土地征收的,必须经国务院批准。

禁止通过擅自调整县级土地利用总体规划、乡(镇)土地利用总体规划等方式规避永久基本农田农用地转用或者土地征收的审批。

70. 当土地征收范围确定后,哪些活动被禁止?

法律咨询

某村位于某市的边缘,由于该市近年来人口不断增多,为了减少市中心的压力,该市准备扩建主城区。因此,需要征收该村的部分土地。某村陈某的房屋也在征收范围内,而且陈某听说一旦土地征收范围确定后,有些活动就要被禁止。那么,当土地征收范围确定后,哪些活动被禁止?

律师答疑

当土地征收范围确定以后,有一些与征地相关的活动是法律法规所不允许进行的,但是全国范围内并没有统一的规定,各地结合实际曾出台一系列规定进行规范。因此,村民需结合当地的法规以及拆迁政策判断拟从事的活动是否被禁止。为利于村民初步判断，此处梳理几个地区的规定供参考。

1. 北京市：根据 2003 年出台的《北京市集体土地房屋拆迁管理办法》第 8 条的规定，用地单位取得征地或占地批准文件后，可以向区、县国土房管局申请在用地范围内暂停办理下列事项：

（1）新批宅基地和其他建设用地；

（2）审批新建、改建、扩建房屋；

（3）办理入户和分户，但因婚姻、出生、回国、军人退伍转业、经批准由外省市投靠直系亲属、刑满释放和解除劳动教养等原因必须入户、分户的除外；

（4）核发工商营业执照；

（5）房屋、土地租赁；

（6）改变房屋、土地用途。

2. 上海市：根据 2021 年出台的《上海市征收集体土地房屋补偿规定》第 8 条的规定，征收土地预公告后，拟征地范围内应当执行下列规定，但限制的最长期限不得超过 1 年：

（1）不得新建、改建、扩建建筑物、构筑物及其他设施；

（2）不得突击装修房屋；

（3）拟征地范围内已取得建房批准文件但新房尚未开工的，不得开工；

（4）不得从事其他不当增加补偿费用的行为。

3. 徐州市：根据 2017 年实施的《徐州市征收集体土地房屋补偿办法》第 8 条第 1 款的规定，规划主管部门核定用地范围后，征收机构应当及时向被征地农村集体经济组织和村民公布《拟征地告知书》，并通知相关部门暂停办理下列事项：

（1）新建、改建、扩建房屋，改变房屋、土地用途；

（2）房屋的买卖、交换、析产、赠与、租赁、抵押等手续；

（3）户口的迁入、分户；

（4）以被征收房屋为住所或者经营场所工商注册登记手续；

（5）法律、法规规定的其他事项。

法律依据

《北京市集体土地房屋拆迁管理办法》

第八条 用地单位取得征地或者占地批准文件后，可以向区、县国土房管局申请在用地范围内暂停办理下列事项：

（一）新批宅基地和其他建设用地；

（二）审批新建、改建、扩建房屋；

（三）办理入户和分户，但因婚姻、出生、回国、军人退伍转业、经批准由外省市投靠直系亲属、刑满释放和解除劳动教养等原因必须入户、分户的除外；

（四）核发工商营业执照；

（五）房屋、土地租赁；

（六）改变房屋、土地用途。

区、县国土房管局核准用地单位的申请后，应当就前款所列事项书面通知有关部门暂停办理相关手续，并在用地范围内予以公告。通知和公告应当载明拆迁范围、暂停办理事项和暂停期限。暂停期限自公告之日起算，最长不超过1年。用地单位确需延长暂停期限的，应当报经区、县国土房管局批准，延长的期限不超过半年。

暂停期限内，擅自办理本条第一款所列事项的，房屋拆迁时不予认定。

《上海市征收集体土地房屋补偿规定》

第八条 （征收土地预公告后不得实施的行为）

建设项目取得用地预审和选址批准文件后，区人民政府应当在拟征收土地所在的镇（乡）和村、村民小组范围内发布征收土地预公告，告知征地房屋补偿的政策依据以及本条第二款的要求，预公告时间不得少于10个工作日。

征收土地预公告后，拟征地范围内应当执行下列规定，但限制的最长期限不得超过一年：

（一）不得新建、改建、扩建建筑物、构筑物及其他设施；

（二）不得突击装修房屋；

（三）拟征地范围内已取得建房批准文件但新房尚未开工的，不得开工；

（四）不得从事其他不当增加补偿费用的行为。

违反前款规定实施的，不予补偿。

征收土地预公告后，区规划资源部门应当将本条第二款的相关事项书面通知拟征收土地所在的镇（乡）人民政府或者街道办事处。

《徐州市征收集体土地房屋补偿办法》

第八条 规划主管部门核定用地范围后，征收机构应当及时向被征地农村集体经济组织和村民公布《拟征地告知书》，并通知相关部门暂停办理下列事项：

（一）新建、改建、扩建房屋，改变房屋、土地用途；

（二）房屋的买卖、交换、析产、赠与、租赁、抵押等手续；

（三）户口的迁入、分户；

（四）以被征收房屋为住所或者经营场所工商注册登记

手续;

(五)法律、法规规定的其他事项。

暂停办理有关事项的期限不超过十二个月。因特殊情况需要延长的,市国土资源管理部门可以决定适当延期,每次延期不超过六个月。

暂停期限内,办理本条第一款所列事项的,补偿安置时不予认定;因出生、婚嫁和复转退军人、离退休人员、大中专院校学生及刑满释放人员回原籍确需办理户口迁入且符合户籍管理规定的,可以办理户口迁入手续,办理户口迁入手续后,公安机关应及时抄告征收机构。

71. 农村集体土地征收过程中,在什么情况下,政府可以强制拆迁?

法律咨询

某村的部分土地由于修建轻轨需要被征收,但是,某市政府发布征收公告后该村村民迟某认为补偿太少,拒不交出自己家的土地。为此,某市政府准备对迟某该块土地上的房屋进行强制拆迁。那么,农村集体土地征收过程中,在什么情况下,政府可以强制拆迁?

律师答疑

根据《土地管理法》及《土地管理法实施条例》的规定,国家征收集体土地需要给予村民合理的补偿。但是，因集体土地征收大多涉及公共利益，为避免少数人对补偿标准不满意导致征地程序久拖不决，法律亦对强制拆除的程序进行规定。

第一，对于个别未达成征地补偿安置协议的，由县级以上人民政府作出征地补偿安置决定，并组织实施。

根据《土地管理法实施条例》第31条的规定："征收土地申请经依法批准后，县级以上地方人民政府应当自收到批准文件之日起十五个工作日内在拟征收土地所在的乡（镇）和村、村民小组范围内发布征收土地公告，公布征收范围、征收时间等具体工作安排，对个别未达成征地补偿安置协议的应当作出征地补偿安置决定，并依法组织实施。"

因此，在发布征收土地公告后，针对个人拒不签署征地补偿安置协议的被征收人，县级以上人民政府有权作出征地补偿安置决定并依法送达。

第二，被征收人阻挠征地的，县级以上地方人民政府可以作出责令交出土地决定书。

《土地管理法实施条例》第62条规定："违反土地管理法律、法规规定，阻挠国家建设征收土地的，由县级以上地方人民政府责令交出土地；拒不交出土地的，依法申请人民法院强制执行。"

因此，在此情形下，农村集体土地上的房屋进行强制拆迁，必须满足以下程序条件：首先，省级以上人民政府已经作出了征地批复，市、县人民政府也已经发布了征地补偿安置方案公告、征收土地公告，即征地的实施程序已在依法进行中；其次，被征收土地所有权人、使用人已经依法得到安置补偿或者无正当理由拒绝接受安置补偿，且拒不交出土地，已经影响征收工作的正常进行；再次，县级以上人民政府已经作出《责令交出土地决定书》并依法送达；最后，被征收人在收到《责令交出土地决定书》没有申请行政复议或提起诉讼。此时县级以上人民政府可以根据《行政强制法》和《土地管理法实施条例》的规定申请人民法院强制执行。

如果被征收人依法就《责令交出土地决定书》提起行政复议或行政诉讼，但复议机关或人民法院最终驳回其诉讼请求的，土地行政主管部门可以在判决生效后申请人民法院强制执行。

法律依据

《中华人民共和国土地管理法实施条例》

第三十一条 征收土地申请经依法批准后，县级以上地方人民政府应当自收到批准文件之日起十五个工作日内在拟征收土地所在的乡（镇）和村、村民小组范围内发布征收土地公告，公布征收范围、征收时间等具体工作安排，对个别未达成征地补偿安置协议的应当作出征地补偿安置决定，并依法组织实施。

第六十二条 违反土地管理法律、法规规定，阻挠国家建设征收土地的，由县级以上地方人民政府责令交出土地；拒不交出土地的，依法申请人民法院强制执行。

72. 占用农民土地修建公路是否应该给予农民补偿?

法律咨询

某县政府为促进当地的经济发展，准备修建一条通往外县的高速公路，因此，需要征收修建高速公路沿线的土地。某村农民的土地也在被征收的范围内，而该村的村民吴某听说修建公路占用农民土地是无偿的。那么，占用农民土地修建公路是否应该给予农民补偿？

律师答疑

案例涉及的是占用农民土地修建高速公路是否应该给予农民补偿的问题，实质上是如何平衡社会公共利益和集体利益、个人利益的一个冲突问题。诚然，村里修建高速公路可以给村民带来好处，村民可以享受社会公共利益带来的方便，但是这并不意味着可以就此牺牲个人利益。

征收的实质，是国家强制性取得集体土地的所有权，意味着土地所有权性质的改变。具体的征收行为，虽然是为了公共利益的需要，也符合法律规定的权限和程序，但如果对被征收的单位和个人未给予补偿或未给予公正补偿，就变成了对公民合法财产的剥夺，这不仅违反《宪法》保护公民合法财产的基本原则，违背《土地管理法》第48条第1款所规定的征收土地应当给予公平、合理的补偿，保障被征地农民原有生活水平不降低、长远生计有保障的精神，也违背了政府保护公民合法财产的神圣职责。因此，占用农民土地修建公路应当依法给予农民合理的补偿。

法律依据

《中华人民共和国宪法》

第十条第三款　国家为了公共利益的需要，可以依照法律规定对土地实行征收或者征用并给予补偿。

《中华人民共和国土地管理法》

第四十八条第一款 征收土地应当给予公平、合理的补偿,保障被征地农民原有生活水平不降低、长远生计有保障。

73. 拆迁补偿协议中规定的安置房屋被出售,被拆迁人应该怎么办?

法律咨询

某村村民老罗的土地因修建公路而被征收,在被征收之后,老罗获得了一笔补偿款和两间安置房。但是,在住了几个月之后,有关部门却通知老罗,称老罗居住的安置房已经出售,要求老罗尽快搬出去。那么,拆迁补偿协议中规定的安置房屋被出售,被拆迁人应该怎么办?

律师答疑

根据2003年5月7日出台的《最高人民法院关于审理商品房买卖合同纠纷案件适用法律若干问题的解释》第7条第1款的规定,拆迁人与被拆迁人按照所有权调换形式订立拆迁补偿安置协议,明确约定拆迁人以位置、用途特定的房屋对被拆迁人予以补偿安置,如果拆迁人将该补偿安置房屋另行出卖给第三人,被拆迁人请求优先取得补偿安置房屋的,应予支持。

但是,2020年修正的《最高人民法院关于审理商品房买卖合同纠纷案件适用法律若干问题的解释》将前述第7条删除,拆迁补偿安置协议与其他商品房买卖合同发生冲突时，对拆迁补偿安置协议的被拆迁人不再予以特别保护的规定，即不再将被拆迁人享有的债权作为特种债权赋予其物权的优先效力，拆迁人也不再承担“1+1”赔偿责任，与民法损害填平赔偿原则相统一。

故根据2020年修正的《最高人民法院关于审理商品房买卖合同纠纷案件适用法律若干问题的解释》的精神，拆迁人在遇到安置房屋被出售时，可以通过提起诉讼或仲裁的形式维护自身合法权益。但是，被拆迁人是否可取得补偿安置房屋，还是只能请求违约责任或赔偿，则与个案中是否办理过户登记、是否实际交付、第三人是否存在恶意等问题相关，需结合具体案件予以综合判断。

法律依据

《最高人民法院关于审理商品房买卖合同纠纷案件适用法律若干问题的解释》(2003年)

第七条　拆迁人与被拆迁人按照所有权调换形式订立拆迁补偿安置协议，明确约定拆迁人以位置、用途特定的房屋对被拆迁人予以补偿安置，如果拆迁人将该补偿安置房屋另行出卖给第三人，被拆迁人请求优先取得补偿安置房屋的，应予支持。

被拆迁人请求解除拆迁补偿安置协议的，按照本解释第八条的规定处理。

注：以上规定在《最高人民法院关于审理商品房买卖合同纠纷案件适用法律若干问题的解释》2020年修正时已删除。

第二节　征收补偿的依据和标准

74. 征地补偿费包括哪些费用？

法律咨询

某市因修建轨道交通，需要征收沿线地区的土地。某村村民郑某的土地也被划入征收范围，在收到征收通知后，郑某非常高兴。但是，郑某想了解一下征地补偿费的内容。那么，征地补偿费包括哪些费用？

律师答疑

根据《土地管理法》第48条第2款的规定，征地补偿费用包括土地补偿费、安置补助费及农村村民住宅、其他地上附着物和青苗等的补偿费用，以及安排被征地农民的社会保障费用。

（1）土地补偿费

土地补偿费是征地费的主要部分，是国家建设征收土地时，为补偿被征地的集体经济组织和农民所支付的关于土地的补偿费用。

（2）安置补助费

安置补助费是国家征收集体土地后，为保障以土地为主要生产资料和生活来源的失地农民的基本生活，解决因土地被征收而产生的剩余劳动力的安置问题而发放给被征地单位的专属款项。

征收农用地（耕地、园地、林地、牧草地、其他农用地）的土地补偿费、安置补助费标准由省、自治区、直辖市通过制定公布区片综合地价确定。

征收农用地以外的其他土地的补偿标准，由省、自治区、直辖市制定。

（3）农村村民住宅、其他地上附着物和青苗等的补偿费用

对其中的农村村民住宅，应当按照先补偿后搬迁、居住条件有改善的原则，尊重农村村民意愿，采取重新安排宅基地建房、提供安置房或者货币补偿等方式给予公平、合理的补偿，并对因征收造成的搬迁、临时安置等费用予以补偿，保障农村村民居住的权利和合法的住房财产权益。

被征收农用地以外的其他土地、地上的附着物和青苗的补偿标准，由省、自治区、直辖市确定。地上附着物是指依附于土地上的各类地上、地下建筑物和构筑物，如房屋、水井、地上（下）管线等。青苗是指被征收土地上正处于生长阶段的农作物。

（4）社会保障费用

县级以上地方人民政府应当将被征地农民纳入相应的养老等社会保障体系。被征地农民的社会保障费用主要用于符合条件的被征地农民的养老保险等社会保险缴费补贴。被征地农民社会保障费用的筹集、管理和使用办法，由省、自治区、直辖市制定。

法律依据

《中华人民共和国土地管理法》

第四十八条 征收土地应当给予公平、合理的补偿,保障被征地农民原有生活水平不降低、长远生计有保障。

征收土地应当依法及时足额支付土地补偿费、安置补助费以及农村村民住宅、其他地上附着物和青苗等的补偿费用,并安排被征地农民的社会保障费用。

征收农用地的土地补偿费、安置补助费标准由省、自治区、直辖市通过制定公布区片综合地价确定。制定区片综合地价应当综合考虑土地原用途、土地资源条件、土地产值、土地区位、土地供求关系、人口以及经济社会发展水平等因素,并至少每三年调整或者重新公布一次。

征收农用地以外的其他土地、地上附着物和青苗等的补偿标准,由省、自治区、直辖市制定。对其中的农村村民住宅,应当按照先补偿后搬迁、居住条件有改善的原则,尊重农村村民意愿,采取重新安排宅基地建房、提供安置房或者货币补偿等方式给予公平、合理的补偿,并对因征收造成的搬迁、临时安置等费用予以补偿,保障农村村民居住的权利和合法的住房财产权益。

县级以上地方人民政府应当将被征地农民纳入相应的养老等社会保障体系。被征地农民的社会保障费用主要用于符合条件的被征地农民的养老保险等社会保险缴费补贴。被征地农民社会保障费用的筹集、管理和使用办法,由省、自治区、直辖市制定。

75. 征收补偿标准乡政府说的算不算？

法律咨询

某市政府准备修建一条高速公路，故需要征收沿线的土地。某村村民孙某的鱼塘也被划入了征收范围。之后，乡政府决定鱼塘每亩补偿2000元。但是，孙某认为补偿的数额过少，同时，孙某听说乡政府是不能决定征收补偿标准的。那么，征收补偿标准乡政府说的算不算？

律师答疑

根据《土地管理法实施条例》第27条的规定，县级以上地方人民政府应当依据社会稳定风险评估结果，结合土地现状调查情况，组织自然资源、财政、农业农村、人力资源和社会保障等有关部门拟定征地补偿安置方案。征地补偿安置方案应当包括征收范围、土地现状、征收目的、补偿方式和标准、安置对象、安置方式、社会保障等内容。

因此，征地补偿费用的具体标准由区县级人民政府组织确定，乡政府无权自行制定征收补偿标准。

法律依据

《中华人民共和国土地管理法实施条例》

第二十七条　县级以上地方人民政府应当依据社会稳定风险评估结果，结合土地现状调查情况，组织自然资源、财政、农业农村、人力资源和社会保障等有关部门拟定征地补偿安置方案。

征地补偿安置方案应当包括征收范围、土地现状、征收目的、补偿方式和标准、安置对象、安置方式、社会保障等内容。

76. 征地补偿应当“同地同价”吗？

法律咨询

某市因人口众多，资源不足，因而准备扩建主城区。为此，需要征收该市边缘的两个村庄的土地。但是，在征收的过程中，被征收土地的村民发现，两个村庄的征地补偿居然相差很大。那么，征地补偿应当“同地同价”吗？

律师答疑

征地实践中的同地不同价问题，一直是社会关注的焦点。所谓同地不同价，是指相同的区位、相同地类、同一项目的补偿价不同。比如，有的高速公路建设项目，仅仅相隔一条公路，公路左侧的补偿价与公路右侧的补偿价相差很大；紧紧相邻的两个村庄，甲村的耕地补偿价与乙村同质量的耕地补偿价差别很大。同地不同价显然有失公平，对补偿价较低的一方造成了相应的损失，同时也人为地造成了许多征地矛盾，影响了征地拆迁和补偿工作的有序开展。

对于“同地不同价”这一类问题，国务院在《关于深化改革严格土地管理的决定》中曾指出，省、自治区、直辖市人民政府要制订并公布各市县征地的统一年产值标准或区片综合地价，征地补偿做到同地同价，国家重点建设项目必须将征地费用总额列入预算。

《土地管理法》2019年修正后，正式将区片综合地价上升为法律规定，制订区片综合地价应当考虑土地原用途、土地资源条件、土地产值、土地区位、土地供求关系、人口以及经济社会发展水平等因素，并至少每三年调整或者重新公布一次。征地区片综合地价以区位理论为指导，将地理要素和社会经济活动都纳入测算指标，考虑了不同区域间的差异带来的土地价值与不同区域间的经济水平差异，使征地补偿更具科学性和公平性。根据2019年发布的《自然资源部办公厅关于加快制定征收农用地区片综合地价工作的通知》，要求各省市在划定区片综合地价时，合理划定区片，以县（市、区）为单位，根据农用地条件相近的原则，将县域划分为一个或几个区片，作为测算区片综合地价的基本单元。划定区片原则上不打破村级行政界线，可以将同一乡镇的多个行政村归并为一个区片，也可以将不同乡镇的多个行政村归并为一个区片；确有必要的，可依据河流、道路等线状地物确定区片边界。划定区片的具体方法可以参考《自然资源部办公厅关于加快制定征收农用地区片综合地价工作的通知》的相关规定。且同一区片内不同类型农用地的质量存在明显差异的，可以设定地类调节系数进行调节。

可见，区片综合地价相较于原来的年产值倍数法更为科学，能够有效避免同一区片不同地块差异过大的问题。

法律依据

《国务院关于深化改革严格土地管理的决定》

(十二)完善征地补偿办法……省、自治区、直辖市人民政府要制订并公布各市县征地的统一年产值标准或区片综合地价,征地补偿做到同地同价,国家重点建设项目必须将征地费用足额列入概算……

《中华人民共和国土地管理法》

第四十八条第三款 征收农用地的土地补偿费、安置补助费标准由省、自治区、直辖市通过制定公布区片综合地价确定。制定区片综合地价应当综合考虑土地原用途、土地资源条件、土地产值、土地区位、土地供求关系、人口以及经济社会发展水平等因素,并至少每三年调整或者重新公布一次。

《自然资源部办公厅关于加快制定征收农用地区片综合地价工作的通知》

二、注意把握好几个问题

(一)准确把握区片综合地价的内涵。新法规定的区片综合地价是征收农民集体农用地的土地补偿费和安置补助费标准,不包括法律规定用于社会保险缴费补贴的被征地农民社会保障费用、征收农用地涉及的地上附着物和青苗等的补偿费用。

(二)合理划定区片。以县(市、区)为单位,根据农用地条件相近的原则,将县域划分为一个或几个区片,作为测算区片综合地价的基本单元。划定区片原则上不打破村级行政界线，可以将同一乡镇的多个行政村归并为一个区片，也可以将不同乡镇的多个行政村归并为一个区片；确有必要的，可依据河流、道路等线状地物确定区片边界。划定区片的具体方法可以参考《关于开展制订征地统一年产值标准和征地区片综合地价工作的通知》(国土资发〔2005〕144号，以下简称“144号文”)相关规定。

(三)科学测算区片综合地价。参考144号文基本规定，采用农用地产值修正法、征地案例比较法等方法综合测算区片综合地价。农用地产值修正法是以当地主导耕作制度为测算基础，将未来农用地预期产值还原到当期，并结合被征地农民安置需要，综合考虑土地区位、土地供求关系、人口以及经济社会发展水平等因素进行修正后测算区片综合地价的方法；征地案例比较法是选择区片内近三至五年来实施征地的典型案例，以政府实际支付的土地补偿费和安置补助费为基础，剔除政府支付的社会保障费用，根据经济社会发展情况等进行修正后测算区片综合地价的方法。

区片综合地价应与当前经济社会发展水平相适应，不低于内涵可比的现行征地补偿标准。同一区片内不同类型农用地的质量存在明显差异的，可以设定地类调节系数进行调节。

(四)合理确定土地补偿费和安置补助费比例。区片综合地价确定后，按照主要用于被征地农民的原则，参照近年征地补偿费用在农村集体和农民个人之间的实际支付比例，合理确定区片综合地价中土地补偿费、安置补助费比例。具体应由省级人民政府根据当地实际情况作出规定。

77. 征地补偿费应该如何管理和使用?

法律咨询

某村因征地获得了巨额征地补偿费,但是,该村村委会却截留了大部分补偿款,并称要用这部分补偿款完善村里的公共设施。对此,该村的很多村民并不同意村委会的做法,认为村委会管理和使用他们的征地补偿费的行为是错误的。那么,征地补偿费应该如何管理和使用?

律师答疑

根据《土地管理法》第48条第2款的规定,征地补偿费用包括土地补偿费、安置补助费、农村村民住宅、其他地上附着物和青苗等的补偿费用以及社会保障费用。征地补偿费用根据其性质及补偿对象的不同,支付对象也有所区别。向村委会支付的费用主要涉及土地补偿费及安置补助费。

(1)土地补偿费

土地补偿费是征地补偿费的主要部分,是国家在征收土地时,为补偿被征地的集体经济组织和农民所支付的土地补偿费用。土地补偿费归村集体所有,一般直接向农村集体经济组织支付。

关于土地补偿费的具体分配使用问题,《国务院关于深化改革严格土地管理的规定》第15条规定,省、自治区、直辖市人民政府应当根据土地补偿费主要用于被征地农户的原则,制订土地补偿费在农村集体经济组织内部的分配办法。根据此规定,土地补偿费主要支付给被征地人,由省级政府决定具体的分配办法。根据《村民委员会组织法》第24条第1款第7项的规定,涉及村民利益的征地补偿费的使用、分配方案，需经村民会议讨论后方可办理。

此外，根据《最高人民法院关于审理涉及农村土地承包纠纷案件适用法律问题的解释》第 22 条的规定，农村集体经济组织或者村民委员会、村民小组，可以依照法律规定的民主议定程序，决定在本集体经济组织内部分配已经收到的土地补偿费。征地补偿安置方案确定时已经具有本集体经济组织成员资格的人，请求支付相应份额的，应予支持。但已报全国人大常委会、国务院备案的地方性法规、自治条例和单行条例、地方政府规章对土地补偿费在农村集体经济组织内部的分配办法另有规定的除外。

所以，对于土地补偿费具体的分配办法，在无地方性法规、自治条例和单行条例、地方政府规章特别规定的情况下，可以根据《村民委员会组织法》的相关规定进行民主决议，在不违背法律、行政法规的前提下决定具体的土地补偿费的分配办法。

（2）安置补助费

安置补助费是国家征收集体土地后，为保障以土地为主要生产资料和生活来源的失地农民的基本生活，解决因土地被征收产生的剩余劳动力的安置问题而发放给被征地单位的专属款项。

一般而言，需要安置的人员由农村集体经济组织安置的，安置补助费支付给农村集体经济组织，由农村集体经济组织管理和使用；由其他单位安置的，安置补助费支付给安置单位；不需要统一安置的，安置补助费发放给被安置人员个人或征得被安置人员同意后用于支付被安置人员的保险费用。

结合以上内容，土地补偿费需经村民决议后向村民分配，而安置补助费亦需要专款用于安置剩余劳动力，村委会无权截留用作他用。

另外,需要注意的是,有一些地方政府出台了地方性法规或政府规章对于土地征收补偿安置费用于兴办公益事业或进行公共设施、基础设施建设的规定。比如:《山东省土地征收管理办法》(山东省人民政府第226号令)第22条第1款规定:农民集体所有的土地全部被征收或者征收土地后没有条件调整承包土地的,土地征收补偿安置费的80%支付给土地承包户,主要用于被征收土地农民的社会保障、生产生活安置,其余的20%支付给被征收土地的农村集体经济组织,用于兴办公益事业或者进行公共设施、基础设施建设。《济南市土地征收管理办法》(2010年9月1日起施行)第21条第1款规定:土地补偿费和安置补助费应当主要用于被征地农民的生产生活安置和社会保障,其余的部分用于被征地的农村集体经济组织兴办公益事业或进行公共设施和基础设施建设。按照上述地方性法规、政府规章,土地补偿费应当主要用于失地农民的生产生活和社会保障,剩余少数部分可以用于清偿村委会因村民集体公益所欠的债务,即对于有规定的可以按规定执行。

此外,根据《村民委员会组织法》第30条的规定,村民委员会实行村务公开制度,应当及时公布土地补偿费的分配使用情况,村民可依法监督。如村民委员会不及时公布或公布不及时的,村民可根据《村民委员会组织法》第31条的规定,向乡级政府反映,要求乡级政府监督。如村委会不按规定使用征地补偿款,出现非法截留补偿款的,村民亦可根据《村民委员会组织法》第36条第2款的规定,向乡镇人民政府举报,要求乡镇人民政府履行监督职责,责令村委会改正。

法律依据

《中华人民共和国土地管理法》

第四十八条　征收土地应当给予公平、合理的补偿，保障被征地农民原有生活水平不降低、长远生计有保障。

征收土地应当依法及时足额支付土地补偿费、安置补助费以及农村村民住宅、其他地上附着物和青苗等的补偿费用，并安排被征地农民的社会保障费用。

征收农用地的土地补偿费、安置补助费标准由省、自治区、直辖市通过制定公布区片综合地价确定。制定区片综合地价应当综合考虑土地原用途、土地资源条件、土地产值、土地区位、土地供求关系、人口以及经济社会发展水平等因素，并至少每三年调整或者重新公布一次。

征收农用地以外的其他土地、地上附着物和青苗等的补偿标准，由省、自治区、直辖市制定。对其中的农村村民住宅，应当按照先补偿后搬迁、居住条件有改善的原则，尊重农村村民意愿，采取重新安排宅基地建房、提供安置房或者货币补偿等方式给予公平、合理的补偿，并对因征收造成的搬迁、临时安置等费用予以补偿，保障农村村民居住的权利和合法的住房财产权益。

县级以上地方人民政府应当将被征地农民纳入相应的养老等社会保障体系。被征地农民的社会保障费用主要用于符合条件的被征地农民的养老保险等社会保险缴费补贴。被征地农民社会保障费用的筹集、管理和使用办法，由省、自治区、直辖市制定。

《中华人民共和国土地管理法实施条例》

第三十二条 省、自治区、直辖市应当制定公布区片综合地价,确定征收农用地的土地补偿费、安置补助费标准,并制定土地补偿费、安置补助费分配办法。

地上附着物和青苗等的补偿费用,归其所有权人所有。

社会保障费用主要用于符合条件的被征地农民的养老保险等社会保险缴费补贴,按照省、自治区、直辖市的规定单独列支。

申请征收土地的县级以上地方人民政府应当及时落实土地补偿费、安置补助费、农村村民住宅以及其他地上附着物和青苗等的补偿费用、社会保障费用等,并保证足额到位,专款专用。有关费用未足额到位的,不得批准征收土地。

《中华人民共和国村民委员会组织法》

第二十四条 涉及村民利益的下列事项,经村民会议讨论决定方可办理:

(一)本村享受误工补贴的人员及补贴标准;

(二)从村集体经济所得收益的使用;

(三)本村公益事业的兴办和筹资筹劳方案及建设承包方案;

(四)土地承包经营方案;

(五)村集体经济项目的立项、承包方案;

(六)宅基地的使用方案;

(七)征地补偿费的使用、分配方案;

(八)以借贷、租赁或者其他方式处分村集体财产;

(九)村民会议认为应当由村民会议讨论决定的涉及村民利益的其他事项。

村民会议可以授权村民代表会议讨论决定前款规定的事项。

法律对讨论决定村集体经济组织财产和成员权益的事项另有规定的，依照其规定。

第三十条　村民委员会实行村务公开制度。

村民委员会应当及时公布下列事项，接受村民的监督：

（一）本法第二十三条、第二十四条规定的由村民会议、村民代表会议讨论决定的事项及其实施情况；

（二）国家计划生育政策的落实方案；

（三）政府拨付和接受社会捐赠的救灾救助、补贴补助等资金、物资的管理使用情况；

（四）村民委员会协助人民政府开展工作的情况；

（五）涉及本村村民利益，村民普遍关心的其他事项。

前款规定事项中，一般事项至少每季度公布一次；集体财务往来较多的，财务收支情况应当每月公布一次；涉及村民利益的重大事项应当随时公布。

村民委员会应当保证所公布事项的真实性，并接受村民的查询。

第三十一条　村民委员会不及时公布应当公布的事项或者公布的事项不真实的，村民有权向乡、民族乡、镇的人民政府或者县级人民政府及其有关主管部门反映，有关人民政府或者主管部门应当负责调查核实，责令依法公布；经查证确有违法行为的，有关人员应当依法承担责任。

第三十六条　村民委员会或者村民委员会成员作出的决定侵害村民合法权益的，受侵害的村民可以申请人民法院予以撤销,责任人依法承担法律责任。

村民委员会不依照法律、法规的规定履行法定义务的,由乡、民族乡、镇的人民政府责令改正。

乡、民族乡、镇的人民政府干预依法属于村民自治范围事项的,由上一级人民政府责令改正。

《山东省土地征收管理办法》(山东省人民政府第226号令)

第二十二条第一款 农民集体所有的土地全部被征收或者征收土地后没有条件调整承包土地的,土地征收补偿安置费的80%支付给土地承包户,主要用于被征收土地农民的社会保障、生产生活安置,其余的20%支付给被征收土地的农村集体经济组织,用于兴办公益事业或者进行公共设施、基础设施建设。

《济南市土地征收管理办法》

第二十一条第一款 土地补偿费和安置补助费应当主要用于被征地农民的生产生活安置和社会保障,其余的部分用于被征地的农村集体经济组织兴办公益事业或进行公共设施和基础设施建设。

78. 政府按照十年前的标准给予征地补偿,这种做法合乎规定吗?

法律咨询

某市张村的土地因建设汽车站而被纳入征收范围,之后,村里根据上级政府的通知张贴了补偿公告。但是,该村村民发现,征地的补偿标准仍然是十年前的标准。对此，村民们认为这种做法是不合理的。那么，政府按照十年前的标准给予征地补偿，这种做法合乎规定吗？

律师答疑

征地补偿的标准一直是大家关注的重要问题，根据《土地管理法》第48条第3款的规定：征收农用地的土地补偿费、安置补助费标准由省、自治区、直辖市通过制定公布区片综合地价确定。制定区片综合地价应当综合考虑土地原用途、土地资源条件、土地产值、土地区位、土地供求关系、人口以及经济社会发展水平等因素，并至少每三年调整或者重新公布一次。

因此，滞后十年的补偿标准显然不合乎规定，被征地村民有权拒绝这样的补偿标准。并有权依法申请行政复议或提起行政诉讼，要求按照新的标准确定补偿金额。

法律依据

《中华人民共和国土地管理法》

第四十八条第三款 征收农用地的土地补偿费、安置补助费标准由省、自治区、直辖市通过制定公布区片综合地价确定。制定区片综合地价应当综合考虑土地原用途、土地资源条件、土地产值、土地区位、土地供求关系、人口以及经济社会发展水平等因素，并至少每三年调整或者重新公布一次。

79. 对征地补偿安置方案有异议,可以申请开听证会吗?

法律咨询

河海村的土地因为国家建设公共设施而被纳入征收的范围,但是,在发出征地补偿安置方案公告之后,该村村民认为此次的征地补偿安置方案是不合理的,很多人对此都有异议。因此,有村民提议开听证会。那么,对征地补偿安置方案有异议,可以申请开听证会吗?

律师答疑

为了解决在征地补偿安置方案形成过程中存在的不同意见和争议问题,法律规定了征地补偿安置听证制度。根据《土地管理法》第 47 条第 3 款的规定,多数被征地的农村集体经济组织成员认为征地补偿安置方案不符合法律、法规规定的,县级以上地方人民政府应当组织召开听证会,并根据法律、法规的规定和听证会情况修改方案。《土地管理法实施条例》第 28 条第 3 款规定,多数被征地的农村集体经济组织成员认为拟定的征地补偿安置方案不符合法律、法规规定的,县级以上地方人民政府应当组织听证。第 29 条第 1 款规定,县级以上地方人民政府根据法律、法规规定和听证会等情况确定征地补偿安置方案后,应当组织有关部门与拟征收土地的所有权人、使用权人签订征地补偿安置协议。征地补偿安置协议示范文本由省、自治区、直辖市人民政府制定。并且,根据《自然资源听证规定》第 19 条的规定,拟定拟征地项目的补偿标准和安置方案的,应当书面告知当事人有要求举行听证的权利。

因此，如果村民对征地补偿安置方案有异议，可依据征地补偿安置方案公告表明的方式提出听证申请，满足多数（一般指过半数）要求的，相关单位必须依法组织听证，否则将构成程序违法，村民可通过法律途径维护自身合法权益。

法律依据

《自然资源听证规定》

第十九条　有下列情形之一的，主管部门在报批之前，应当书面告知当事人有要求举行听证的权利：

（一）拟定拟征地项目的补偿标准和安置方案的；

（二）拟定非农业建设占用永久基本农田方案的。

有下列情形之一的，主管部门在作出决定之前，应当书面告知当事人有要求举行听证的权利：

（一）较大数额罚款、责令停止违法勘查或者违法开采行为、吊销勘查许可证或者采矿许可证等行政处罚的；

（二）国有土地使用权、探矿权、采矿权的许可直接涉及申请人与他人之间重大利益关系的；

（三）法律、法规或者规章规定的其他情形。

《中华人民共和国土地管理法》

第四十七条　国家征收土地的，依照法定程序批准后，由县级以上地方人民政府予以公告并组织实施。

县级以上地方人民政府拟申请征收土地的，应当开展拟征收土地现状调查和社会稳定风险评估，并将征收范围、土地现状、征收目的、补偿标准、安置方式和社会保障等在拟征收土地所在的乡(镇)和村、村民小组范围内公告至少三十日,听取被征地的农村集体经济组织及其成员、村民委员会和其他利害关系人的意见。

多数被征地的农村集体经济组织成员认为征地补偿安置方案不符合法律、法规规定的,县级以上地方人民政府应当组织召开听证会,并根据法律、法规的规定和听证会情况修改方案。

拟征收土地的所有权人、使用权人应当在公告规定期限内,持不动产权属证明材料办理补偿登记。县级以上地方人民政府应当组织有关部门测算并落实有关费用,保证足额到位,与拟征收土地的所有权人、使用权人就补偿、安置等签订协议;个别确实难以达成协议的,应当在申请征收土地时如实说明。

相关前期工作完成后,县级以上地方人民政府方可申请征收土地。

《中华人民共和国土地管理法实施条例》

第二十八条 征地补偿安置方案拟定后,县级以上地方人民政府应当在拟征收土地所在的乡(镇)和村、村民小组范围内公告,公告时间不少于三十日。

征地补偿安置公告应当同时载明办理补偿登记的方式和期限、异议反馈渠道等内容。

多数被征地的农村集体经济组织成员认为拟定的征地补偿安置方案不符合法律、法规规定的,县级以上地方人民政府应当组织听证。

第二十九条 县级以上地方人民政府根据法律、法规规定和听证会等情况确定征地补偿安置方案后，应当组织有关部门与拟征收土地的所有权人、使用权人签订征地补偿安置协议。征地补偿安置协议示范文本由省、自治区、直辖市人民政府制定。

对个别确实难以达成征地补偿安置协议的，县级以上地方人民政府应当在申请征收土地时如实说明。

80. 被征地的农民是否可以参加征地补偿安置听证？

法律咨询

某县政府在对某村土地征收的过程中，准备举行土地安置补偿听证会，该村的村民听说之后要求参加。但是，某县政府却认为村民无权参加。那么，被征地的农民是否可以参加征地补偿安置听证？

律师答疑

根据《自然资源听证规定》第4条的规定，主管部门组织听证，应当遵循公开、公平、公正和便民的原则，充分听取公民、法人和其他组织的意见，保证其陈述意见、质证和申辩的权利。依职权组织的听证，除涉及国家秘密外，以听证会形式公开举行，并接受社会监督；依当事人的申请组织的听证，除涉及国家秘密、商业秘密或者个人隐私外，听证公开举行。第22条规定，当事人可以委托一至二名代理人参加听证，收集、提供相关材料和证据，进行质证和申辩。第 26 条规定，当事人在接到《听证通知书》后，应当准时到场；无正当理由不到场的，或者未经听证主持人允许中途退场的，视为放弃听证。放弃听证的，记入听证笔录。

根据《土地管理法实施条例》第 28 条第 3 款的规定，多数被征地的农村集体经济组织成员认为拟定的征地补偿安置方案不符合法律、法规规定的，县级以上地方人民政府应当组织听证。因此，而针对征地补偿安置方案举行的听证属于依当事人申请的情形，申请听证的农村集体经济组织成员作为当事人，必然属于应当参加听证的人员，还有权委托一至二名代理人（如律师）参加听证。

依当事人的申请组织的听证，除涉及国家秘密、商业秘密或者个人隐私外，听证公开举行。因此，在不涉及国家秘密、商业秘密或者个人隐私的情形下，原则上任何人均有权参加或旁听听证。

政府有关部门除非有正当理由，否则是不能够以“无权参加”为由，拒绝被征地农民参与征地补偿安置听证的。

法律依据

《中华人民共和国土地管理法实施条例》

第二十八条 征地补偿安置方案拟定后，县级以上地方人民政府应当在拟征收土地所在的乡（镇）和村、村民小组范围内公告，公告时间不少于三十日。

征地补偿安置公告应当同时载明办理补偿登记的方式和期限、异议反馈渠道等内容。

多数被征地的农村集体经济组织成员认为拟定的征地补偿安置方案不符合法律、法规规定的，县级以上地方人民政府应当组织听证。

《自然资源听证规定》

第四条　主管部门组织听证，应当遵循公开、公平、公正和便民的原则，充分听取公民、法人和其他组织的意见，保证其陈述意见、质证和申辩的权利。

依职权组织的听证，除涉及国家秘密外，以听证会形式公开举行，并接受社会监督；依当事人的申请组织的听证，除涉及国家秘密、商业秘密或者个人隐私外，听证公开举行。

第二十二条　当事人可以委托一至二名代理人参加听证，收集、提供相关材料和证据，进行质证和申辩。

第二十六条　当事人在接到《听证通知书》后，应当准时到场；无正当理由不到场的，或者未经听证主持人允许中途退场的，视为放弃听证。放弃听证的，记入听证笔录。

81. 乡、镇人民政府有权留用征地补偿费吗？

法律咨询

某乡镇下辖的富强村的土地因国家公共建设需要而被征收，之后，乡政府收到了1000万元的补偿费。同时，乡、镇人民政府决定留用补偿费中的300万元，其他的发放到村里。当地的村民在听说之后，都非常不满。那么，乡、镇人民政府有权留用征地补偿费吗？

律师答疑

根据《土地管理法》第48条第2款的规定,征地补偿费用包括土地补偿费、安置补助费、农村村民住宅、其他地上附着物和青苗的补偿费用以及社会保障费用。征地补偿费用根据其性质及补偿对象的不同,支付对象也有所区别。其中土地补偿费支付至农村集体经济组织;安置补助费是对被征地农民重新择业安置的补偿,其分配原则是"谁安置,谁取得"。因此,只有当乡、镇人民政府负责安置时,才有权留用安置补助费。其他地上附着物和青苗的补偿费归所有权人或实际投入人所有,乡、镇人民政府并非所有权人,当然无权留用这部分补偿费。

综上,只有乡、镇人民政府负责安置被征地村民时才有权留用安置补助费,并专款用于安置村民,其他情形下,乡、镇人民政府无权留用任何征地补偿费。

法律依据

《中华人民共和国土地管理法》

第四十八条第二款 征收土地应当依法及时足额支付土地补偿费、安置补助费以及农村村民住宅、其他地上附着物和青苗等的补偿费用,并安排被征地农民的社会保障费用。

82. 死亡人员可否成为征地补偿对象?

法律咨询

张某是某村村民,该村土地因修建轨道交通而被征收。但是，在征收的过程中，张某的父亲因病死亡，因此，在分配土地补偿费时，张某的父亲并没有分配权。对此，张某感到非常不满，认为其父亲应当有分配权。那么，死亡人员可否成为征地补偿对象？

律师答疑

死亡人员是否可以成为征地补偿对象，主要看其死亡的时间发生在土地征收过程中的阶段。根据《民法典》第 13 条的规定，自然人从出生时起到死亡时止，具有民事权利能力，依法享有民事权利，承担民事义务。根据《民法典》第 15 条的规定，自然人的出生时间和死亡时间，以出生证明、死亡证明记载的时间为准；没有出生证明、死亡证明的，以户籍登记或者其他有效身份登记记载的时间为准。有其他证据足以推翻以上记载时间的，以该证据证明的时间为准。

由此可见，自然人自死亡时即丧失了民事主体资格，其丧失民事主体资格后是不能成为征地补偿费的分配对象的，但有一种情况例外，即如果该人员的死亡时间是在已经将其列为征地安置补偿对象后，这时候，死亡人员已经获得的安置补偿款的权利，其所获补偿款应当作为遗产，所得收益应该由继承人继承。

法律依据

《中华人民共和国民法典》

第十三条　自然人从出生时起到死亡时止，具有民事权利能力，依法享有民事权利，承担民事义务。

第十五条 自然人的出生时间和死亡时间,以出生证明、死亡证明记载的时间为准;没有出生证明、死亡证明的,以户籍登记或者其他有效身份登记记载的时间为准。有其他证据足以推翻以上记载时间的,以该证据证明的时间为准。

83. 户口已从农村迁出,父母也已过世,还能获得补偿吗?

法律咨询

杜某原来是某村村民,其在大学毕业之后,便将户口迁到了工作地。几年后,杜某的父母先后去世,从此,杜某便很少回到某村,但是,其某村的房子仍然在。最近,杜某接到邻居的电话,称某村的土地将要被征收,让杜某回来商量补偿事宜。那么,户口已从农村迁出,父母也已过世,还能获得补偿吗?

律师答疑

杜某是否有权获得补偿,重点在于其是否享有该宅基地使用权。根据《民法典》第 362 条的规定,宅基地使用权人依法对集体所有的土地享有占有和使用的权利,有权依法利用该土地建造住宅及其附属设施。第 363 条规定,宅基地使用权的取得、行使和转让,适用土地管理的法律和国家有关规定。

根据《民法典》第 124 条第 2 款的规定,自然人合法的私有财产，可以依法继承。第 1122 条规定，遗产是自然人死亡时遗留的个人合法财产。依照法律规定或者根据其性质不得继承的遗产，不得继承。第 1123 条规定，继承开始后，按照法定继承办理；有遗嘱的，按照遗嘱继承或者遗赠办理；有遗赠扶养协议的，按照协议办理。

《土地管理法》第 2 条第 1 款、第 3 款规定："中华人民共和国实行土地的社会主义公有制，即全民所有制和劳动群众集体所有制。任何单位和个人不得侵占、买卖或者以其他形式非法转让土地。土地使用权可以依法转让。"第 11 条规定："农民集体所有的土地依法属于村农民集体所有的，由村集体经济组织或者村民委员会经营、管理。"

根据我国的土地管理制度，农村宅基地是不能被单独继承的。虽然宅基地不能被单独继承，但是地上的房屋可依据《民法典》的相关规定合法继承。如果杜某继承其父母的财产，则宅基地上房屋也属于其继承的范围。

目前司法实践中的主流观点认为，"原有宅基地使用权，因宅基地上老旧房屋灭失而丧失"。宅基地使用权，是农村村民依法对集体所有的土地享有占有和使用，以及依法利用该土地建造住宅及其附属设施的权利，是一种带有社会福利性质的权利。村民转为城镇户籍后，其宅基地上老旧房屋已经倒塌或被其他村民拆除重建，其虽持有土地使用证，但对原房屋的所有权及宅基地的使用权，已经因宅基地上老旧房屋灭失而丧失。

因此，如果宅基地上的房屋依然存在，杜某因继承宅基地上的房屋，仍然享有宅基地使用权；如果房屋已经灭失，则杜某对应丧失宅基地使用权。

鉴于杜某家的房屋依然存在，杜某继承地上房屋及宅基地使用权，如宅基地被征收的，杜某有权获得相应征地补偿及房屋补偿。

法律依据

《中华人民共和国民法典》

第一百二十四条 自然人依法享有继承权。

自然人合法的私有财产，可以依法继承。

第三百六十二条 宅基地使用权人依法对集体所有的土地享有占有和使用的权利，有权依法利用该土地建造住宅及其附属设施。

第三百六十三条 宅基地使用权的取得、行使和转让，适用土地管理的法律和国家有关规定。

第一千一百二十二条 遗产是自然人死亡时遗留的个人合法财产。

依照法律规定或者根据其性质不得继承的遗产，不得继承。

第一千一百二十三条 继承开始后，按照法定继承办理；有遗嘱的，按照遗嘱继承或者遗赠办理；有遗赠扶养协议的，按照协议办理。

《中华人民共和国土地管理法》

第二条第一款、第三款 中华人民共和国实行土地的社会主义公有制，即全民所有制和劳动群众集体所有制。

任何单位和个人不得侵占、买卖或者以其他形式非法转让土地。土地使用权可以依法转让。

第十一条 农民集体所有的土地依法属于村农民集体所有的，由村集体经济组织或者村民委员会经营、管理……

84. 为得到更多的拆迁补偿款而假离婚的，假离婚有效吗？

法律咨询

陈家村因国家建设工业园区需要征收该村土地，陈某夫妇是该村村民。在征收公告发布之后，陈某夫妇研究征收公告，发现如果他和妻子离婚，那么就会获得更多的补偿。因此，两人便协议离婚。那么，为得到更多的拆迁补偿款而假离婚的，假离婚有效吗？

律师答疑

根据新的《婚姻登记条例》第 1 条和《民法典》第 1041 条，无论结婚还是离婚，都实行“婚姻自由”的原则。在不存在法定的无效婚姻或可撤销婚姻的情形时，婚姻都是有效的。协议离婚也同样会发生解除婚姻关系的合法效果。

在征地实践中，当事人为了多获得补偿款而假离婚的，当事人假离婚的目的和动机确实有问题，但在现行的法律规定中，并没有离婚目的不当就影响离婚效力的规定。换言之，并不能因离婚目的不当认定离婚无效。只要当事人依法办理了离婚登记，二人的婚姻关系就宣告解除，二人有权依照征地拆迁补偿安置方案和相关的地方政策要求补偿。当然，当事人也可能为假离婚而付出代价，如其中某一人假戏真做，假离婚后又与第三人结婚，那么另一方当事人也只能自吞苦果了。而且如果一方以假离婚为由，在离婚协议中对于财产分配（包括征地补偿款、安置房分配等）有失公允或未作公平分配，利益受损的一方就是“人财两空”。

法律依据

《中华人民共和国民法典》

第一千零四十一条 婚姻家庭受国家保护。

实行婚姻自由、一夫一妻、男女平等的婚姻制度。

保护妇女、未成年人、老年人、残疾人的合法权益。

《婚姻登记条例》

第一条 为了规范婚姻登记工作，保障婚姻自由、一夫一妻、男女平等的婚姻制度的实施，保护婚姻当事人的合法权益，根据《中华人民共和国婚姻法》(以下简称婚姻法)，制定本条例。

85. 政府为加快征地进程，采取“株连式拆迁”合法吗?

法律咨询

某县因修建省道需要征收该县所辖的某村土地，为加快征地进程，该县政府出台了一项关于征地拆迁保护责任追溯的办法。该办法规定，被征地拆迁人的家庭成员中是机关或事业单位工作人员的，所在单位应要求其限期内完成征地拆迁任务，否则扣发工资。那么，政府为加快征地进程，采取“株连式拆迁”合法吗?

律师答疑

在这一事例中，县政府的做法就是通常所说的“株连式拆迁”,属于严重违法的征地拆迁措施。简单来说,“株连式拆迁”就是指以被征地拆迁者或被征地拆迁者亲属中的公职人员的工资及工作相要挟,不仅要求他们签订一些明显不合理的征地拆迁协议,而且要求他们动员自己的亲属签订征地拆迁协议,否则予以停薪、停职、调离等。

对此,《国务院办公厅关于进一步严格征地拆迁管理工作切实维护群众合法权益的紧急通知》第4条曾指出,对采取停水、停电、阻断交通等野蛮手段逼迫搬迁,以及采取“株连式拆迁”和“突击拆迁”等方式违法强制拆迁的,要严格追究有关责任单位和责任人的责任。这种“株连式拆迁”看似进展快,效果好,但是实际上埋下了诸多隐患,容易导致社会冲突和矛盾,并且,它本身就是一种违法的行为。

法律依据

《国务院办公厅关于进一步严格征地拆迁管理工作切实维护群众合法权益的紧急通知》

四、强化监督管理,依法查处违法违规行为

各地要立即对所有征地拆迁项目组织开展一次全面排查清理,重点检查征地程序是否合法、拆迁行为是否规范,补偿安置是否合理、保障政革是否落实等情况,限期整改排查清理中发现的各种问题。对采取停水、停电、阻断交通等野蛮手段逼迫搬迁,以及采取“株连式拆迁”和“突击拆迁”等方式违法强制拆迁的,要严格追究有关责任单位和责任人的责任。因暴力拆迁和征地造成人员伤亡或严重财产损失的,公安机关要加大办案力度,尽快查清事实,依法严厉惩处犯罪分子。

对因工作不力引发征地拆迁恶性事件、大规模群体性上访事件，以及存在官商勾结、权钱交易的，要追究有关领导和直接责任人的责任，构成犯罪的，要依法严厉追究刑事责任。对随意动用公安民警参与强制征地拆迁造成严重后果的，要严肃追究有关党政领导的责任。

86. 村民没有拿到征地补偿，开发单位是否可以先进行拆迁？

法律咨询

某市因修建轨道交通，需要征收沿线部分村子的土地。但是，在征地公告发布之后，村民们还未拿到补偿款，开发单位便开始进行拆迁。那么，村民没有拿到征地补偿，开发单位是否可以先进行拆迁？

律师答疑

为充分保障被征地村民的利益，2019 年修正的《土地管理法》明确“先补偿、后拆迁”的原则，第 48 条第 4 款规定，征收农用地以外的其他土地、地上附着物和青苗等的补偿标准，由省、自治区、直辖市制定。对其中的农村村民住宅，应当按照先补偿后搬迁、居住条件有改善的原则，尊重农村村民意愿，采取重新安排宅基地建房、提供安置房或者货币补偿等方式给予公平、合理的补偿，并对因征收造成的搬迁、临时安置等费用予以补偿，保障农村村民居住的权利和合法的住房财产权益。

根据《土地管理法》第47条第4款的规定，拟征收土地的所有权人、使用权人应当在公告规定期限内，持不动产权属证明材料办理补偿登记。县级以上地方人民政府应当组织有关部门测算并落实有关费用，保证足额到位，与拟征收土地的所有权人、使用权人就补偿、安置等签订协议；个别确实难以达成协议的，应当在申请征收土地时如实说明。根据《土地管理法实施条例》第31条的规定，征收土地申请经依法批准后，县级以上人民政府对个别未达成征地补偿安置协议的应当作出征地补偿安置决定，并依法组织实施。

一般补偿协议及支付协议中对于补偿款的支付方式及条件予以明确约定，村民可根据合同约定，在取得补偿款后的约定期限内将房屋交付征地单位；如果征地单位未履行合同约定，则村民亦可以拒绝交付房屋。而针对拒不签订协议的村民，则需按照征地补偿安置决定执行，相关补偿款的领取亦需按照补偿安置决定所载明的方式和途径领取。

因此，征地单位必须先对村民进行公平合理的补偿后方可启动拆迁。

法律依据

《中华人民共和国土地管理法》

第四十七条　国家征收土地的，依照法定程序批准后，由县级以上地方人民政府予以公告并组织实施。

县级以上地方人民政府拟申请征收土地的，应当开展拟征收土地现状调查和社会稳定风险评估，并将征收范围、土地现状、征收目的、补偿标准、安置方式和社会保障等在拟征收土地所在的乡（镇）和村、村民小组范围内公告至少三十日，听取被征地的农村集体经济组织及其成员、村民委员会和其他利害关系人的意见。

多数被征地的农村集体经济组织成员认为征地补偿安置方案不符合法律、法规规定的，县级以上地方人民政府应当组织召开听证会，并根据法律、法规的规定和听证会情况修改方案。

拟征收土地的所有权人、使用权人应当在公告规定期限内，持不动产权属证明材料办理补偿登记。县级以上地方人民政府应当组织有关部门测算并落实有关费用，保证足额到位，与拟征收土地的所有权人、使用权人就补偿、安置等签订协议；个别确实难以达成协议的，应当在申请征收土地时如实说明。

相关前期工作完成后，县级以上地方人民政府方可申请征收土地。

第四十八条 征收土地应当给予公平、合理的补偿，保障被征地农民原有生活水平不降低、长远生计有保障。

征收土地应当依法及时足额支付土地补偿费、安置补助费以及农村村民住宅、其他地上附着物和青苗等的补偿费用，并安排被征地农民的社会保障费用。

征收农用地的土地补偿费、安置补助费标准由省、自治区、直辖市通过制定公布区片综合地价确定。制定区片综合地价应当综合考虑土地原用途、土地资源条件、土地产值、土地区位、土地供求关系、人口以及经济社会发展水平等因素，并至少每三年调整或者重新公布一次。

征收农用地以外的其他土地、地上附着物和青苗等的补偿标准，由省、自治区、直辖市制定。对其中的农村村民住宅，应当按照先补偿后搬迁、居住条件有改善的原则，尊重农村村民意愿，采取重新安排宅基地建房、提供安置房或者货币补偿等方式给予公平、合理的补偿，并对因征收造成的搬迁、临时安置等费用予以补偿，保障农村村民居住的权利和合法的住房财产权益。

县级以上地方人民政府应当将被征地农民纳入相应的养老等社会保障体系。被征地农民的社会保障费用主要用于符合条件的被征地农民的养老保险等社会保险缴费补贴。被征地农民社会保障费用的筹集、管理和使用办法，由省、自治区、直辖市制定。

《中华人民共和国土地管理法实施条例》

第三十一条　征收土地申请经依法批准后，县级以上地方人民政府应当自收到批准文件之日起十五个工作日内在拟征收土地所在的乡（镇）和村、村民小组范围内发布征收土地公告，公布征收范围、征收时间等具体工作安排，对个别未达成征地补偿安置协议的应当作出征地补偿安置决定，并依法组织实施。

87. 房屋所有权人可以委托他人代为办理集体土地征收中涉及的房屋补偿事宜吗？

法律咨询

江某是某村村民，其所在村子因国家公共利益的需要将要被征收。但是,江某和妻子常年在外打工,无法回村处理征收补偿的相关事宜。于是,江某便全权委托他的弟弟办理,并出具了授权委托书。那么,房屋所有权人可以委托他人代为办理集体土地征收中涉及的房屋拆迁补偿事宜吗?

律师答疑

在现实生活中,由于各种各样的原因,行为人难以亲自处理所有的事务。自己无法处理事务时,授权他人代为处理,这种现象在法律上称为委托代理。委托他人处理自己事务的人是委托人、被代理人,接受委托代他人处理事务的人是受托人、代理人。大多数的法律行为都可以委托他人代为作出。房屋征收拆迁涉及的法律问题实际上都只与财产权的处分有关,不带有人身属性,因而属于可以委托他人代为处理的事项,并非法定禁止的代理事项。

虽征收补偿相关事项可以委托,但是,因集体土地征收补偿往往涉及利益较大,为避免后续因代理权发生争议,实务中集体土地征收实施机构一般都要求对授权委托书进行公证或者采取其他从技术上可靠的且能验证授权人身份的方式,同时对于代理事项、权限以及期限等进行明确。

法律依据

《中华人民共和国民法典》

第一百六十一条 民事主体可以通过代理人实施民事法律行为。

依照法律规定、当事人约定或者民事法律行为的性质,应当由本人亲自实施的民事法律行为，不得代理。

第一百六十二条　代理人在代理权限内，以被代理人名义实施的民事法律行为，对被代理人发生效力。

第一百六十三条　代理包括委托代理和法定代理。

委托代理人按照被代理人的委托行使代理权。法定代理人依照法律的规定行使代理权。

第一百六十五条　委托代理授权采用书面形式的，授权委托书应当载明代理人的姓名或者名称、代理事项、权限和期限，并由被代理人签名或者盖章。

88. 如何计算耕地等农用地的土地补偿费？

法律咨询

某国有企业准备建设工业园区，要征收某村的部分土地。该村村民石某听说自己的耕地将要被征收，因此，便四处打听耕地土地补偿费的计算方法。那么，如何计算耕地土地补偿费？

律师答疑

根据《土地管理法》第48条第3款的规定：征收农用地的土地补偿费、安置补助费标准由省、自治区、直辖市通过制定公布区片综合地价确定。制定区片综合地价应当综合考虑土地原用途、土地资源条件、土地产值、土地区位、土地供求关系、人口以及经济社会发展水平等因素，并至少每三年调整或者重新公布一次。针对非农用地的补偿标准，各省市规定不一，但大部分均参照农用地区片综合地价执行。比如，天津市规定征收集体建设用地和未利用地的补偿标准按照征地区片综合地价标准执行；北京市规定征收农用地以外的其他土地（包括集体建设用地、未利用地）参照区片综合地价标准执行。

根据《土地管理法实施条例》第32条第1款的规定，省、自治区、直辖市应当制定公布区片综合地价，确定征收农用地的土地补偿费、安置补助费标准，并制定土地补偿费、安置补助费分配办法。可见，土地补偿费及安置补助费所占的比例均由各省市规定。比如，上海市规定土地补偿费和安置补助费的比例为79：21，而江苏省常州市的比例为50：50。具体土地补助费需结合区片综合地价中土地补偿费的占比进行计算。

综上，土地补偿费由所在区域的区片综合地价决定，自然资源部网站专门开设“全国征地区片综合地价信息公开”模块，对各个省区市公布的区片综合地价统一公开，被征收人均可在网站进行查询。

法律依据

《中华人民共和国土地管理法》

第四十八条 征收土地应当给予公平、合理的补偿，保障被征地农民原有生活水平不降低、长远生计有保障。

征收土地应当依法及时足额支付土地补偿费、安置补助费以及农村村民住宅、其他地上附着物和青苗等的补偿费用，并安排被征地农民的社会保障费用。

征收农用地的土地补偿费、安置补助费标准由省、自治区、直辖市通过制定公布区片综合地价确定。制定区片综合地价应当综合考虑土地原用途、土地资源条件、土地产值、土地区位、土地供求关系、人口以及经济社会发展水平等因素，并至少每三年调整或者重新公布一次。

征收农用地以外的其他土地、地上附着物和青苗等的补偿标准，由省、自治区、直辖市制定。对其中的农村村民住宅，应当按照先补偿后搬迁、居住条件有改善的原则，尊重农村村民意愿，采取重新安排宅基地建房、提供安置房或者货币补偿等方式给予公平、合理的补偿，并对因征收造成的搬迁、临时安置等费用予以补偿，保障农村村民居住的权利和合法的住房财产权益。

县级以上地方人民政府应当将被征地农民纳入相应的养老等社会保障体系。被征地农民的社会保障费用主要用于符合条件的被征地农民的养老保险等社会保险缴费补贴。被征地农民社会保障费用的筹集、管理和使用办法，由省、自治区、直辖市制定。

《中华人民共和国土地管理法实施条例》

第三十二条　省、自治区、直辖市应当制定公布区片综合地价，确定征收农用地的土地补偿费、安置补助费标准，并制定土地补偿费、安置补助费分配办法。

地上附着物和青苗等的补偿费用，归其所有权人所有。

社会保障费用主要用于符合条件的被征地农民的养老保险等社会保险缴费补贴，按照省、自治区、直辖市的规定单独列支。

申请征收土地的县级以上地方人民政府应当及时落实土地补偿费、安置补助费、农村村民住宅以及其他地上附着物和青苗等的补偿费用、社会保障费用等，并保证足额到位，专款专用。有关费用未足额到位的，不得批准征收土地。

89. 土地互换后，土地征收的补偿费应该给谁？

法律咨询

秦某与岳某是李家村的村民，两人曾在多年前为了方便种植而互换了土地。最近该村的部分土地因建设工业园区而被征收，秦某原来与岳某交换的土地也在征收的范围内。对此，双方发生争议，岳某认为土地已经交换，土地补偿费应该归他所有。那么，土地互换后，土地征收的补偿费应该给谁？

律师答疑

我国《农村土地承包法》第 33 条规定，承包方之间为方便耕种或者各自需要，可以对属于同一集体经济组织的土地的土地承包经营权进行互换，并向发包方备案。第 34 条规定，经发包方同意，承包方可以将全部或者部分的土地承包经营权转让给本集体经济组织的其他农户，由该农户同发包方确立新的承包关系，原承包方与发包方在该土地上的承包关系即行终止。

可见，农村土地承包经营权依法互换、转让的，原承包人即退出承包关系，受让方与发包方形成新的承包关系，土地承包经营权的权利主体发生变更，受让方成为新的土地承包经营权人。

虽然《农村土地承包法》第 33 条对互换土地承包经营权作出应当备案的要求，但该规定只是强调备案，备案是一种行政管理手段，其性质仅仅为公示，便于管理，不影响当事人的权利和义务，不是合同生效的要件，属于管理性规范而不是效力性规范。因而，互换土地应呈报发包方备案不是互换土地合同效力的必要要件，不能以未经备案为由而否定互换土地协议的效力。

此外，《农村土地承包法》第35条规定，土地承包经营权互换、转让的，当事人可以向登记机构申请登记。未经登记，不得对抗善意第三人。虽然本条规定土地承包经营权应登记，如双方并未登记，仅不能对抗双方以外的第三人，而针对互换土地承包经营权的双方，应产生土地承包经营权互换的法律后果。

综上，在互换合同有效的前提下，互换土地的耕种人已成为实际承包经营权人。本案的当事人岳某有权取得土地补偿费。

法律依据

《中华人民共和国农村土地承包法》

第三十三条　承包方之间为方便耕种或者各自需要，可以对属于同一集体经济组织的土地的土地承包经营权进行互换，并向发包方备案。

第三十四条　经发包方同意，承包方可以将全部或者部分的土地承包经营权转让给本集体经济组织的其他农户，由该农户同发包方确立新的承包关系，原承包方与发包方在该土地上的承包关系即行终止。

第三十五条　土地承包经营权互换、转让的，当事人可以向登记机构申请登记。未经登记，不得对抗善意第三人。

90. 农村集体土地补偿费应如何分配？

法律咨询

某市为了缓解市内交通压力，决定扩建主城区，征收了该市郊区太阳村的部分土地,该村获得了近2000万元的土地补偿款。在得到补偿款后,该村村委会组织村民议定分配方案,但是部分村民们强烈反对,认为分配方案损害了大家的利益。那么,农村集体土地补偿费应如何分配?

律师答疑

《土地管理法实施条例》第32条第1款规定,省、自治区、直辖市应当制定公布区片综合地价,确定征收农用地的土地补偿费、安置补助费标准,并制定土地补偿费、安置补助费分配办法。根据《最高人民法院关于审理涉及农村土地承包纠纷案件适用法律问题的解释》(2020年修正)第22条的规定,农村集体经济组织或者村民委员会、村民小组,可以依照法律规定的民主议定程序,决定在本集体经济组织内部分配已经收到的土地补偿费。征地补偿安置方案确定时已经具有本集体经济组织成员资格的人,请求支付相应份额的,应予支持。但已报全国人大常委会、国务院备案的地方性法规、自治条例和单行条例、地方政府规章对土地补偿费在农村集体经济组织内部的分配办法另有规定的除外。

结合上述规定,征地补偿费的分配办法由各省、自治区、直辖市自行制定,具体分配办法需按照征地项目所在地的政策执行。针对已经制定分配办法的地区,农村集体经济组织通过民主程序制定的分配办法不得突破地方性法规、自治条例和单行条例、地方政府规章的相关规定;针对尚未制定分配办法的地区,需农村集体经济组织履行民主程序后自行分配。

例如,《辽宁省人民政府办公厅关于实施征地区片综合地价标准的通知》(辽政办发〔2010〕2号)第3条规定,“依法征收农民家庭承包土地的，征地补偿费的80%归被征地农户，20%归集体经济组织；征收土地集体经济组织未发包以及实行其他方式承包的土地，征地补偿费归集体经济组织，依法分配或使用”。

《吉林省人民政府办公厅转发省农委关于加强农村集体经济组织征地补偿费分配管理意见的通知》第2条第1项规定：“统一明确征地补偿费的分配比例。2005年1月1日至本意见实施以前发生的土地补偿费是否用于农户分配，由县（市、区）人民政府决定，但分配给农户的比例不得高于80%。本意见实施后，集体经济组织土地全部被征收，并且已经撤销建制的，土地补偿费全部用于农户分配；集体经济组织土地被部分征收或虽被全部征收，但尚未撤销建制的，土地补偿费80%用于农户分配，20%留归集体经济组织。被征地农民社会保障费用的落实，按国办发〔2006〕29号文件规定执行。”

综上，农村集体经济组织内部通过民主程序议定征地补偿费的分配方案，但不得与地方性法规、自治条例和单行条例、地方政府规章对土地补偿费在农村集体经济组织内部的分配办法相抵触。如果个别村民认为补偿方案损害了自身权益，可以依法向法院提起诉讼，依法保障自身权益。

法律依据

《中华人民共和国土地管理法实施条例》

第三十二条第一款　省、自治区、直辖市应当制定公布区片综合地价，确定征收农用地的土地补偿费、安置补助费标准，并制定土地补偿费、安置补助费分配办法。

《最高人民法院关于审理涉及农村土地承包纠纷案件适用法律问题的解释》

第二十二条 农村集体经济组织或者村民委员会、村民小组，可以依照法律规定的民主议定程序，决定在本集体经济组织内部分配已经收到的土地补偿费。征地补偿安置方案确定时已经具有本集体经济组织成员资格的人，请求支付相应份额的，应予支持。但已报全国人大常委会、国务院备案的地方性法规、自治条例和单行条例、地方政府规章对土地补偿费在农村集体经济组织内部的分配办法另有规定的除外。

91. 村委会是否有权决定土地补偿费的分配方案？

法律咨询

江河村因征地获得巨额土地补偿费，在获得补偿费后，村委会便以自己的名义决定了土地补偿费的分配方案。但是，很多村民都不同意村委会的做法，认为村委会擅自决定土地补偿费分配方案的行为是违法的。那么，村委会是否有权决定土地补偿费的分配方案？

律师答疑

案例中，村委会的做法是错误的。根据《村民委员会组织法》（2018 年修正）第 24 条第 1 款的规定，征地补偿费的使用、分配方案经村民会议讨论方可办理。第 2 款规定，村民会议可以授权村民代表会议讨论决定前款规定的事项。土地补偿费在集体经济组织内部的分配方案应当由村民会议或者村民代表大会讨论决定，村委会无权决定土地补偿费的分配方案。

《农业部关于加强农村集体经济组织征地补偿费监督管理指导工作的意见》(农经发〔2005〕1号)第2条规定："二、规范征地补偿费会计核算内容和程序　(一)明确分配范围和性质。要认真贯彻落实《国务院决定》精神，积极参与制定土地补偿费在农村集体经济组织内部的分配办法，确保土地补偿费主要用于被征地农民上。2005年以后新增土地补偿费的分配比例省级人民政府已有明确规定的，按照规定执行；没有明确分配比例的，要按照国务院规定抓紧明确。土地补偿费应主要用于被征土地的农民生产生活需要。留归被征地农民部分的土地补偿费归农民个人所有，要充分尊重被征地农民的意愿，不得强迫农民参加商业保险；留归农村集体经济组织的土地补偿费属农民集体资产，应当用于发展生产、增加积累、集体福利、公益事业等方面，不得用于发放干部报酬、支付招待费用等非生产性开支。地上附着物及青苗补偿费归地上附着物及青苗的所有者所有。安置补助费必须专款专用，不得挪作他用。2004年以前的土地补偿费，没有分配的，仍归农村集体经济组织管理使用，原则上不得用于个人分配。(二)分配使用报批程序及账务处理。土地补偿费的分配、使用预算方案要经农村集体经济组织成员大会或成员代表大会批准，事后要将土地补偿费的实际开支、管理情况向农村集体经济组织成员大会或成员代表大会报告。留归农村集体经济组织的土地补偿费要严格按照《村集体经济组织会计制度》规定，全部统一纳入公积公益金科目进行核算，并设立土地补偿费专门账户，统一进行管理。当土地补偿费使用的财务事项发生时，经手人必须取得有效的原始凭证，注明用途并签字(盖章)，交民主理财小组集体审核。经审核同意后，由民主理财小组组长签字（盖章），报经村集体经济组织负责人审批同意并签字（盖章），由会计人员审核记入专户账目。经民主理财小组审核确定为不合理开支的事项，开支不得入账，有关支出由责任人承担。财务流程完成后，要按照财务公开程序进行公开。”

从上述规定可以看出，村委会是无权决定土地补偿费的分配方案。

法律依据

《中华人民共和国村民委员会组织法》

第二十四条第一款、第二款 涉及村民利益的下列事项，经村民会议讨论决定方可办理：

（一）本村享受误工补贴的人员及补贴标准；

（二）从村集体经济所得收益的使用；

（三）本村公益事业的兴办和筹资筹劳方案及建设承包方案；

（四）土地承包经营方案；

（五）村集体经济项目的立项、承包方案；

（六）宅基地的使用方案；

（七）征地补偿费的使用、分配方案；

（八）以借贷、租赁或者其他方式处分村集体财产；

（九）村民会议认为应当由村民会议讨论决定的涉及村民利益的其他事项。

村民会议可以授权村民代表会议讨论决定前款规定的事项。

《农业部关于加强农村集体经济组织征地补偿费监督管理指导工作的意见》(农经发〔2005〕1号)

二、规范征地补偿费会计核算内容和程序

(一)明确分配范围和性质。要认真贯彻落实《国务院决定》精神,积极参与制定土地补偿费在农村集体经济组织内部的分配办法,确保土地补偿费主要用于被征地农民上。2005年以后新增土地补偿费的分配比例省级人民政府已有明确规定的,按照规定执行;没有明确分配比例的,要按照国务院规定抓紧明确。土地补偿费应主要用于被征土地的农民生产生活需要。留归被征地农民部分的土地补偿费归农民个人所有,要充分尊重被征地农民的意愿,不得强迫农民参加商业保险;留归农村集体经济组织的土地补偿费属农民集体资产,应当用于发展生产、增加积累、集体福利、公益事业等方面,不得用于发放干部报酬、支付招待费用等非生产性开支。地上附着物及青苗补偿费归地上附着物及青苗的所有者所有。安置补助费必须专款专用,不得挪作他用。2004年以前的土地补偿费,没有分配的,仍归农村集体经济组织管理使用,原则上不得用于个人分配。

(二)分配使用报批程序及账务处理。土地补偿费的分配、使用预算方案要经农村集体经济组织成员大会或成员代表大会批准,事后要将土地补偿费的实际开支、管理情况向农村集体经济组织成员大会或成员代表大会报告。留归农村集体经济组织的土地补偿费要严格按照《村集体经济组织会计制度》规定,全部统一纳入公积公益金科目进行核算,并设立土地补偿费专门账户,统一进行管理。当土地补偿费使用的财务事项发生时,经手人必须取得有效的原始凭证,注明用途并签字(盖章),交民主理财小组集体审核。经审核同意后,由民主理财小组组长签字(盖章),报经村集体经济组织负责人审批同意并签字(盖章),由会计人员审核记入专户账目。经民主理财小组审核确定为不合理开支的事项,开支不得入账,有关支出由责任人承担。财务流程完成后,要按照财务公开程序进行公开。

92. 村委会如果挪用土地补偿款应该承担什么责任?

法律咨询

张某经营的果品公司近来资金短缺,后来,张某得知其公司所在地的某村因征地获得大量补偿款,而且尚未分配。因此,张某便与该村委会成员孙某商量,准备挪用该笔补偿款以解决资金问题。那么,村委会如果挪用土地补偿款应该承担什么责任?

律师答疑

根据《土地管理法》第 80 条的规定,侵占、挪用被征收土地单位的征地补偿费用和其他有关费用,构成犯罪的,依法追究刑事责任;尚不构成犯罪的,依法给予处分。《土地管理法实施条例》第 64 条规定,贪污、侵占、挪用、私分、截留、拖欠征地补偿安置费用和其他有关费用的,责令改正,追回有关款项,限期退还违法所得,对有关责任单位通报批评、给予警告;造成损失的,依法承担赔偿责任;对直接负责的主管人员和其他直接责任人员,依法给予处分。

《刑法》第 384 条第 1 款规定：国家工作人员利用职务上的便利，挪用公款归个人使用，进行非法活动的，或者挪用公款数额较大、进行营利活动的，或者挪用公款数额较大、超过 3 个月未还的，是挪用公款罪，处 5 年以下有期徒刑或者拘役；情节严重的，处 5 年以上有期徒刑。挪用公款数额巨大不退还的，处 10 年以上有期徒刑或者无期徒刑。

村委会成员孙某虽然不是国家工作人员，但根据《全国人民代表大会常务委员会关于〈中华人民共和国刑法〉第九十三条第二款的解释》的规定，村民委员会等村基层组织人员协助人民政府从事下列行政管理工作，属于《刑法》第 93 条第 2 款规定的“其他依照法律从事公务的人员”：(1)救灾、抢险、防汛、优抚、扶贫、移民、救济款物的管理；(2)社会捐助公益事业款物的管理；(3)国有土地的经营、管理；(4)土地征收、征用补偿费用的管理；(5)代征、代缴税款；(6)有关计划生育、户籍、征兵工作；(7)协助人民政府从事的其他行政管理工作。如果他们在从事上述公务时，利用职务上的便利，非法占有公共财物、挪用公款的，也按照上述规定处理。

因此，如村委会等村基层组织人员挪用土地补偿款，将面临行政责任乃至刑事责任。

法律依据

《中华人民共和国土地管理法》

第八十条　侵占、挪用被征收土地单位的征地补偿费用和其他有关费用，构成犯罪的，依法追究刑事责任；尚不构成犯罪的，依法给予处分。

《中华人民共和国土地管理法实施条例》

第六十四条 贪污、侵占、挪用、私分、截留、拖欠征地补偿安置费用和其他有关费用的，责令改正，追回有关款项，限期退还违法所得，对有关责任单位通报批评、给予警告；造成损失的，依法承担赔偿责任；对直接负责的主管人员和其他直接责任人员，依法给予处分。

《中华人民共和国刑法》

第三百八十四条 国家工作人员利用职务上的便利，挪用公款归个人使用，进行非法活动的，或者挪用公款数额较大、进行营利活动的，或者挪用公款数额较大、超过三个月未还的，是挪用公款罪，处五年以下有期徒刑或者拘役；情节严重的，处五年以上有期徒刑。挪用公款数额巨大不退还的，处十年以上有期徒刑或者无期徒刑。

挪用用于救灾、抢险、防汛、优抚、扶贫、移民、救济款物归个人使用的，从重处罚。

《全国人民代表大会常务委员会关于〈中华人民共和国刑法〉第九十三条第二款的解释》

全国人民代表大会常务委员会讨论了村民委员会等村基层组织人员在从事哪些工作时属于刑法第九十三条第二款规定的“其他依照法律从事公务的人员”，解释如下：

村民委员会等村基层组织人员协助人民政府从事下列行政管理工作，属于刑法第九十三条第二款规定的“其他依照法律从事公务的人员”：

（一）救灾、抢险、防汛、优抚、扶贫、移民、救济款物的管理；

（二）社会捐助公益事业款物的管理；

（三）国有土地的经营和管理；

（四）土地征收、征用补偿费用的管理；

（五）代征、代缴税款；

（六）有关计划生育、户籍、征兵工作；

（七）协助人民政府从事的其他行政管理工作。

村民委员会等村基层组织人员从事前款规定的公务，利用职务上的便利，非法占有公共财物、挪用公款、索取他人财物或者非法收受他人财物，构成犯罪的，适用刑法第三百八十二条和第三百八十三条贪污罪、第三百八十四条挪用公款罪、第三百八十五条和第三百八十六条受贿罪的规定。

93. 如何认定可以享受农村征地补偿费的村民资格？

法律咨询

武某是某村村民，该村的土地因国家公共利益的需要而被征收，武某的土地也在征收范围内。武某的女儿在某市工作，但是，户口仍然在村里，武某不清楚其女儿是否可以享受农村征地补偿费。因此，武某便想了解，如何认定可以享受农村征地补偿费的村民资格？

律师答疑

《土地管理法》第 9 条第 2 款规定，农村和城市郊区的土地，除由法律规定属于国家所有的以外，属于农民集体所有。也即，农村集体土地所有权的性质属农村集体成员共同所有，土地被征用而获得的收益属于具有该村村民资格的全体村民。是否具有村民资格,是能否参加收益分配的关键问题;而是不是该村村民,就是看是否具有本村集体经济组织成员的资格。《最高人民法院关于审理涉及农村土地承包纠纷案件适用法律问题的解释》第22条规定,土地补偿费由农村集体经济组织或者村民委员会、村民小组依照法律规定的民主议定程序,决定在本集体经济组织内部分配。所以有权参与分配的也只能是集体经济组织成员。

对于如何认定集体经济组织成员,目前没有具体的法律规定,在实践中,认定的依据一般应以户籍为原则,但也存在例外。

农村集体经济组织在分配本村土地征收补偿费时,需认定村民资格,在认定过程中应该综合考虑以下几个方面:(1)须合法取得本村户籍;(2)以从事农业生产为主要生活来源;(3)必须在本村有居所并与集体经济组织保持稳定的成员关系;(4)为集体经济组织的财产积累和经济发展尽过一定义务。

在实际分配补偿费时还应该区分如下几种情况:(1)为了获得土地补偿费,以不正当手段迁入户口,不应当认定其分配资格;(2)为了成就某种便利条件而将户口迁入,不应当认定其分配资格,如许多中、小学和幼儿园的就读条件中包括户口所在地,部分家长为子女择校而将子女的户口迁入亲戚处;(3)因在大中专院校就读而将户口迁出,其父母仍以集体经济组织的基本生产资料为经济生活保障,为确保其安心学习所必要的生活费用,应当认定其分配资格;(4)大中专院校毕业后又将户口迁回,已属居民户,且已在外工作,有生活来源,虽然未将户口迁至其工作所在地,但不应当以户口在本村认定其分配资格;(5)已嫁入的妇女,户口已迁入,应查明其娘家所在地是否已收回其责任田,如未收回,其作为农民的合法权益未被侵犯,不应当认定其分配资格;(6)确系本村新生人口，根据法律规定，民事权利能力始于出生，故不能以其户口手续未办好而拒绝发放，只要能够确认征地补偿费产生于其出生之后，就应当认定其分配资格。

法律依据

《中华人民共和国土地管理法》

第九条 城市市区的土地属于国家所有。

农村和城市郊区的土地，除由法律规定属于国家所有的以外，属于农民集体所有；宅基地和自留地、自留山，属于农民集体所有。

《最高人民法院关于审理涉及农村土地承包纠纷案件适用法律问题的解释》

第二十二条 农村集体经济组织或者村民委员会、村民小组，可以依照法律规定的民主议定程序，决定在本集体经济组织内部分配已经收到的土地补偿费。征地补偿安置方案确定时已经具有本集体经济组织成员资格的人，请求支付相应份额的，应予支持。但已报全国人大常委会、国务院备案的地方性法规、自治条例和单行条例、地方政府规章对土地补偿费在农村集体经济组织内部的分配办法另有规定的除外。

94. 离退休、退养人员是否可以分得征地补偿费？

法律咨询

王某为企业职工，已转为城市户口，退休后回老家农村定居，其所在村庄部分土地因国家修建公路被征收，王某咨询其是否可以作为村集体经济组织成员参与征地补偿款的分配？

律师答疑

本案例中，王某能否分得征地补偿费主要在于其是否为农村集体经济组织成员。离退休、退养人员一般只是在退休后回原籍居住，并不依赖当地的土地作为其基本生活保障，而是有相应的退休金等社会保障。鉴于这类人员身份的特殊性与收入来源的固定性，并考虑土地补偿费补偿安置对象的专属性与救济性，一般不认定该类人员具有集体经济组织成员资格。但如果其原来具有本集体经济组织成员资格，并且不存在丧失的情形，则仍具有该集体经济组织的成员资格。

法律依据

《中华人民共和国农村土地承包法》

第六十九条 确认农村集体经济组织成员身份的原则、程序等，由法律、法规规定。

95. 出嫁的女儿是否可以分得征地补偿费？

法律咨询

某村土地由于国家修建水利工程而被征收，该村村民杜某家的土地也在征收的范围内。杜某的女儿虽然已经出嫁，但是，户口仍然在家里。因此，杜某便想咨询一下，其出嫁的女儿是否可以分得征地补偿费？

律师答疑

本案涉及的是出嫁的女儿是否有权分得征地补偿费的问题。出嫁的女儿是否属于征地补偿费分配的权利主体或是否具有分配的资格，以及如何把握分配的标准等，目前的法律及司法解释均未作出明确的界定。但是根据相关规定，在我国的司法实践中，一般是根据其户口是否仍然在本村进行确定。

《最高人民法院关于审理涉及农村土地承包纠纷案件适用法律问题的解释》第22条规定："农村集体经济组织或者村民委员会、村民小组，可以依照法律规定的民主议定程序，决定在本集体经济组织内部分配已经收到的土地补偿费。征地补偿安置方案确定时已经具有本集体经济组织成员资格的人，请求支付相应份额的，应予支持。"从该司法解释可以看出，只要具有集体经济组织成员资格就可以请求获得相应份额的土地补偿费。而集体经济组织成员资格的确定并没有明确的法律规定，在民法解释学中称为不确定概念，一般认为，户口在本村的，就属于本集体经济组织成员。此外，根据《农村土地承包法》第31条之规定，承包期内妇女结婚，在新居住地未取得承包地的，发包方不得收回其原承包地。

由于土地是依据当地户籍按人口进行分配的，那么土地征收补偿费的发放也应当依照当地户籍人口为首要原则，同时兼顾土地的生活保障功能，对于特殊情况特殊处理。只要集体经济组织成员没有将户籍迁出，没有取得其他集体经济组织的成员资格并重新获得土地承包经营权或者被纳入社会保障体系，就应当享有原户籍所在地的土地征收补偿费用的请求权。如果土地被征收而又不能获得相应的土地征收补偿费,作为农民的集体经济组织成员就失去了最基本的生活保障。

然而,在实际征收中,村民会议讨论决定往往将嫁到外地的女性所享受的村民待遇排除在外。这就涉及村民民主决议的效力问题。《村民委员会组织法》第 27 条第 1 款、第 2 款规定,“村民会议可以制定和修改村民自治章程、村规民约,并报乡、民族乡、镇的人民政府备案。村民自治章程、村规民约以及村民会议或者村民代表会议的决定不得与宪法、法律、法规和国家的政策相抵触,不得有侵犯村民的人身权利、民主权利和合法财产权利的内容”。根据第 36 条第 1 款的规定,村民委员会或者村民委员会成员作出的决定侵害村民合法权益的,受侵害的村民可以申请人民法院予以撤销,责任人依法承担法律责任。因此,如认为村集体经济组织侵犯村民合法权益,可以依法向法院提起诉讼。

法律依据

《最高人民法院关于审理涉及农村土地承包纠纷案件适用法律问题的解释》

第二十二条 农村集体经济组织或者村民委员会、村民小组,可以依照法律规定的民主议定程序,决定在本集体经济组织内部分配已经收到的土地补偿费。征地补偿安置方案确定时已经具有本集体经济组织成员资格的人,请求支付相应份额的,应予支持。但已报全国人大常委会、国务院备案的地方性法规、自治条例和单行条例、地方政府规章对土地补偿费在农村集体经济组织内部的分配办法另有规定的除外。

《中华人民共和国农村土地承包法》

第三十一条　承包期内，妇女结婚，在新居住地未取得承包地的，发包方不得收回其原承包地；妇女离婚或者丧偶，仍在原居住地生活或者不在原居住地生活但在新居住地未取得承包地的，发包方不得收回其原承包地。

《中华人民共和国村民委员会组织法》

第二十七条　村民会议可以制定和修改村民自治章程、村规民约，并报乡、民族乡、镇的人民政府备案。

村民自治章程、村规民约以及村民会议或者村民代表会议的决定不得与宪法、法律、法规和国家的政策相抵触，不得有侵犯村民的人身权利、民主权利和合法财产权利的内容。

……

第三十六条　村民委员会或者村民委员会成员作出的决定侵害村民合法权益的，受侵害的村民可以申请人民法院予以撤销，责任人依法承担法律责任。

……

96. 外出参军人员是否享有征地补偿费的分配权？

法律咨询

某村的土地因国家公共建设而被征收，该村村民傅某的房屋也在征收的范围内。傅某家有五口人，但是，傅某的大儿子在外参军。因此，傅某想咨询一下专业人员，外出参军人员是否享有征地补偿费的分配权？

律师答疑

外出参军人员是否享有征地补偿费的分配权，主要应该取决于其服兵役的性质。

依照《兵役法》第5条的规定，凡是达到法定年龄且符合条件的我国公民，均有服兵役的义务。这是一般所说的义务兵。农民去服兵役，只是暂时离开了原集体经济组织，但其性质仍然是原集体经济组织成员。并且，根据《兵役法》第50条第3款的规定，义务兵和军士入伍前依法取得的农村土地承包经营权，服现役期间应当保留。

因此，凡是在部队服役的农业户口义务兵，是可以按照法律规定，享受同其他集体经济组织成员相同的权利，是享有征地补偿费的分配权的。这既符合国家政策精神，又可以鼓励农民工服兵役以及稳定正在部队服兵役的战士的军心。

但是，如果参军人员在部队已经提干或者是由义务兵转为志愿兵，这时候，就脱离了与原集体经济组织的关系，其性质发生了变化，一般就不再享有征地补偿费的分配权了。

法律依据

《中华人民共和国兵役法》

第五条 中华人民共和国公民，不分民族、种族、职业、家庭出身、宗教信仰和教育程度，都有义务依照本法的规定服兵役。

有严重生理缺陷或者严重残疾不适合服兵役的公民，免服兵役。

依照法律被剥夺政治权利的公民，不得服兵役。

第五十条 国家建立义务兵家庭优待金制度。义务兵家庭优待金标准由地方人民政府制定，中央财政给予定额补助。具体补助办法由国务院退役军人工作主管部门、财政部门会同中央军事委员会机关有关部门制定。

义务兵和军士入伍前是机关、团体、事业单位或者国有企业工作人员的，退出现役后可以选择复职复工。

义务兵和军士入伍前依法取得的农村土地承包经营权，服现役期间应当保留。

97. 户口外迁的在校大中专学生是否可以参加原户籍地征地补偿费的分配？

法律咨询

方某是某校的在读大学生，其在入学时将户口迁到了学校。在方某上大二时，其家里的土地因建设新区而被国家征收，村里的很多人都得到了补偿费。但是，村委会却以方某的户口不在本地为由拒绝为其分配补偿费。那么，户口外迁的在校大中专学生是否可以参加原户籍地征地补偿费的分配？

律师答疑

在校大中专学生把户籍迁到学校，这是基于学校学籍管理规定的需要，并非意味着学生就脱离了原集体经济组织。在校读书的大中专学生虽然离开了原户籍所在地村集体，但其离开户籍所在地并非去就业，而是到学校里学习，没有生活经济来源，其在校期间支出的各项费用以及其他的花费基本上还是依靠在农村里的父母或其他家庭成员的供给。如果排除原农业户口的在校大中专学生享受分配征地补偿费的权利，一方面会加重其父母或其他家庭成员的负担，另一方面学生也不能安心在学校学习，不利于国民素质的提高及社会的发展。为此，在司法实践中针对外出上学的学生是否具有农村集体经济组织成员资格，把握的标准为：学生毕业后在城市形成较为固定的生产生活基本条件，不依赖于农村集体土地之前，仍具有集体经济组织成员资格；在校大中专学生在学习期间，仍应将其视为原村集体经济组织成员。根据《村民委员会组织法》第 27 条第 2 款的规定，村民自治章程、村规民约以及村民会议或村民代表会议的决定不得与宪法、法律、法规和国家的政策相抵触，不得有侵犯村民的人身权利、财产权利和合法财产权利的内容。因此，如果村集体经济组织通过召开村民大会等民主自治的方式进行表决，排除在校大中专学生享受分配土地补偿的权利，这虽然符合村民自治原则，但因违反法律的规定而不能获得支持。出现此类情况的，被侵害权益的村民可依法向法院提起诉讼。

综上所述，迁出村农业户口的在校大中专学生应当享有与其他村民同等的权利，可以参与征地补偿费的分配。

法律依据

《中华人民共和国村民委员会组织法》

第二十七条第二款 村民自治章程、村规民约以及村民会议或者村民代表会议的决定不得与宪法、法律、法规和国家的政策相抵触，不得有侵犯村民的人身权利、民主权利和合法财产权利的内容。

98. 进城务工人员能参与土地补偿费的分配吗？

法律咨询

国家因建设工业园区需要征收张家村的土地，但是，该村的很多村民都在外务工。后来，在听说土地要被征收之后，很多在城里的务工人员都担心不在村里住就拿不到补偿费，便纷纷回家。那么，进城务工人员能参与土地补偿费的分配吗？

律师答疑

我们需要搞清楚的是，进城务工人员只是为了挣钱来贴补家用、弥补生产和生活所需而暂时离开农村集体经济组织。土地补偿费的分配要依据当事人是否为该集体经济组织成员而定，案例中的务工人员只是暂时离开村里，并不意味着他们放弃了村集体经济组织成员的身份，因此并不能够取消他们的村民待遇，停止收益分配，他们同样与其他在村里生活的人员一样享有征地补偿费的分配权益。

但是，如果进城务工的人员考取了公务员或者因其他情况将户口迁出了农村集体经济组织，他们享有了稳定的收入和社会保障制度，改变了原有的属于集体经济组织的成员身份，无须依赖土地生存，因此就不能够参与分配土地补偿费。

法律依据

《最高人民法院关于审理涉及农村土地承包纠纷案件适用法律问题的解释》

第二十二条　农村集体经济组织或者村民委员会、村民小组，可以依照法律规定的民主议定程序，决定在本集体经济组织内部分配已经收到的土地补偿费。征地补偿安置方案确定时已经具有本集体经济组织成员资格的人，请求支付相应份额的，应予支持。但已报全国人大常委会、国务院备案的地方性法规、自治条例和单行条例、地方政府规章对土地补偿费在农村集体经济组织内部的分配办法另有规定的除外。

99. 迁到小城镇落户的村民的土地被征收，是否可以获得补偿？

法律咨询

贾某夫妇原是某村村民，后来，贾某一家到某镇落户。然而，两年后，贾某在某村的土地因国家公共利益需要而被征收。但是，该村村委会却以贾某一家已将户口迁入城镇为由拒绝分配给贾某土地补偿费。那么，迁到小城镇落户的村民的土地被征收，是否可以获得补偿？

律师答疑

根据《土地管理法实施条例》第36条的规定，依法取得的宅基地和宅基地上的农村村民住宅及其附属设施受法律保护。禁止违背农村村民意愿强制流转宅基地，禁止违法收回农村村民依法取得的宅基地，禁止以退出宅基地作为农村村民进城落户的条件，禁止强迫农村村民搬迁退出宅基地。

根据《农村土地承包法》第27条第1~3款的规定，承包期内，发包方不得收回承包地。国家保护进城农户的土地承包经营权。不得以退出土地承包经营权作为农户进城落户的条件。承包期内，承包农户进城落户的，引导支持其按照自愿有偿原则依法在本集体经济组织内转让土地承包经营权或者将承包地交回发包方，也可以鼓励其流转土地经营权。

所以，农民进城落户的，其依法已经取得的宅基地使用权和土地承包权并未丧失，若该土地被征用，即使农民进城落户，也有权分得对应的征地补偿款。

法律依据

《中华人民共和国土地管理法实施条例》

第三十六条 依法取得的宅基地和宅基地上的农村村民住宅及其附属设施受法律保护。

禁止违背农村村民意愿强制流转宅基地，禁止违法收回农村村民依法取得的宅基地，禁止以退出宅基地作为农村村民进城落户的条件，禁止强迫农村村民搬迁退出宅基地。

《中华人民共和国农村土地承包法》

第二十七条 承包期内，发包方不得收回承包地。

国家保护进城农户的土地承包经营权。不得以退出土地承包经营权作为农户进城落户的条件。

承包期内，承包农户进城落户的，引导支持其按照自愿有偿原则依法在本集体经济组织内转让土地承包经营权或者将承包地交回发包方，也可以鼓励其流转土地经营权。

……

100. 收养的子女，是否可以参与征地补偿款的分配？

法律咨询

福某是某村村民，因福某与妻子一直没有孩子，于是二人便通过民政部门登记收养了一个孤儿。然而，最近该村因国家公共利益需要被征收，在分配补偿款时，村委会以福某的女儿是收养的为由拒绝分配补偿款。那么，收养的子女，是否可以参与征地补偿款的分配？

律师答疑

要解决这个问题，关键要搞清楚被收养子女的身份，也就是说，被收养的子女是否属于村集体经济组织成员。农民收养子女的只要按照《民法典》规定的程序在民政部门办理了相关的手续，并且已经在当地农村集体经济组织落户，那就说明该被收养的子女已经属于集体经济组织的成员，即使暂时没有承包土地（没有承包地，在很多情况下是因为我国法律规定的土地承包年限为30年，所以经常出现村里增加了人口但是并没有多余的土地可以分配，从而并不是村里所有的人都有承包地），也应当与村民享有同等份额，农村集体经济组织不能剥夺对其分配土地补偿款的权利。

收养的子女是经过民政部门认可的，收养关系自登记之日起成立。根据《民法典》第1111条第1款的规定，“自收养关系成立之日起，养父母与养子女间的权利义务关系，适用本法关于父母子女关系的规定；养子女与养父母的近亲属间的权利义务关系，适用本法关于子女与父母的近亲属关系的规定”。因此，基于合法的收养关系所形成的也是法律上拟制的直系血亲关系，被收养的子女只要已经在本集体经济组织落户，理应被认定属于该村集体经济组织的成员；被收养子女即使没有给他们分配相应的土地，但是这并不妨碍对他们身份的认定，他们可以参与征地补偿款的分配。

法律依据

《中华人民共和国民法典》

第一千一百零五条 收养应当向县级以上人民政府民政部门登记。收养关系自登记之日起成立。

第一千一百一十一条 自收养关系成立之日起，养父母与养子女间的权利义务关系，适用本法关于父母子女关系的规定；养子女与养父母的近亲属间的权利义务关系，适用本法关于子女与父母的近亲属关系的规定。

养子女与生父母以及其他近亲属间的权利义务关系，因收养关系的成立而消除。

101. 新生儿是否可以成为农村集体土地征收补偿费的分配对象？

法律咨询

孙某的儿子在 2022 年 1 月出生，并且在出生后马上办理了户籍登记。同年 3 月，该村土地因国家修建公路而被征收。但是，在发放土地补偿费时，该村村委会认为新生儿不应该分得土地补偿费。那么,新生儿是否可以成为农村集体土地征收补偿费的分配对象?

律师答疑

《土地管理法》第9条第2款规定,农村和城市郊区的土地,除由法律规定属于国家所有的以外,属于农民集体所有。也即,农村集体土地所有权的性质属农村集体成员共同所有,土地被征用而获得的收益属具有该村村民资格的全体村民所有。《最高人民法院关于审理涉及农村土地承包纠纷案件适用法律问题的解释》第22条规定,土地补偿费由农村集体经济组织或者村民委员会、村民小组,可以依照法律规定的民主议定程序,决定在本集体经济组织内部分配。所以有权参与分配的也只能是集体经济组织成员。如何确定村民(本村集体经济组织成员)资格,是能否参加收益分配的关键问题。

对于如何认定集体经济组织成员,目前没有具体法律规定,在实践中,认定的依据一般应以户籍为原则,但也存在例外情形。

农村集体经济组织在认定是否具有本村村民资格,分配本村土地征收补偿费时,应该综合考虑以下几个方面:(1)须合法取得本村户籍;(2)以从事农业生产为主要生活来源;(3)必须在本村有居所并与集体经济组织保持稳定的成员关系;(4)为集体经济组织的财产积累和经济发展尽过一定义务。

针对本村的新生人口,根据《民法典》第13条的规定,自然人从出生时起到死亡时止,具有民事权利能力,依法享有民事权利,承担民事义务。也即,民事权利能力始于出生,新生儿虽然尚未分得承包地,暂未获得承包地经营权,但是,是否为集体经济组织成员并非以是否取得承包经营权为准。新生儿抚养基本上还是依靠农村里的父母或其他家庭成员，仍然是以土地作为主要生活来源，土地被征收的，他也间接地失去保障，理应获得相应补偿。

关于时点的问题，一般应认为新生儿出生在补偿安置方案确定公布之前的，有权分配土地补偿费；新生儿出生在补偿安置方案确定公布之后的，无权分配土地补偿费。

法律依据

《中华人民共和国土地管理法》

第九条　城市市区的土地属于国家所有。

农村和城市郊区的土地，除由法律规定属于国家所有的以外，属于农民集体所有；宅基地和自留地、自留山，属于农民集体所有。

《中华人民共和国民法典》

第十三条　自然人从出生时起到死亡时止，具有民事权利能力，依法享有民事权利，承担民事义务。

《最高人民法院关于审理涉及农村土地承包纠纷案件适用法律问题的解释》

第二十二条　农村集体经济组织或者村民委员会、村民小组，可以依照法律规定的民主议定程序，决定在本集体经济组织内部分配已经收到的土地补偿费。征地补偿安置方案确定时已经具有本集体经济组织成员资格的人，请求支付相应份额的，应予支持。但已报全国人大常委会、国务院备案的地方性法规、自治条例和单行条例、地方政府规章对土地补偿费在农村集体经济组织内部的分配办法另有规定的除外。

102. 土地补偿费分配数额与村民生活年限有关吗?

法律咨询

刘家村的土地因国家公共建设需要而被征收。在征收范围确定后,该村村民委员会便将补偿款分配给村民。但是,由于该村部分村民是从其他地方迁过来的,在该村居住的年限非常短。因此,有的村民认为,生活年限短的村民应当得到的土地补偿费比较少。那么,土地补偿费分配数额与村民生活年限有关吗?

律师答疑

土地补偿费是指因国家征收农民集体所有的土地对土地所有者和土地使用者的补偿。按照我国现行法律规定,征收土地补偿包括其他地上附着物和青苗的补偿费、土地补偿费、安置补助费和被征地农民的社会保障费用。

《土地管理法实施条例》第 32 条第 1 款规定,省、自治区、直辖市应当制定公布区片综合地价,确定征收农用地的土地补偿费、安置补助费标准,并制定土地补偿费、安置补助费分配办法。根据《最高人民法院关于审理涉及农村土地承包纠纷案件适用法律问题的解释》第 22 条的规定,农村集体经济组织或者村民委员会、村民小组,可以依照法律规定的民主议定程序,决定在本集体经济组织内部分配已经收到的土地补偿费。征地补偿安置方案确定时已经具有本集体经济组织成员资格的人,请求支付相应份额的,应予支持。但已报全国人大常委会、国务院备案的地方性法规、自治条例和单行条例、地方政府规章对土地补偿费在农村集体经济组织内部的分配办法另有规定的除外。

结合上述规定，征地补偿费的分配办法由各省、自治区、直辖市自行制定，具体分配办法需按照征地项目所在地的政策执行。针对已经制定分配办法的地区，农村集体经济组织通过民主程序制定的分配办法不得突破地方性法规、自治条例和单行条例、地方政府规章的相关规定；针对尚未制定分配办法的地区，需农村集体经济组织履行民主程序后自行分配。

综上，土地补偿费在村集体经济组织成员内部分配属于农村集体经济组织自治权的范畴，其他人不能干涉。但是，如果农村集体经济组织在决定土地补偿费分配的数额时，决定剥夺某一成员的分配资格，或者让某些成员分得多、某些成员分得少，集体经济组织成员对此有异议而向法院起诉的，人民法院应当受理。受理的此类案件属于民事争议。

结合目前司法裁判尺度，一般认为土地补偿费属于自然资源的收益，不属于劳动所得，不存在谁的贡献大或贡献小的问题，因此，对全部集体经济组织成员应当予以平均分配，与生活的年限无关，不能由部分集体经济组织成员剥夺其他成员的分配权。因此在上述案例中，村民的观点是错误的。

法律依据

《中华人民共和国土地管理法实施条例》

第三十二条第一款　省、自治区、直辖市应当制定公布区片综合地价，确定征收农用地的土地补偿费、安置补助费标准，并制定土地补偿费、安置补助费分配办法。

《最高人民法院关于审理涉及农村土地承包纠纷案件适用法律问题的解释》

第二十二条 农村集体经济组织或者村民委员会、村民小组，可以依照法律规定的民主议定程序，决定在本集体经济组织内部分配已经收到的土地补偿费。征地补偿安置方案确定时已经具有本集体经济组织成员资格的人，请求支付相应份额的，应予支持。但已报全国人大常委会、国务院备案的地方性法规、自治条例和单行条例、地方政府规章对土地补偿费在农村集体经济组织内部的分配办法另有规定的除外。

103. 非家庭承包能否获得承包地征收补偿费？

法律咨询

王某、刘某、张某与某村村小组签订了一份茶山承包合同，在耕种了几年之后，因公共利益的需要，国家对该片地征收。但是，政府却以他们不是家庭承包为由而拒绝支付补偿费。那么，非家庭承包能否获得承包地征收补偿费？

律师答疑

《农村土地承包法》第 3 条明确规定农村土地承包的两种具体形式为家庭承包和其他方式的承包。在家庭承包中，该法第 17 条第 4 项规定，承包地被依法征收、征用、占用的，承包方有权依法获得相应的补偿。同时第 27 条第 4 款规定，“承包期内，承包方交回承包地或者发包方依法收回承包地时，承包方对其在承包地上投入而提高土地生产能力的，有权获得相应的补偿”。而在其他方式的承包中则没有承包地被依法征收、征用、占用的，承包方有权依法获得相应的补偿的规定，也没有在承包期内，承包方交回承包地或者发包方依法收回承包地时，承包方对其在承包地上投入而提高土地生产能力的，有权获得相应的补偿的规定。

结合司法裁判，根据《土地管理法实施条例》第 32 条第 1 款的规定，征收集体土地的补偿主要有土地补偿费、安置补助费、地上物补偿费以及社会保障费用。其中，土地补偿费支付至农村集体经济组织；安置补助费是国家征收集体土地后，为保障以土地为主要生产资料和生活来源的失地农民的基本生活，解决因土地被征收而产生的剩余劳动力的安置问题而发放给被征地单位的专属款项，家庭承包土地具有基本生存保障的功能，安置补助费应当用于安置失去家庭承包土地的农民，安置补助费仅用于失去家庭承包土地的农民；地上物补偿费属于所有权人；社会保障费用主要用于符合条件的被征地农民的养老保险等社会保险缴费补贴。

因此，考虑到非家庭承包这种方式的实质是承包人与发包方在平等、自愿基础上达成的民事合同关系，不具有家庭承包所承载的社会保障功能，故对非家庭承包方式的承包人不需要专门的安置，其可以基于在征收时发生的损失即地上物主张补偿，但无权获得征地补偿费、人员安置费及社会保障费用。

法律依据

《中华人民共和国农村土地承包法》

第三条　国家实行农村土地承包经营制度。

农村土地承包采取农村集体经济组织内部的家庭承包方

式,不宜采取家庭承包方式的荒山、荒沟、荒丘、荒滩等农村土地,可以采取招标、拍卖、公开协商等方式承包。

第十七条 承包方享有下列权利:

(一)依法享有承包地使用、收益的权利,有权自主组织生产经营和处置产品;

(二)依法互换、转让土地承包经营权;

(三)依法流转土地经营权;

(四)承包地被依法征收、征用、占用的,有权依法获得相应的补偿;

(五)法律、行政法规规定的其他权利。

第二十七条第四款 承包期内,承包方交回承包地或者发包方依法收回承包地时,承包方对其在承包地上投入而提高土地生产能力的,有权获得相应的补偿。

《中华人民共和国土地管理法》

第四十八条 征收土地应当给予公平、合理的补偿,保障被征地农民原有生活水平不降低、长远生计有保障。

征收土地应当依法及时足额支付土地补偿费、安置补助费以及农村村民住宅、其他地上附着物和青苗等的补偿费用,并安排被征地农民的社会保障费用。

征收农用地的土地补偿费、安置补助费标准由省、自治区、直辖市通过制定公布区片综合地价确定。制定区片综合地价应当综合考虑土地原用途、土地资源条件、土地产值、土地区位、土地供求关系、人口以及经济社会发展水平等因素,并至少每三年调整或者重新公布一次。

征收农用地以外的其他土地、地上附着物和青苗等的补偿标准，由省、自治区、直辖市制定。对其中的农村村民住宅，应当按照先补偿后搬迁、居住条件有改善的原则，尊重农村村民意愿，采取重新安排宅基地建房、提供安置房或者货币补偿等方式给予公平、合理的补偿，并对因征收造成的搬迁、临时安置等费用予以补偿，保障农村村民居住的权利和合法的住房财产权益。

县级以上地方人民政府应当将被征地农民纳入相应的养老等社会保障体系。被征地农民的社会保障费用主要用于符合条件的被征地农民的养老保险等社会保险缴费补贴。被征地农民社会保障费用的筹集、管理和使用办法，由省、自治区、直辖市制定。

《中华人民共和国土地管理法实施条例》

第三十二条　省、自治区、直辖市应当制定公布区片综合地价，确定征收农用地的土地补偿费、安置补助费标准，并制定土地补偿费、安置补助费分配办法。

地上附着物和青苗等的补偿费用，归其所有权人所有。

社会保障费用主要用于符合条件的被征地农民的养老保险等社会保险缴费补贴，按照省、自治区、直辖市的规定单独列支。

申请征收土地的县级以上地方人民政府应当及时落实土地补偿费、安置补助费、农村村民住宅以及其他地上附着物和青苗等的补偿费用、社会保障费用等，并保证足额到位，专款专用。有关费用未足额到位的，不得批准征收土地。

104. 如何计算安置补助费?

法律咨询

张某是某村村民,国家因修建火车站需要征收该村部分土地。张某家的五间房屋也在征收的范围内,在征收范围确定下来之后,相关部门到张某家商量安置补助费的事宜。但是,张某并不知道安置补助费应当如何计算。

律师答疑

根据《土地管理法》第48条第3款的规定,征收农用地的土地补偿费、安置补助费标准由省、自治区、直辖市通过制定公布区片综合地价确定。制定区片综合地价应当综合考虑土地原用途、土地资源条件、土地产值、土地区位、土地供求关系、人口以及经济社会发展水平等因素,并至少每三年调整或者重新公布一次。征收农用地以外的其他土地安置补助费标准,由省、自治区、直辖市制定。针对非农用地的征收,各省、市规定不一,但大部分省、市参照农用地区片综合地价执行。比如,天津市规定征收集体建设用地和未利用地的补偿标准按照征地区片综合地价标准执行。北京市规定征收农用地以外的其他土地(包括集体建设用地、未利用地)参照区片综合地价标准执行。

根据《土地管理法实施条例》第32条第1款的规定,省、自治区、直辖市应当制定公布区片综合地价,确定征收农用地的土地补偿费、安置补助费标准,并制定土地补偿费、安置补助费分配办法。可见,土地补偿费及安置补助费所占的比例均由各省市规定。比如,上海市规定土地补偿费和安置补助费的比例为79∶21,而江苏省常州市的比例为50：50。具体土地补助费需结合区片综合地价中土地补偿费的占比进行计算。

综上，安置补助费由所在区域的区片综合地价决定，自然资源部网站专门开设"全国征地区片综合地价信息公开"模块，对各个省区市公布的区片综合地价统一公开，被征收人均可在网站进行查询。

法律依据

《中华人民共和国土地管理法》

第四十八条第三款、第四款　征收农用地的土地补偿费、安置补助费标准由省、自治区、直辖市通过制定公布区片综合地价确定。制定区片综合地价应当综合考虑土地原用途、土地资源条件、土地产值、土地区位、土地供求关系、人口以及经济社会发展水平等因素，并至少每三年调整或者重新公布一次。

征收农用地以外的其他土地、地上附着物和青苗等的补偿标准，由省、自治区、直辖市制定。对其中的农村村民住宅，应当按照先补偿后搬迁、居住条件有改善的原则，尊重农村村民意愿，采取重新安排宅基地建房、提供安置房或者货币补偿等方式给予公平、合理的补偿，并对因征收造成的搬迁、临时安置等费用予以补偿，保障农村村民居住的权利和合法的住房财产权益。

《中华人民共和国土地管理法实施条例》

第三十二条第一款　省、自治区、直辖市应当制定公布区片综合地价，确定征收农用地的土地补偿费、安置补助费标准，并制定土地补偿费、安置补助费分配办法。

105. 需要安置的农业人口数如何计算?

法律咨询

某村的土地因国家修建水利工程而被征收,该村实际人口 475 人,共有耕地 1500 亩,人均耕地为 3.2 亩。但是,最后计算的安置人数为 469 人。因此,该村村民想知道需要安置的农业人口数是如何计算的?

律师答疑

对于需要安置的农业人口数如何计算这个问题,首先必须明白,需要安置的农业人口数,并不是以实际人口为准的,而是用一定的公式计算出来的。一般而言,需要安置的人口数是按照被征收耕地的数量除以被征收单位平均每人占有耕地的数量来计算的,即需要安置的农业人口数的计算公式为:安置人数 = 征地数量 ÷ 人均耕地数量。但是,《土地管理法》在 2019 年修正时删除了关于安置人数计算的规定。《土地管理法实施条例》第 32 条第 1 款规定,由省、自治区、直辖市制定土地补偿费、安置补助费分配办法。因此,安置人数的计算方式仍需结合各省市的规定。比如,重庆市发布的《重庆市集体土地征收补偿安置办法》第 15 条规定,“农村集体经济组织的土地被全部征收的,按照本办法计入被征地农村集体经济组织总人口的人员全部为人员安置对象。农村集体经济组织的土地被部分征收的,人员安置对象的人数按照被征收土地面积除以被征地农村集体经济组织人均土地面积计算。其中,被征收土地中耕地占比超过农村集体经济组织耕地占比的,人员安置对象人数为按照本款前述方法计算的人数乘以被征收土地中耕地占比再除以农村集体经济组织耕地占比。前款所称人均土地面积为集体土地所有权证登记的土地总面积（不含已被征收的面积）除以按照本办法计入被征地农村集体经济组织总人口数。前款所称农村集体经济组织耕地占比为集体土地所有权证登记的耕地面积（不含已被征收的面积）占土地总面积（不含已被征收的面积）的比例”。

所以，在征地过程中，实际需要安置的农业人口数与最后计算出的农业人口数之间存在差异的情况，是可能出现的。

法律依据

《中华人民共和国土地管理法实施条例》

第三十二条第一款　省、自治区、直辖市应当制定公布区片综合地价，确定征收农用地的土地补偿费、安置补助费标准，并制定土地补偿费、安置补助费分配办法。

106. 什么情况下被征收人能够拿到安置补助费？

法律咨询

某县的四方村土地因国家进行公益事业建设而被征收，该村得到近 500 万元的补偿款。之后，补偿款便分配到了村民手里。王某是该村村民，其土地在被征收后也得到了补偿费用，但是，他发现自己没有安置补助费，而邻居郑某是一名小学教师，却有安置补助费。那么，什么情况下被征收人能够拿到安置补助费？

律师答疑

根据《土地管理法》第48条第2款的规定，征地补偿费用包括土地补偿费、安置补助费及农村村民住宅、其他地上附着物和青苗等的补偿费用以及社会保障费用。安置补偿费的补偿对象应当是该耕地被征收前的集体经济组织内享有农村集体土地承包权的农业人口。所谓农业人口，是指依靠农业生产维持生活的全部人口，包括实际从事农业生产的人口和其家庭的其他农业人口。需要安置的农业人口与户籍、从事劳动的性质及就业现状等方面有关。对于其中由乡、村管理的非直接从事农业生产的一些人，如乡村教师等，一般认为是农村人口。

安置补助费是对被征地农民重新择业安置的补偿，其分配原则是"谁安置，谁取得"。安置补助费一般支付给农村集体经济组织或者其他安置单位，由农村集体经济组织或其他安置单位统一发放。只有在被征收地的农民放弃统一安置的，才能够拿到安置补助费。所以，除非被征地的农民放弃了统一的安置，否则他们是不能够直接获得安置补助费的。

法律依据

《中华人民共和国土地管理法》

第四十八条第一款、第二款 征收土地应当给予公平、合理的补偿，保障被征地农民原有生活水平不降低、长远生计有保障。

征收土地应当依法及时足额支付土地补偿费、安置补助费以及农村村民住宅、其他地上附着物和青苗等的补偿费用，并安排被征地农民的社会保障费用。

107. 征地安置补助费怎么分配?

法律咨询

朱家村因某市修建机场而被征收，该村共得到1500万元补偿费，其中有500万元是安置补助费。章某是该村村民，其符合领取安置补助费的条件。但是，章某并不知道征地安置补助费是如何进行分配的。

律师答疑

安置补助费是对被征地农民重新择业安置的补偿，其分配原则是“谁安置，谁取得”，安置补助费的分配主要分三种情况来进行：

（1）如果需要安置的人员是由农村集体经济组织安置的，那么安置补助费则应当交给农村集体经济组织来进行统一发放；

（2）如果需要安置的人员是由其他单位安置的，则安置补助费交付给安置单位；

（3）如果不需要统一安置，则安置补助费发放给被安置的个人或者征得被安置人员同意后用于支付被安置人员的保险费用。

法律依据

《最高人民法院关于审理涉及农村土地承包纠纷案件适用法律问题的解释》

第二十一条　承包地被依法征收，放弃统一安置的家庭承包方，请求发包方给付已经收到的安置补助费的，应予支持。

第二十二条　农村集体经济组织或者村民委员会、村民小组，可以依照法律规定的民主议定程序，决定在本集体经济组织内部分配已经收到的土地补偿费。征地补偿安置方案确定时已经具有本集体经济组织成员资格的人，请求支付相应份额的，应予支持。但已报全国人大常委会、国务院备案的地方性法规、自治条例和单行条例、地方政府规章对土地补偿费在农村集体经济组织内部的分配办法另有规定的除外。

第三节　征收补偿政策及标准

108. 如何确定农村房屋产权并进行相应的补偿安置？

法律咨询

某市因发展经济而扩建主城区，因此，需要征收该市周边农村的部分土地。但是，在政府通知之后，某村的村民都不按照自己宅基地的面积进行产权申报。那么，如何确定农村房屋产权并进行相应的补偿安置？

律师答疑

在实际生活中，农村房屋产权问题一直比较棘手，历史遗留问题较多、变动大、情况复杂。有的省份和地区宅基地审批与建房审批程序健全，登记档案完备；有的省份和地区在农村用地及建房方面管理混乱、无序甚至无据可查。因此，对农村集体土地上房屋产权的认定还没有统一的规定，而是各地根据权属登记和用地、建房审批的现实情况进行掌握。一般来说，根据《土地管理法》第12条、第62条以及《民法典》第209条的规定，以下文件可以作为房屋权属来源的证明文件：(1)房地产权证、不动产权证；(2)宅基地使用权证；(3)农村建房审批表或许可证；(4)集体经济组织对宅基地使用权的统计、登记。

比如《上海市征收集体土地房屋补偿规定》(沪府规〔2021〕13号)第9条规定，房屋面积调查包括房屋现状调查以及对宅基地使用权证、房地产权证、不动产权证或者建房批准文件记载内容的核实。拟征地范围内的宅基地使用权人、房屋所有人在征收土地预公告后10个工作日内，凭宅基地使用权证、房地产权证、不动产权证、建房批准文件或者其他相关证明文件，对调查结果进行确认。《重庆市集体土地征收补偿安置办法》(2022年修改)第9条规定，农村房屋以不动产权属证书记载的合法建筑面积为准，按照重置价格标准补偿。

因此，农村房屋产权的确认虽然以不动产登记的情况为准，但是，因各地发展情况不一，农村建房许可等文件在部分区域也作为确定房屋产权的依据，具体需要根据当地的实际情况，以及当地制定的补偿安置办法予以确定。

法律依据

《中华人民共和国土地管理法》

第十二条　土地的所有权和使用权的登记，依照有关不动产登记的法律、行政法规执行。

依法登记的土地的所有权和使用权受法律保护,任何单位和个人不得侵犯。

第四十八条第四款 征收农用地以外的其他土地、地上附着物和青苗等的补偿标准,由省、自治区、直辖市制定。对其中的农村村民住宅,应当按照先补偿后搬迁、居住条件有改善的原则,尊重农村村民意愿,采取重新安排宅基地建房、提供安置房或者货币补偿等方式给予公平、合理的补偿,并对因征收造成的搬迁、临时安置等费用予以补偿,保障农村村民居住的权利和合法的住房财产权益。

第六十二条 农村村民一户只能拥有一处宅基地,其宅基地的面积不得超过省、自治区、直辖市规定的标准。

人均土地少、不能保障一户拥有一处宅基地的地区,县级人民政府在充分尊重农村村民意愿的基础上,可以采取措施,按照省、自治区、直辖市规定的标准保障农村村民实现户有所居。

农村村民建住宅,应当符合乡(镇)土地利用总体规划、村庄规划,不得占用永久基本农田,并尽量使用原有的宅基地和村内空闲地。编制乡(镇)土地利用总体规划、村庄规划应当统筹并合理安排宅基地用地,改善农村村民居住环境和条件。

农村村民住宅用地,由乡(镇)人民政府审核批准;其中,涉及占用农用地的,依照本法第四十四条的规定办理审批手续。

农村村民出卖、出租、赠与住宅后,再申请宅基地的,不予批准。

国家允许进城落户的农村村民依法自愿有偿退出宅基地，鼓励农村集体经济组织及其成员盘活利用闲置宅基地和闲置住宅。

国务院农业农村主管部门负责全国农村宅基地改革和管理有关工作。

《中华人民共和国民法典》

第二百零九条　不动产物权的设立、变更、转让和消灭，经依法登记，发生效力；未经登记，不发生效力，但是法律另有规定的除外。

依法属于国家所有的自然资源，所有权可以不登记。

《上海市征收集体土地房屋补偿规定》（沪府规〔2021〕13号）

第九条　（房屋调查确认）征收土地预公告后，区征地事务机构应当会同镇（乡）人民政府或者街道办事处以及镇（乡）规划资源所、村（居）民委员会对拟征地范围内宅基地及房屋的权属、面积、房屋用途等情况进行调查。房屋面积调查包括房屋现状调查以及对宅基地使用权证、房地产权证、不动产权证或者建房批准文件记载内容的核实。

拟征地范围内的宅基地使用权人、房屋所有人在征收土地预公告后10个工作日内，凭宅基地使用权证、房地产权证、不动产权证、建房批准文件或者其他相关证明文件，对调查结果进行确认。宅基地使用权人或者房屋所有人拒绝确认的，应当记录在册。

调查结果应当在拟征地范围内公示。公示内容包括，宅基地使用权证、房地产权证、不动产权证或者建房批准文件记载的权属、面积、房屋用途等情况以及房屋现状建筑面积。

对公示结果有异议的，区征地事务机构应当进行核实。经核实后有变化的，应当及时公布。

第十六条 （居住房屋的其他补偿）

征地房屋补偿，还应当对宅基地使用权人或者居住房屋所有人补偿搬家补助费、设备迁移费、过渡期内的临时安置补助费、奖励费，具体标准由区人民政府制定。

宅基地房屋应当按照居住房屋进行补偿安置。对于利用自有宅基地房屋从事生产经营活动，并在征收土地预公告前已办理了工商营业执照的，可一次性给予适当的停产停业损失补偿。

《重庆市集体土地征收补偿安置办法》(2022年修改)

第九条 农村房屋以不动产权属证书记载的合法建筑面积为准，按照重置价格标准补偿。

109. 村民住宅、地上附着物以及青苗补偿费是否直接支付给村民？

法律咨询

王家庄村部分土地因国家公共建设而被征收，该村村民王某的部分耕地也在征收的范围内。在征收公告发布之后，王某看到，自己的土地要补偿地上附着物以及青苗补偿费。但是，王某听说，这两笔补偿费是不会直接给他的。因此，王某便想知道地上附着物以及青苗补偿费是否直接支付给村民？

律师答疑

根据《土地管理法》第48条的规定，集体土地征收中对于地上物的补偿涉及农村村民住宅、青苗、其他地上附着物。

村民住宅补偿费、其他地上附着物和青苗补偿费是为了弥补农民地上建筑物或者附着物，以及被征收土地上栽种的作物的损失而支付的费用。根据《土地管理法实施条例》第32条第2款的规定，地上附着物和青苗等的补偿费用，归其所有权人所有。因此，针对农村村民住宅、青苗、其他地上附着物征地单位一般直接与被征地的村民签署协议并直接将补偿费用支付给村民。

但是在实际情况中，为了方便高效处理征地事务，征地单位可能不将补偿费用直接支付给村民，而是将地上附着物和青苗的补偿费用，连同土地补偿费一起支付给村民所在的农村集体经济组织，然后由农村集体经济组织根据相关规定按照已经确定的补偿事项支付给被征收土地的农民。但是，补偿费无论支付路径如何，最后肯定是应该落到村民手中的。

法律依据

《中华人民共和国土地管理法实施条例》

第三十二条　省、自治区、直辖市应当制定公布区片综合地价，确定征收农用地的土地补偿费、安置补助费标准，并制定土地补偿费、安置补助费分配办法。

地上附着物和青苗等的补偿费用,归其所有权人所有。

社会保障费用主要用于符合条件的被征地农民的养老保险等社会保险缴费补贴,按照省、自治区、直辖市的规定单独列支。

申请征收土地的县级以上地方人民政府应当及时落实土地补偿费、安置补助费、农村村民住宅以及其他地上附着物和青苗等的补偿费用、社会保障费用等,并保证足额到位,专款专用。有关费用未足额到位的,不得批准征收土地。

110. 征地项目启动后,被拆迁人是否可以买卖房屋?

法律咨询

程某所在的村子因国家公共建设需要而被征收,程某的房屋位于拆迁范围,但是,在征地项目启动(发布征收土地预公告)后,程某身患重病。程某的儿子便准备将其接到城市里居住。因此,程某打算将自己在该村的房子卖给邻居。那么,征地项目启动后,被拆迁人是否可以买卖房屋?

律师答疑

根据《土地管理法实施条例》第26条第2款的规定,自征收土地预公告发布之日起,任何单位和个人不得在拟征收范围内抢栽抢建;违反规定抢栽抢建的,对抢栽抢建部分不予补偿。许多地方性法规规定,拆迁范围确定后,被拆迁人不得新建、改建、扩建房屋。比如,2021年出台的《上海市征收集体土地房屋补偿规定》

第 8 条第 2 款、第 3 款规定,“征收土地预公告后,拟征地范围内应当执行下列规定,但限制的最长期限不得超过一年:(一)不得新建、改建、扩建建筑物、构筑物及其他设施;(二)不得突击装修房屋;(三)拟征地范围内已取得建房批准文件但新房尚未开工的,不得开工;(四)不得从事其他不当增加补偿费用的行为。违反前款规定实施的,不予补偿”。

我国现行拆迁行政法规并未禁止买卖搬迁范围内的房屋,依法成立的房屋买卖合同受法律保护,当事人应当按照约定履行合同。但是,2019 年修正的《土地管理法》将此前的征地批准后启动的补偿安置工作提前至征地手续报批前,在行政机关发布征收土地预公告后,将依法进行土地现状调查,而土地现状调查的一部分内容即是农村村民住宅、其他地上附着物和青苗等的权属、种类、数量等情况。而后续征地补偿安置方案制定依据之一为土地现状调查的结果,如果在完成土地现状调查后,村民转让宅基地,将导致转让后的权属状态与土地现状调查的结果不一致,实际操作中可能会对征地补偿安置工作产生不利影响。因此,需要结合当地的征地补偿安置政策确定是否可进行转让,避免因发生民事争议影响安置补偿协议的签订,影响村民的利益。

法律依据

《上海市征收集体土地房屋补偿规定》

第八条　(征收土地预公告后不得实施的行为)

建设项目取得用地预审和选址批准文件后,区人民政府应当在拟征收土地所在的镇(乡)和村、村民小组范围内发布征收土地预公告,告知征地房屋补偿的政策依据以及本条第二款的要求，预公告时间不得少于10个工作日。

征收土地预公告后，拟征地范围内应当执行下列规定，但限制的最长期限不得超过一年：

（一）不得新建、改建、扩建建筑物、构筑物及其他设施；

（二）不得突击装修房屋；

（三）拟征地范围内已取得建房批准文件但新房尚未开工的，不得开工；

（四）不得从事其他不当增加补偿费用的行为。

违反前款规定实施的，不予补偿。

征收土地预公告后，区规划资源部门应当将本条第二款的相关事项书面通知拟征收土地所在的镇（乡）人民政府或者街道办事处。

111. 搬迁开始后，被搬迁人是否可以出租房屋？

法律咨询

老王是某村村民，由于该村的土地将要被国家征收，因此，在征收公告发布后，该村的住户便开始搬迁。老王认为自己家要几个月之后才开始搬迁，便将自己家的三间房出租给了来本地打工的石某。那么，搬迁开始后，被搬迁人是否可以出租房屋？

律师答疑

从现行法律规定来看，法律以及地方性立法所规制的行为是在预公告之后从事不当增加补偿费用的行为。基于此，在搬迁开始后，被搬迁人不可以再出租搬迁范围内的房屋：一是为了避免因建立新的租赁关系导致征收搬迁和补偿问题的复杂化，房屋所有人和租赁人容易因拆迁补偿款归属于谁、怎么分配产生纠纷，从而影响搬迁工作的顺利进行；二是原有的租赁关系也因搬迁而需要解除，再新建租赁关系对被搬迁人已经没有什么实质意义。建议搬迁人在搬迁开始后，不要再出租房屋。

此外，需要说明一点，在搬迁开始之前已经成立且搬迁开始之后租赁期限还没有到期的租赁关系仍然具有法律效力，除非提前解除，这种租赁关系将延续到房屋被拆迁，或租赁期限到期。

法律依据

《国有土地上房屋征收与补偿条例》

第十六条　房屋征收范围确定后，不得在房屋征收范围内实施新建、扩建、改建房屋和改变房屋用途等不当增加补偿费用的行为；违反规定实施的，不予补偿。

房屋征收部门应当将前款所列事项书面通知有关部门暂停办理相关手续。暂停办理相关手续的书面通知应当载明暂停期限。暂停期限最长不得超过1年。

112. 怎样认定和处理集体土地征收中的抢栽、抢种及抢建行为？

法律咨询

某村的土地将要被国家征收，该村村民利某的土地也在征收范围内。在收到征收土地预公告后,利某马上在自己的土地上栽种了200棵树苗,想以此获得更多补偿。那么,怎样认定和处理集体土地征收中的抢栽、抢种及抢建行为?

律师答疑

根据《土地管理法实施条例》第26条第1款、第2款的规定,需要征收土地,县级以上地方人民政府认为符合《土地管理法》第45条规定的,应当发布征收土地预公告,并开展拟征收土地现状调查和社会稳定风险评估。征收土地预公告应当包括征收范围、征收目的、开展土地现状调查的安排等内容。征收土地预公告应当采用有利于社会公众知晓的方式,在拟征收土地所在的乡(镇)和村、村民小组范围内发布,预公告时间不少于10个工作日。自征收土地预公告发布之日起,任何单位和个人不得在拟征收范围内抢栽抢建;违反规定抢栽抢建的,对抢栽抢建部分不予补偿。

上述规定将抢栽、抢种以及抢建行为和正常的使用土地的行为在时间上进行了区分,《土地管理法实施条例》以征收土地预公告发布之日为时间点,在此之后在拟征地上的栽种行为和建筑行为视为抢栽、抢种和抢建的行为,不予补偿。

有些省市也出台了具体的规定,对于抢栽、抢种及抢建行为进行明确,如2021年实施的《上海市征收集体土地房屋补偿规定》第8条第2款、第3款规定,"征收土地预公告后,拟征地范围内应当执行下列规定,但限制的最长期限不得超过一年:(一)不得新建、改建、扩建建筑物、构筑物及其他设施;(二)不得突击装修房屋;(三)拟征地范围内已取得建房批准文件但新房尚未开工的,不得开工；（四）不得从事其他不当增加补偿费用的行为。违反前款规定实施的，不予补偿”。

因此，在征收公告发布后，被征地农村集体经济组织和农户就不能在被征收的土地上抢栽、抢种、抢建；如果发生抢栽、抢种、抢建行为，付出成本之余将无法得到补偿。

法律依据

《中华人民共和国土地管理法实施条例》

第二十六条　需要征收土地，县级以上地方人民政府认为符合《土地管理法》第四十五条规定的，应当发布征收土地预公告，并开展拟征收土地现状调查和社会稳定风险评估。

征收土地预公告应当包括征收范围、征收目的、开展土地现状调查的安排等内容。征收土地预公告应当采用有利于社会公众知晓的方式，在拟征收土地所在的乡（镇）和村、村民小组范围内发布，预公告时间不少于十个工作日。自征收土地预公告发布之日起，任何单位和个人不得在拟征收范围内抢栽抢建；违反规定抢栽抢建的，对抢栽抢建部分不予补偿。

土地现状调查应当查明土地的位置、权属、地类、面积，以及农村村民住宅、其他地上附着物和青苗等的权属、种类、数量等情况。

社会稳定风险评估应当对征收土地的社会稳定风险状况进行综合研判，确定风险点，提出风险防范措施和处置预案。社会稳定风险评估应当有被征地的农村集体经济组织及其成员、村民委员会和其他利害关系人参加，评估结果是申请征收土地的重要依据。

《上海市征收集体土地房屋补偿规定》

第八条 (征收土地预公告后不得实施的行为)

建设项目取得用地预审和选址批准文件后,区人民政府应当在拟征收土地所在的镇(乡)和村、村民小组范围内发布征收土地预公告,告知征地房屋补偿的政策依据以及本条第二款的要求,预公告时间不得少于10个工作日。

征收土地预公告后,拟征地范围内应当执行下列规定,但限制的最长期限不得超过一年:

(一)不得新建、改建、扩建建筑物、构筑物及其他设施;

(二)不得突击装修房屋;

(三)拟征地范围内已取得建房批准文件但新房尚未开工的,不得开工;

(四)不得从事其他不当增加补偿费用的行为。

违反前款规定实施的,不予补偿。

征收土地预公告后,区规划资源部门应当将本条第二款的相关事项书面通知拟征收土地所在的镇(乡)人民政府或者街道办事处。

113. 如何计算农村村民住宅的补偿费用?

法律咨询

明月村的土地因国家修建大型水利工程需要被征收,在征收公告发布之后,相关部门便上门与村民商量补偿事宜。后来,该村村民冀某得到通知,自家被征收的住宅补偿费共计30万元。但是，冀某并不清楚如何计算住宅补偿费。

律师答疑

根据《土地管理法》第48条第4款的规定，对农村村民住宅，应当按照先补偿后搬迁、居住条件有改善的原则，尊重农村村民意愿，采取重新安排宅基地建房、提供安置房或者货币补偿等方式给予公平、合理的补偿，并对因征收造成的搬迁、临时安置等费用予以补偿，保障农村村民居住的权利和合法的住房财产权益。

按照上述规定，对于房屋补偿费用只要符合上述原则性要求，即应当认定符合法律规定。但是，因地上房屋补偿涉及被征地村民的切身利益，为避免征地过程中产生过多争议，各地一般就地上房屋补偿的相关事项进行了明确规定。因此，被征地村民应主要关注所在地的征收规定及政策。

比如《上海市征收集体土地房屋补偿规定》对于房屋补偿的相关内容进行明确规定，统一明确标准。

1. 针对补偿范围。《上海市征收集体土地房屋补偿规定》第7条规定，征地房屋补偿范围根据拟征地范围确定。房屋部分位于拟征地范围内，该部分拆除后影响房屋连接体安全或者生活使用功能的，可将整体房屋纳入征地房屋补偿范围。建设项目用地涉及已征未拆房屋的，区规划资源部门可按照建设项目用地范围，确定房屋补偿范围。已征未拆房屋，是指房屋所在地块按照原土地管理法已取得征地批文，并已完成土地、青苗、集体资产补偿和被征地人员社会保障手续，但该地块内尚未实施补偿的房屋。

2. 针对房屋补偿费用。《上海市征收集体土地房屋补偿规定》第10条规定，征地房屋补偿费用包括用于货币补偿的资金和用于产权调换的房屋。用于货币补偿的资金应当在征地房屋补偿方案公告前保证足额到位、专款专用。用于产权调换的房屋在交付时应当符合国家质量安全标准和本市住宅交付使用许可要求,并做到产权清晰、无权利负担;用于产权调换的房屋为期房的,临时过渡期自协议约定的搬迁之日起一般不超过三年。

3. 针对房屋补偿过程中的计户标准和面积的确认规则。《上海市征收集体土地房屋补偿规定》第 13 条规定,征地房屋补偿应当以合法有效的宅基地使用权证、房地产权证、不动产权证或者建房批准文件计户,按户进行补偿。房屋的用途和建筑面积,以宅基地使用权证、房地产权证、不动产权证或者建房批准文件的记载为准。

4. 针对房屋补偿的计算方式。根据《上海市征收集体土地房屋补偿规定》第 14 条和第 15 条的规定,区分建制撤销的居住房屋补偿和建制不撤销的居住房屋补偿,其主要区别在于建制不撤销的房屋补偿可采取易地建房的方式申请宅基地建房,并获得相应补偿,如无法采取易地建房的方式,则可以采取货币补偿或产权房屋调换,或两者均选择。建制撤销的房屋货币补偿的计算方式为(房屋建安重置结合成新单价 + 同区域新建商品住房每平方米建筑面积的土地使用权基价 + 价格补贴) × 房屋建筑面积;建制不撤销的房屋货币补偿的计算方式为(房屋建安重置结合成新单价 + 价格补贴) × 房屋的建筑面积。

法律依据

《中华人民共和国土地管理法》

第四十八条 征收土地应当给予公平、合理的补偿,保障被征地农民原有生活水平不降低、长远生计有保障。

征收土地应当依法及时足额支付土地补偿费、安置补助费以及农村村民住宅、其他地上附着物和青苗等的补偿费用，并安排被征地农民的社会保障费用。

征收农用地的土地补偿费、安置补助费标准由省、自治区、直辖市通过制定公布区片综合地价确定。制定区片综合地价应当综合考虑土地原用途、土地资源条件、土地产值、土地区位、土地供求关系、人口以及经济社会发展水平等因素，并至少每三年调整或者重新公布一次。

征收农用地以外的其他土地、地上附着物和青苗等的补偿标准，由省、自治区、直辖市制定。对其中的农村村民住宅，应当按照先补偿后搬迁、居住条件有改善的原则，尊重农村村民意愿，采取重新安排宅基地建房、提供安置房或者货币补偿等方式给予公平、合理的补偿，并对因征收造成的搬迁、临时安置等费用予以补偿，保障农村村民居住的权利和合法的住房财产权益。

县级以上地方人民政府应当将被征地农民纳入相应的养老等社会保障体系。被征地农民的社会保障费用主要用于符合条件的被征地农民的养老保险等社会保险缴费补贴。被征地农民社会保障费用的筹集、管理和使用办法，由省、自治区、直辖市制定。

《上海市征收集体土地房屋补偿规定》

第七条 （征地房屋补偿范围）

征地房屋补偿范围根据拟征地范围确定。

房屋部分位于拟征地范围内，该部分拆除后影响房屋连接体安全或者生活使用功能的,可将整体房屋纳入征地房屋补偿范围。

建设项目用地涉及已征未拆房屋的,区规划资源部门可按照建设项目用地范围,确定房屋补偿范围。已征未拆房屋,是指房屋所在地块按照原土地管理法已取得征地批文,并已完成土地、青苗、集体资产补偿和被征地人员社会保障手续,但该地块内尚未实施补偿的房屋。

第十条 (房屋补偿费用)

征地房屋补偿费用包括用于货币补偿的资金和用于产权调换的房屋。用于货币补偿的资金应当在征地房屋补偿方案公告前保证足额到位、专款专用。用于产权调换的房屋在交付时应当符合国家质量安全标准和本市住宅交付使用许可要求,并做到产权清晰、无权利负担;用于产权调换的房屋为期房的,临时过渡期自协议约定的搬迁之日起一般不超过三年。

征地房屋补偿费用,应当纳入征地费用范围。

第十三条 (计户标准和面积确定)

征地房屋补偿应当以合法有效的宅基地使用权证、房地产权证、不动产权证或者建房批准文件计户,按户进行补偿。

房屋的用途和建筑面积,以宅基地使用权证、房地产权证、不动产权证或者建房批准文件的记载为准。

第十四条 (建制撤销的居住房屋补偿)

被征地的村或者村民小组建制撤销的,宅基地使用权人或者居住房屋所有人可选择货币补偿,也可选择产权房屋调换。选择产权房屋调换的,应当结清货币补偿金额与产权调换房屋价格的差价。

前款规定的货币补偿金额计算公式为:(房屋建安重置结合成新单价+同区域新建商品住房每平方米建筑面积的土地使用权基价+价格补贴)×房屋建筑面积。

本条及第十五条规定的单价,是指每平方米建筑面积的价格。

本条及第十五条规定的房屋建安重置结合成新单价,由区征地事务机构委托估价机构评估;同区域新建商品住房每平方米建筑面积的土地使用权基价及价格补贴标准,由房屋所在地的区人民政府制定并公布。

同区域新建商品住房每平方米建筑面积的土地使用权基价及价格补贴标准,应当与安置房屋的供应价格相衔接,以保障被征地农民的居住条件。

第十五条　(建制不撤销的居住房屋补偿)

被征地的村或者村民小组建制不撤销的,该居住房屋户内成员全部转为非农业户籍的,按照本规定第十四条执行补偿;该居住房屋户内成员未全部转为非农业户籍的,按照下列规定予以补偿:

具备易地建房条件的区域,宅基地使用权人可以在国土空间规划确定的居民点范围内申请宅基地新建住房,并获得相应的货币补偿;不具备易地建房条件的区域,按照第十四条规定的货币补偿或者产权房屋调换方式执行。

本条规定的货币补偿金额计算公式为:(房屋建安重置结合成新单价+价格补贴)×房屋的建筑面积。使用新宅基地所需的费用,由区征地事务机构支付给提供宅基地的村或者村民小组。

本条所称的“不具备易地建房条件的区域”是指被征地的村或者村民小组农民集体所有土地的范围内无国土空间规划确定的居民点。

申请宅基地新建房屋的审批程序,按照国家和本市农村村民住房建设的有关规定执行。

114. 村里的小卖店被征收,应该怎样补偿?

法律咨询

季某夫妇是某村的村民,他们在该村自家的房内开了一家小卖店,并以此来谋生。但是,最近季某夫妇听说他们的房屋因国家公共利益的需要将会被征收。而房屋一旦被征收,他们一家就没有了经济来源。那么,村里的小卖店被征收,应该怎样补偿?

律师答疑

根据《土地管理法》第48条第4款的规定,对农村村民住宅,应当按照先补偿后搬迁、居住条件有改善的原则,尊重农村村民意愿,采取重新安排宅基地建房、提供安置房或者货币补偿等方式给予公平、合理的补偿,并对因征收造成的搬迁、临时安置等费用予以补偿,保障农村村民居住的权利和合法的住房财产权益。可见,对于农村村民住宅的补偿主要包括住宅房屋本身补偿以及搬迁、临时安置等费用。在实际征收中,除住宅外,还有用于经营的住房,可分为两种:一是利用自有宅基地房屋从事生产经营活动;二是农村集体经济组织以土地使用权入股、联营等形式与其他单位、个人共同举办企业的非居住房屋，以及通过集体经营性建设用地入市取得土地使用权的非居住房屋。

实际上，在案例中谈到的小卖店可以归入利用自有宅基地房屋从事生产经营活动这种情况，部分地区也对这样的生产经营性房屋规定了相应的补偿标准。比如，根据《上海市征收集体土地房屋补偿规定》第16条第2款的规定，宅基地房屋应当按照居住房屋进行补偿安置。对于利用自有宅基地房屋从事生产经营活动，并在征收土地预公告前已办理了工商营业执照的，可一次性给予适当的停产停业损失补偿。

但是，针对此类情形，全国并无统一明确的标准，因此，具体到个别征收项目，村民需结合小卖店是否取得营业执照等材料，并根据当地的具体政策主张相应补偿金。

法律依据

《中华人民共和国土地管理法》

第四十八条第四款　征收农用地以外的其他土地、地上附着物和青苗等的补偿标准，由省、自治区、直辖市制定。对其中的农村村民住宅，应当按照先补偿后搬迁、居住条件有改善的原则，尊重农村村民意愿，采取重新安排宅基地建房、提供安置房或者货币补偿等方式给予公平、合理的补偿，并对因征收造成的搬迁、临时安置等费用予以补偿，保障农村村民居住的权利和合法的住房财产权益。

《上海市征收集体土地房屋补偿规定》

第十六条　（居住房屋的其他补偿）

征地房屋补偿，还应当对宅基地使用权人或者居住房屋所有人补偿搬家补助费、设备迁移费、过渡期内的临时安置补助费、奖励费，具体标准由区人民政府制定。

宅基地房屋应当按照居住房屋进行补偿安置。对于利用自有宅基地房屋从事生产经营活动，并在征收土地预公告前已办理了工商营业执照的，可一次性给予适当的停产停业损失补偿。

115. 被征收的居住用房临时改成小商店，如何进行补偿？

法律咨询

陈某是某村村民，最近该村因国家修建项目工程而被征收。陈某家有五间房屋，听说土地将要被征收，陈某准备将其中的两间居住用房改成小商店，认为这样可以多得一点儿补偿费。那么，被征收的居住用房临时改成小商店，如何进行补偿？

律师答疑

对宅基地房屋补偿除房屋补偿外，还包含补偿搬家补助费、设备迁移费、过渡期内的临时安置补助费、奖励费等。对于宅基地房屋的补偿应当按照居住房屋进行补偿安置。但是，也存在村民在宅基地上建造房屋用于经营的情形，具体主要有以下两种：

（1）有相关手续的房屋用途改变，如改建手续、经营营业执业执照或者完税凭证等。在这种情形下，因为经过了依法批准，所以对相应的房屋，可以按照房屋改变后的用途进行补偿。

（2）无任何合法手续的房屋用途改变。这种情形下房屋用途的变更没有依法得到批准和认可，所以只能够按照房屋原来的用途（居住）进行补偿。

比如，按照《上海市征收集体土地房屋补偿规定》第 16 条第 2 款的规定，宅基地房屋应当按照居住房屋进行补偿安置。对于利用自有宅基地房屋从事生产经营活动，并在征收土地预公告前已办理了工商营业执照的，可一次性给予适当的停产停业损失补偿。

所以，对变更用途的房屋补偿，不仅需要看房屋是否取得相关手续，还要看其取得手续的时间：如果是合法变更，有经营执照等证明，且取得时间在征地预公告之前，就可以按照改变后的经营用途补偿。否则，只能按照原有的居住用房进行补偿。

法律依据

《上海市征收集体土地房屋补偿规定》

第十六条　（居住房屋的其他补偿）

征地房屋补偿，还应当对宅基地使用权人或者居住房屋所有人补偿搬家补助费、设备迁移费、过渡期内的临时安置补助费、奖励费，具体标准由区人民政府制定。

宅基地房屋应当按照居住房屋进行补偿安置。对于利用自有宅基地房屋从事生产经营活动，并在征收土地预公告前已办理了工商营业执照的，可一次性给予适当的停产停业损失补偿。

116. 地上附着物以及青苗补偿费如何计算？

法律咨询

明月村的土地因国家修建大型水利工程需要被征收，在征收公告发布之后，相关部门便上门与村民商量补偿事宜。后来，该村村民冀某得到通知，自家被征收的土地上附着物及青苗补偿费共计 10 万元。但是，冀某并不清楚如何计算地上附着物以及青苗补偿费。

律师答疑

地上附着物补偿费包括地上的各种构筑物，如房屋、水井、道路、管线、水渠等的拆迁和恢复费用及被征收土地上林木的补偿或砍伐费等。其具体标准由各省、自治区、直辖市规定。计算地上附着物补偿费，按照拆什么补偿什么，拆多少补偿多少，并且不低于原有水平为原则。各省、自治区、直辖市根据当地建筑材料、劳动力和运输等费用，按各类建筑物和构筑物的等级和结构进行测算，制定符合当地物价水平的地上附着物补偿标准。林木补偿费按树木的大小进行补偿，如已成材，可以由原所有者砍伐，但不再支付林木补偿费而发给砍伐费。果树、经济林等则根据投入情况予以补偿。

青苗补偿费是指农作物正处于生长期未能收获，因征用土地需要及时让出土地，致使农作物不能收获而使农民造成损失，所给予土地承包经营或者土地使用者的经济补偿。根据《土地管理法》第 48 条第 4 款的规定，青苗补偿费的标准也是由各省、自治区、直辖市规定。因此，各地的补偿标准可能存在一定的差异，具体补偿多少，应依照各省、自治区、直辖市制定的地方性法规或者规章的规定执行。

通常，一般农作物的青苗补偿费的标准最高按一季产值计算，如果是播种不久或投入较少，也可以按一季产值的一定比例计算。

法律依据

《中华人民共和国土地管理法》

第四十八条第四款　征收农用地以外的其他土地、地上附着物和青苗等的补偿标准，由省、自治区、直辖市制定。对其中的农村村民住宅，应当按照先补偿后搬迁、居住条件有改善的原则，尊重农村村民意愿，采取重新安排宅基地建房、提供安置房或者货币补偿等方式给予公平、合理的补偿，并对因征收造成的搬迁、临时安置等费用予以补偿，保障农村村民居住的权利和合法的住房财产权益。

117. 征地预公告发布后扩建的房屋能够多得补偿费吗？

法律咨询

薛某是薛家村的村民，该村土地因修建省道需要被征收。但是，在征地公告发布之后，薛某为了能够获得更多的补偿费，便在自己家的土地上扩建房屋。那么，征地预公告发布后扩建的房屋能够多得补偿费吗？

律师答疑

根据《土地管理法实施条例》第26条第1款、第2款的规定，需要征收土地，县级以上地方人民政府认为符合《土地管理法》第45条规定的，应当发布征收土地预公告，并开展拟征收土地现状调查和社会稳定风险评估。征收土地预公告应当包括征收范围、征收目的、开展土地现状调查的安排等内容。征收土地预公告应当采用有利于社会公众知晓的方式，在拟征收土地所在的乡（镇）和村、村民小组范围内发布，预公告时间不少于10个工作日。自征收土地预公告发布之日起，任何单位和个人不得在拟征收范围内抢栽抢建；违反规定抢栽抢建的，对抢栽抢建部分不予补偿。

当前全国尚未制定统一的集体土地征收补偿安置办法，但是，各地结合地区实际制定了补偿安置办法，各地对于抢建的行为亦有规定。

以北京市的规定为例，根据《北京市集体土地房屋拆迁管理办法》第8条第1款的规定，用地单位取得征地或者占地批准文件后，可以向区、县国土房管局申请在用地范围内暂停办理下列事项：

（1）新批宅基地和其他建设用地；

（2）审批新建、改建、扩建房屋；

（3）办理入户和分户，但因婚姻、出生、回国、军人退伍转业、经批准由外省市投靠直系亲属、刑满释放等原因必须入户、分户的除外；

（4）核发工商营业执照；

（5）房屋、土地租赁；

(6)改变房屋、土地用途。

上海市2021年出台的《上海市征收集体土地房屋补偿规定》第8条规定，征收土地预公告后，拟征地范围内应当执行下列规定，但限制的最长期限不得超过一年：(1)不得新建、改建、扩建建筑物、构筑物及其他设施；(2)不得突击装修房屋；(3)拟征地范围内已取得建房批准文件但新房尚未开工的，不得开工；(4)不得从事其他不当增加补偿费用的行为。

根据徐州市2017年实施的《徐州市征收集体土地房屋补偿办法》第8条的规定，规划主管部门核定用地范围后，征收机构应当及时向被征地农村集体经济组织和村民公布《拟征地告知书》，并通知相关部门暂停办理下列事项：(1)新建、改建、扩建房屋，改变房屋、土地用途；(2)房屋的买卖、交换、析产、赠与、租赁、抵押等手续；(3)户口的迁入、分户；(4)以被征收房屋为住所或者经营场所工商注册登记手续；(5)法律、法规规定的其他事项。

可见，对于地上物的补偿以征地预公告发布的时间为节点，在征地预公告发布后抢建的部分不属于补偿范围。

法律依据

《中华人民共和国土地管理法实施条例》

第二十六条　需要征收土地，县级以上地方人民政府认为符合《土地管理法》第四十五条规定的，应当发布征收土地预公告，并开展拟征收土地现状调查和社会稳定风险评估。

征收土地预公告应当包括征收范围、征收目的、开展土地现状调查的安排等内容。征收土地预公告应当采用有利于社会公众知晓的方式，在拟征收土地所在的乡(镇)和村、村民小组范围内发布,预公告时间不少于十个工作日。自征收土地预公告发布之日起,任何单位和个人不得在拟征收范围内抢栽抢建;违反规定抢栽抢建的,对抢栽抢建部分不予补偿。

土地现状调查应当查明土地的位置、权属、地类、面积,以及农村村民住宅、其他地上附着物和青苗等的权属、种类、数量等情况。

社会稳定风险评估应当对征收土地的社会稳定风险状况进行综合研判,确定风险点,提出风险防范措施和处置预案。社会稳定风险评估应当有被征地的农村集体经济组织及其成员、村民委员会和其他利害关系人参加,评估结果是申请征收土地的重要依据。

《北京市集体土地房屋拆迁管理办法》

第八条 用地单位取得征地或者占地批准文件后,可以向区、县国土房管局申请在用地范围内暂停办理下列事项:

(一)新批宅基地和其他建设用地;

(二)审批新建、改建、扩建房屋;

(三)办理入户和分户,但因婚姻、出生、回国、军人退伍转业、经批准由外省市投靠直系亲属、刑满释放和解除劳动教养[1]等原因必须入户、分户的除外;

(四)核发工商营业执照;

(五)房屋、土地租赁;

(六)改变房屋、土地用途。

区、县国土房管局核准用地单位的申请后,应当就前款所列事项书面通知有关部门暂停办理相关手续,并在用地范

〔1〕 2013年劳动教养制度已废止。

围内予以公告。通知和公告应当载明拆迁范围、暂停办理事项和暂停期限。暂停期限自公告之日起算，最长不超过1年。用地单位确需延长暂停期限的，应当报经区、县国土房管局批准，延长的期限不超过半年。

暂停期限内，擅自办理本条第一款所列事项的，房屋拆迁时不予认定。

第二十四条　拆除违法建筑和超过批准期限的临时建筑不予补偿；拆除未超过批准期限的临时建筑，按照重置成新价结合剩余期限给予适当补偿。

《上海市征收集体土地房屋补偿规定》

第八条　（征收土地预公告后不得实施的行为）

建设项目取得用地预审和选址批准文件后，区人民政府应当在拟征收土地所在的镇（乡）和村、村民小组范围内发布征收土地预公告，告知征地房屋补偿的政策依据以及本条第二款的要求，预公告时间不得少于10个工作日。

征收土地预公告后，拟征地范围内应当执行下列规定，但限制的最长期限不得超过一年：

（一）不得新建、改建、扩建建筑物、构筑物及其他设施；

（二）不得突击装修房屋；

（三）拟征地范围内已取得建房批准文件但新房尚未开工的，不得开工；

（四）不得从事其他不当增加补偿费用的行为。

违反前款规定实施的，不予补偿。

征收土地预公告后，区规划资源部门应当将本条第二款的相关事项书面通知拟征收土地所在的镇（乡）人民政府或者街道办事处。

《徐州市征收集体土地房屋补偿办法》

第八条 规划主管部门核定用地范围后,征收机构应当及时向被征地农村集体经济组织和村民公布《拟征地告知书》,并通知相关部门暂停办理下列事项:

(一)新建、改建、扩建房屋,改变房屋、土地用途;

(二)房屋的买卖、交换、析产、赠与、租赁、抵押等手续;

(三)户口的迁入、分户;

(四)以被征收房屋为住所或者经营场所工商注册登记手续;

(五)法律、法规规定的其他事项。

暂停办理有关事项的期限不超过十二个月。因特殊情况需要延长的,市国土资源管理部门可以决定适当延期,每次延期不超过六个月。

暂停期限内,办理本条第一款所列事项的,补偿安置时不予认定;因出生、婚嫁和复转退军人、离退休人员、大中专院校学生及刑满释放人员回原籍确需办理户口迁入且符合户籍管理规定的,可以办理户口迁入手续,办理户口迁入手续后,公安机关应及时抄告征收机构。

118. 在自家宅院里搭建的临时房屋能否获得补偿?

法律咨询

丁家庄是某市边缘的一个村子,由于该市准备扩建主城区,因此,需要征收丁家庄的土地。丁某也是该村村民,但是,在计算补偿费时，由于工作人员未将丁某家宅院里临时搭建的房屋计入，导致丁某与其产生了争执。那么，在自家宅院里搭建的临时房屋能否获得补偿？

律师答疑

根据《土地管理法》第48条第4款的规定，征收农用地以外的其他土地、地上附着物和青苗等的补偿标准，由省、自治区、直辖市制定。对农村村民住宅，应当按照先补偿后搬迁、居住条件有改善的原则，尊重农村村民意愿，采取重新安排宅基地建房、提供安置房或者货币补偿等方式给予公平、合理的补偿，并对因征收造成的搬迁、临时安置等费用予以补偿，保障农村村民居住的权利和合法的住房财产权益。

按照上述规定，针对房屋的补偿需结合各地的规定判断，关于案例中临时房屋是否能够获得补偿的问题，以北京市为例，根据《北京市集体土地房屋拆迁管理办法》第19条以及第24条的规定，被征收的房屋的用途和建筑面积，一般以房地产权证、农村宅基地使用权证或者建房批准文件的记载为准，如记载与实际不相符合，除了违法建筑以外，应以实际为准。在实际判断中，应当具体考察临时建筑的建设时间来确定是否给予补偿安置，这分三种情况：(1)发布征地预公告时，已经取得建房批准文件且新房已经建造完毕的，对新房给予补偿，对应当拆除而没有拆除的旧房不予补偿；(2)发布征地预公告时，已取得建房批准文件但新房尚未建造完毕的，应当立即停止建房，具体补偿金额可以协商议定；(3)拆除未超过批准期限的临时建筑，可以给予适当补偿。此外，关于这一问题，其他地方也出台了类似的相关规定，比如，上海市政府2021年颁布的《上海市征收集体土地房屋补偿规定》第23条规定未超过批准期限的临时建筑，可以给予适当补偿；对违法建筑、超过批准期限的临时建筑，以及征收土地预公告后擅自进行房屋及其附属物新建、改建、扩建的部分，不予补偿。

因此，如果丁某家的宅院里搭建的临时房屋取得了相关手续，且尚在批准期限内，理应获得相应的补偿；反之，则无法获得补偿。

法律依据

《中华人民共和国土地管理法》

第四十八条第四款 征收农用地以外的其他土地、地上附着物和青苗等的补偿标准，由省、自治区、直辖市制定。对其中的农村村民住宅，应当按照先补偿后搬迁、居住条件有改善的原则，尊重农村村民意愿，采取重新安排宅基地建房、提供安置房或者货币补偿等方式给予公平、合理的补偿，并对因征收造成的搬迁、临时安置等费用予以补偿，保障农村村民居住的权利和合法的住房财产权益。

《北京市集体土地房屋拆迁管理办法》

第十九条 拆迁补偿中认定宅基地上房屋建筑面积，以房屋所有权证标明的面积为准；未取得房屋所有权证但具有规划行政主管部门批准建房文件的，按照批准的建筑面积认定。

本办法施行前宅基地上已建成的房屋，未取得房屋所有权证和规划行政主管部门批准建房文件，但确由被拆迁人长期自住的，应当给予适当补偿。属于征地拆迁房屋的，补偿标准由乡(民族乡)、镇人民政府根据当地实际情况确定,报区、县人民政府批准后执行;属于占地拆迁房屋的,补偿标准由农村集体经济组织或者村民委员会确定,报乡(民族乡)、镇人民政府批准后执行。

本办法施行后宅基地上新建、改建、扩建的房屋,未取得房屋所有权证或者规划行政主管部门批准建房文件的,拆迁房屋时不予认定。

第二十四条 拆除违法建筑和超过批准期限的临时建筑不予补偿;拆除未超过批准期限的临时建筑,按照重置成新价结合剩余期限给予适当补偿。

《上海市征收集体土地房屋补偿规定》

第二十三条 (违法建筑、临时建筑的处理)

未超过批准期限的临时建筑,可给予适当补偿。

对违法建筑、超过批准期限的临时建筑,以及征收土地预公告后擅自进行房屋及其附属物新建、改建、扩建的部分,不予补偿。

119. 在宅基地上加盖的房屋能否获得补偿?

法律咨询

老郑是某村村民,由于其家里的人口越来越多,其又没有其他的宅基地。因此,老郑便在自己家的平房上又加盖了一层。然而,在房屋盖好之后,该村发布公告,称因国家公共利益需要,该村的土地将要被征收。对此,老郑非常高兴。那么,在宅基地上加盖的房屋能否获得补偿？

律师答疑

确认宅基地上加盖的房屋能否获得补偿的前提，是确定房屋加盖的部分是不是经过审批，是不是合法；如果是合法建筑当然应该补偿，而如果属于违法建筑就无法得到补偿了。

根据《城乡规划法》第41条第2款的规定，在乡、村庄规划区内使用原有宅基地进行农村村民住宅建设的规划管理办法，由省、自治区、直辖市制定。

就北京市而言，根据《北京市城乡规划条例》第40条第2款的规定，在规划农村地区，村民使用宅基地进行村民住宅建设，应当征询相邻土地使用权人意见，经村民委员会审议后上报乡镇人民政府批准。

因此，建房除村委会出具证明外，还应经过政府批准，否则将被视为违法建筑。根据《北京市集体土地房屋拆迁管理办法》第24条的规定，拆除违法建筑的不予补偿。

因此，合法的用地手续和建房手续是想要获得补偿所必需的，如果老郑加盖的房屋事先依法获得了批准，加盖的部分无疑会得到相应的补偿。否则的话，就只能算是违法建筑予以拆除了。

法律依据

《中华人民共和国城乡规划法》

第四十一条 在乡、村庄规划区内进行乡镇企业、乡村公共设施和公益事业建设的，建设单位或者个人应当向乡、镇人民政府提出申请，由乡、镇人民政府报城市、县人民政府城乡规划主管部门核发乡村建设规划许可证。

在乡、村庄规划区内使用原有宅基地进行农村村民住宅建设的规划管理办法，由省、自治区、直辖市制定。

在乡、村庄规划区内进行乡镇企业、乡村公共设施和公益事业建设以及农村村民住宅建设，不得占用农用地；确需占用农用地的，应当依照《中华人民共和国土地管理法》有关规定办理农用地转用审批手续后，由城市、县人民政府城乡规划主管部门核发乡村建设规划许可证。

建设单位或者个人在取得乡村建设规划许可证后，方可办理用地审批手续。

《北京市城乡规划条例》

第四十条　在规划农村地区，建设单位或者个人进行乡镇企业、乡村公共设施、公益事业建设和村民集中住宅建设的，应当向乡镇人民政府提出申请，由乡镇人民政府报规划自然资源主管部门核发乡村建设规划许可证。

在规划农村地区，村民使用宅基地进行村民住宅建设，应当征询相邻土地使用权人意见，经村民委员会审议后上报乡镇人民政府批准。

乡镇人民政府审批村民使用宅基地进行住宅建设，应当依据村庄规划进行。具体办法由各区人民政府结合实际情况制定。

进行乡镇企业、乡村公共设施、公益事业建设和村民住宅建设的，不得占用农用地；确需占用农用地的，应当依照《中华人民共和国土地管理法》有关规定办理农用地转用审批手续后，由规划自然资源主管部门核发乡村建设规划许可证。

建设单位或者个人在取得乡村建设规划许可证后，方可办理用地审批手续。

《北京市集体土地房屋拆迁管理办法》

第二十四条 拆除违法建筑和超过批准期限的临时建筑不予补偿；拆除未超过批准期限的临时建筑，按照重置成新价结合剩余期限给予适当补偿。

120. 家里人口越多获得的拆迁补偿款就越多吗？

法律咨询

傅某是某村村民，该村土地因修建铁路需要被征收。傅某听到后非常高兴，傅某认为，虽然自己家的宅基地不是最多的，但是，自己家人口比较多，因此，获得的补偿款也会多。那么，家里人口越多获得的拆迁补偿款就越多吗？

律师答疑

拆迁补偿款与征地补偿款不同，拆迁补偿款是对地上物的补偿，拆迁补偿款不是按照人口来计算的，而是根据宅基地面积或房屋面积来进行补偿的。就北京市的情况而言，根据2003年北京市人民政府第九次常务会议通过的《北京市集体土地房屋拆迁管理办法》第14条的规定，房屋拆迁补偿价主要由宅基地区位补偿价、被拆迁房屋重置成新价以及宅基地面积三者构成。其中宅基地区位补偿价和被拆迁房屋重置成新价，都会根据当地具体情况具体规定。

另外，其他地方也出台了类似的规定，例如，2021 年颁布的《上海市征收集体土地房屋补偿规定》就对当地的房屋补偿作出了非常详细的说明。《上海市征收集体土地房屋补偿规定》第 14 条指出，对建制撤销的居住房屋进行货币补偿时，补偿金额的计算公式为：（房屋建安重置结合成新单价 + 同区域新建商品住房每平方米建筑面积的土地使用权基价 + 价格补贴）× 房屋建筑面积。第 15 条指出，对建制不撤销的居住房屋进行货币补偿时，补偿金额计算公式为：（房屋建安重置结合成新单价 + 价格补贴）× 房屋的建筑面积。

因此，拆迁补偿款的多少与人口数量的多少是没有联系的。但是由于拆迁的房屋属于共同财产，因此共有人员应当对拆迁补偿款进行合理分配，有约定的按约定处理，没有约定的一般认为各共有人拥有同等的份额。所以，傅某家能够获得多少补偿款要看他家宅基地面积的大小。当补偿款总数一定，在进行分配时，5 口人的傅某家人均分得的补偿款会比有 6 口人时人均分得的补偿款多一些。

法律依据

《北京市集体土地房屋拆迁管理办法》

第十四条　拆迁宅基地上房屋实行货币补偿的，拆迁人应当向被拆迁人支付补偿款。补偿款按照被拆除房屋的重置成新价和宅基地的区位补偿价确定。房屋重置成新价的评估规则和宅基地区位补偿价的计算办法由市国土房管局制定并公布。

按照前款规定对被拆迁人给予货币补偿的，不再进行房屋安置或者另行审批宅基地。

《上海市征收集体土地房屋补偿规定》

第十四条 (建制撤销的居住房屋补偿)

被征地的村或者村民小组建制撤销的,宅基地使用权人或者居住房屋所有人可选择货币补偿,也可选择产权房屋调换。选择产权房屋调换的,应当结清货币补偿金额与产权调换房屋价格的差价。

前款规定的货币补偿金额计算公式为:(房屋建安重置结合成新单价+同区域新建商品住房每平方米建筑面积的土地使用权基价+价格补贴)×房屋建筑面积。

本条及第十五条规定的单价,是指每平方米建筑面积的价格。

本条及第十五条规定的房屋建安重置结合成新单价,由区征地事务机构委托估价机构评估;同区域新建商品住房每平方米建筑面积的土地使用权基价及价格补贴标准,由房屋所在地的区人民政府制定并公布。

同区域新建商品住房每平方米建筑面积的土地使用权基价及价格补贴标准,应当与安置房屋的供应价格相衔接,以保障被征地农民的居住条件。

第十五条 (建制不撤销的居住房屋补偿)

被征地的村或者村民小组建制不撤销的,该居住房屋户内成员全部转为非农业户籍的,按照本规定第十四条执行补偿;该居住房屋户内成员未全部转为非农业户籍的,按照下列规定予以补偿:

具备易地建房条件的区域,宅基地使用权人可以在国土空间规划确定的居民点范围内申请宅基地新建住房,并获得相应的货币补偿;不具备易地建房条件的区域,按照第十四条规定的货币补偿或者产权房屋调换方式执行。

本条规定的货币补偿金额计算公式为:(房屋建安重置结合成新单价+价格补贴)×房屋的建筑面积。使用新宅基地所需的费用,由区征地事务机构支付给提供宅基地的村或者村民小组。

本条所称的"不具备易地建房条件的区域"是指被征地的村或者村民小组农民集体所有土地的范围内无国土空间规划确定的居民点。

申请宅基地新建房屋的审批程序,按照国家和本市农村村民住房建设的有关规定执行。

121. 家中的小院能否获得征收补偿?

法律咨询

程家村的土地因建设工业园区而被征收,由于农村房屋都有一个小院落。因此,在政府发布征收公告之后,该村村民都想知道,除了自己居住的房屋之外,家里的院落是否可以得到补偿。那么,家中的小院能否获得征收补偿?

律师答疑

根据《土地管理法》第48条第2款的规定,征地补偿费用包括土地补偿费,安置补助费,农村村民住宅、其他地上附着物和青苗等的补偿费用以及社会保障费用。

对于家中院落是否可以获得补偿，主要看房地权属证明文件的记载情况。

就上海的情况而言，根据《上海市征收集体土地房屋补偿规定》第13条的规定，征地房屋补偿应当以合法有效的宅基地使用权证、房地产权证、不动产权证或者建房批准文件计户，按户进行补偿。房屋的用途和建筑面积，以宅基地使用权证、房地产权证、不动产权证或者建房批准文件的记载为准。第22条规定，居住房屋附属的棚舍、除该规定第20条第2款以外的非居住房屋，以及其他构筑物的补偿，按照该市有关国家建设征地的财物补偿标准执行。

根据上述规定，拆迁补偿中房屋的用途和建筑面积，以宅基地使用权证、房地产权证、不动产权证或者建房批准文件的记载为准。因此，家中小院能不能够得到补偿要看房屋权属证明文件上对此有没有记载，如果没有的话，那么家中的小院将不能够得到补偿。如果记载的院子面积与实际的不符，那么将会以权属证明文件上的为准，实际院子面积比证明文件上面积多出的部分也不会获得补偿。

法律依据

《中华人民共和国土地管理法》

第四十八条 征收土地应当给予公平、合理的补偿，保障被征地农民原有生活水平不降低、长远生计有保障。

征收土地应当依法及时足额支付土地补偿费、安置补助费以及农村村民住宅、其他地上附着物和青苗等的补偿费用，并安排被征地农民的社会保障费用。

……

征收农用地以外的其他土地、地上附着物和青苗等的补偿标准，由省、自治区、直辖市制定。对其中的农村村民住宅，应当按照先补偿后搬迁、居住条件有改善的原则，尊重农村村民意愿，采取重新安排宅基地建房、提供安置房或者货币补偿等方式给予公平、合理的补偿，并对因征收造成的搬迁、临时安置等费用予以补偿，保障农村村民居住的权利和合法的住房财产权益。

……

《上海市征收集体土地房屋补偿规定》

第十三条 （计户标准和面积确定）

征地房屋补偿应当以合法有效的宅基地使用权证、房地产权证、不动产权证或者建房批准文件计户，按户进行补偿。

房屋的用途和建筑面积，以宅基地使用权证、房地产权证、不动产权证或者建房批准文件的记载为准。

第二十二条 （其他房屋及设施的补偿）

居住房屋附属的棚舍、除本规定第二十条第二款以外的非居住房屋，以及其他构筑物的补偿，按照本市有关国家建设征地的财物补偿标准执行。

122. 父母过世后，兄弟姐妹签订的分家合同能否作为征收补偿的依据？

法律咨询

小韩是某村村民，最近该村因国家建设项目需要被征收。小韩所居住的房屋也在征收范围内。但是，由于小韩的父母已经去世,小韩与其他的兄弟姐妹签订了分家合同。小韩居住父母原来的房屋,而其他兄弟姐妹搬到了别处,并且该房屋是其父母的名字。那么,父母过世后,兄弟姐妹签订的分家合同能否作为征收补偿的依据?

律师答疑

在这一案例中,由于宅基地房屋是登记在小韩父母名下的,因此所有权人应当是他的父母,但是其父母已经过世,根据我国《民法典》的规定,在没有遗嘱的情况下,按照法定继承。根据《民法典》第 1127 条的规定,第一顺位的继承人为配偶、子女、父母。在小韩父母均去世,且尚无祖父母在世的情形下,小韩及其兄弟姐妹均为第一顺位继承人。根据《民法典》第 1130 条第 1 款的规定,同一顺位继承人继承的份额一般应当均等;继承人协商同意的,也可以不均等。鉴于小韩与其他兄弟姐妹签订了分家合同,如果分家合同合法有效,则宅基地房屋由小韩与几个兄弟姐妹按照分家合同所约定的份额共有,在宅基地房屋被征收时,小韩与几个兄弟姐妹按照相应份额获得拆迁补偿。

法律依据

《中华人民共和国民法典》

第一千一百二十七条第一款 遗产按照下列顺序继承:

(一)第一顺序:配偶、子女、父母;

(二)第二顺序:兄弟姐妹、祖父母、外祖父母。

第一千一百三十条 同一顺序继承人继承遗产的份额,一般应当均等。

对生活有特殊困难又缺乏劳动能力的继承人，分配遗产时，应当予以照顾。

对被继承人尽了主要扶养义务或者与被继承人共同生活的继承人，分配遗产时，可以多分。

有扶养能力和有扶养条件的继承人，不尽扶养义务的，分配遗产时，应当不分或者少分。

继承人协商同意的，也可以不均等。

123. 夫妻中一方婚前新建的房屋，婚后面临征收，补偿款是否属于共同财产？

法律咨询

章某是某村村民，其在结婚之前，父母专门为他盖了六间平房作为婚房。后来，章某与同村的小林结婚，然而，婚后不久，村里发布该村土地将要被征收的公告。那么，夫妻中一方婚前新建的房屋，婚后面临征收，补偿款是否属于共同财产？

律师答疑

这个问题涉及婚姻的有关规定，《民法典》第1063条规定："下列财产为夫妻一方的个人财产：（一）一方的婚前财产；（二）一方因受到人身损害获得的赔偿或者补偿；（三）遗嘱或者赠与合同中确定只归一方的财产；（四）一方专用的生活用品；（五）其他应当归一方的财产。"

夫妻一方在婚前新建的房屋是个人的婚前财产，不属于婚后的投资收益，因此归一方所有。如果在婚后面临征收，那么原房屋本身的价值补偿也不属于共同财产。在实际生活中，如果要主张相关权利的话，那么一定要保管好相关的证据材料，以便较好地维护自身的合法权益。

法律依据

《中华人民共和国民法典》

第一千零六十三条 下列财产为夫妻一方的个人财产：

（一）一方的婚前财产；

（二）一方因受到人身损害获得的赔偿或者补偿；

（三）遗嘱或者赠与合同中确定只归一方的财产；

（四）一方专用的生活用品；

（五）其他应当归一方的财产。

124. 城镇居民购买农村房屋后因拆迁而获得补偿，补偿款应全部归卖方吗？

法律咨询

老王是某企业的职工，其准备在退休之后到乡下养老。于是，老王便在家乡买了村民杜某的一个农家院。但是，3 年后，该村土地被征收，老王得到 30 万元的补偿款。对此，村民杜某认为，补偿款不能全部属于老王。那么，城镇居民在买房后因房屋拆迁获得补偿，补偿款应全部归卖方吗？

律师答疑

宅基地使用权是农村集体经济组织成员享有的权利，与享有者特定的身份相联系，非本集体经济组织成员无权取得或变相取得。根据国家政策，非本集体经济组织成员因购买农村宅基地或者房屋而与农民所订立的买卖合同以“认定无效为原则，认定有效为例外”。对于认定无效的，因该合同取得的财产应当予以返还，不能返还或者没有必要返还的，应当折价补偿。出卖人对合同无效负主要责任的，应当赔偿买受人的信赖利益损失；同时，买受人已经翻建、扩建房屋的，出卖方应对其添附价值进行补偿。对于认定有效的情况则需要综合考量各种因素，比如在个案中存在法院结合历史背景、现有占有关系、宅基地流转是否取得本集体经济组织的同意并办理宅基地审批手续等考虑其效力，其认定较为复杂。

尽管房屋买卖合同无效，但卖方已经通过公平的买卖行为获得了与当时房屋价值相等的钱款；虽然后来房屋在拆迁时升值，确认合同无效可以获得一定利益，但在一定程度上会违背诚实信用原则的要求。如果基于合同无效而判决双方相互返还房款和补偿款，对买方而言就有失公平。因此，在部分案例中，买方可以主张基于签订合同时卖方的过错而从宅基地使用权人（卖方）那里分得一部分补偿。

法律依据

《中华人民共和国民法典》

第一百五十三条　违反法律、行政法规的强制性规定的民事法律行为无效。

第三百六十三条　宅基地使用权的取得、行使和转让，适用土地管理的法律和国家有关规定。

125. 一人有多处宅基地，如何补偿？

法律咨询

书某是某村村民，其所在村庄的土地因国家建设公路而被征收。但是，书某在该村有两处宅基地，一处是其父母留下来的，另一处是去世叔叔留给他的。那么，一个人有多处宅基地的，应该如何补偿？

律师答疑

通常情况下，一个人只能拥有一处宅基地。根据《土地管理法》第 62 条第 1 款规定，农村村民一户只能拥有一处宅基地，其宅基地的面积不能超过省、自治区、直辖市规定的标准。

根据《自然资源部办公厅关于印发〈宅基地和集体建设用地使用权确权登记工作问答〉的函》第 33 条的规定，对于因继承房屋占用宅基地，形成“一户多宅”的，可按规定确权登记，并在不动产登记簿和证书附记栏进行注记。

因此，宅基地使用权虽然不能继承，而地上房屋作为农民的私产是可以继承的。“地随房走”，这种因继承先辈遗产的情况而形成的“一户多宅”，是可以进行宅基地确权的。当遇到拆迁时，被拆迁人完全可以主张多宅的拆迁补偿。

法律依据

《中华人民共和国土地管理法》

第六十二条 农村村民一户只能拥有一处宅基地，其宅基地的面积不得超过省、自治区、直辖市规定的标准。

人均土地少、不能保障一户拥有一处宅基地的地区，县级人民政府在充分尊重农村村民意愿的基础上，可以采取措施，按照省、自治区、直辖市规定的标准保障农村村民实现户有所居。

农村村民建住宅，应当符合乡（镇）土地利用总体规划、村庄规划，不得占用永久基本农田，并尽量使用原有的宅基地和村内空闲地。编制乡（镇）土地利用总体规划、村庄规划应当统筹并合理安排宅基地用地，改善农村村民居住环境和条件。

农村村民住宅用地，由乡（镇）人民政府审核批准；其中，涉及占用农用地的，依照本法第四十四条的规定办理审批手续。

农村村民出卖、出租、赠与住宅后，再申请宅基地的，不予批准。

国家允许进城落户的农村村民依法自愿有偿退出宅基地，鼓励农村集体经济组织及其成员盘活利用闲置宅基地和闲置住宅。

国务院农业农村主管部门负责全国农村宅基地改革和管理有关工作。

《自然资源部办公厅关于印发〈宅基地和集体建设用地使用权确权登记工作问答〉的函》

33.“一户多宅”能不能登记？

《国土资源部关于进一步加快宅基地和集体建设用地确权登记发证有关问题的通知》（国土资发〔2016〕191号）规定，宅基地使用权应按照“一户一宅”要求，原则上确权登记到“户”。符合当地分户建房条件未分户，但未经批准另行建房分开居住的，其新建房屋占用的宅基地符合相关规划，经本农民集体经济组织或村民委员会同意并公告无异议或异议不成立的，可按规定补办有关用地手续后，依法予以确权登记；未分开居住的，其实际使用的宅基地没有超过分户后建房用地合计面积标准的，依法按照实际使用面积予以确权登记。

对于因继承房屋占用宅基地，形成“一户多宅”的，可按规定确权登记，并在不动产登记簿和证书附记栏进行注记。

126. 农村集体土地上的房屋被征收，能不能另行审批宅基地？

法律咨询

老顾夫妇是某村村民，他们的儿女都在城里上班，一直是老两口相依为命。最近因为要修建铁路，家里的房屋需要被征收。但是，老顾夫妇觉得自己已经在这里生活了多年，不想离开家乡。因此，很想在村里另找一个地方盖间房子安度晚年，于是就向村里申请再另批一块宅基地。那么，农村集体土地上的房屋被征收，能不能另行审批宅基地？

律师答疑

根据《土地管理法》第48条第4款的规定，对农村村民住宅，应当按照先补偿后搬迁、居住条件有改善的原则，尊重农村村民意愿，采取重新安排宅基地建房、提供安置房或者货币补偿等方式给予公平、合理的补偿，并对因征收造成的搬迁、临时安置等费用予以补偿，保障农村村民居住的权利和合法的住房财产权益。

可见，在宅基地房屋被征收后，征收机关应当充分尊重村民意愿进行安置，符合重新安排宅基地建房条件的，可以采取重新安排宅基地建房的方式进行安置。也即，存在重新另行审批宅基地的可能性。但是，因宅基地属于农民集体所有，只有农村村民可以申请宅基地，在集体土地征收过程中，存在人员转工转居等情形，如被征收人已转为城镇户口，则从法律上不再具有申请宅基地的资格，并且，宅基地占用建设用地指标，如被征收所在区域无宅基地指标可以安排，则从客观上也不具有重新安排宅基地的条件。

比如，以上海市的情况为例，根据上海市颁布的《上海市征收集体土地房屋补偿规定》第 15 条的规定，宅基地上的房屋被拆迁，只有在建制不撤销，且该居住房屋户内成员未全部转为非农业户籍时，在具备易地建房条件的区域，宅基地使用权人可以在国土空间规划确定的居民点范围内申请宅基地新建住房，并获得相应的货币补偿。不满足前述任一条件的，只能按照货币补偿或者产权房屋调换方式进行补偿。

因此，虽然从法律层面重新申请宅基地可行，但是能否重新申请宅基地与项目征收补偿方式、是否存在转工转居以及是否具有宅基地指标等条件相关，需要结合具体项目与相关管理单位进行沟通确认。

法律依据

《中华人民共和国土地管理法》

第四十八条　征收土地应当给予公平、合理的补偿，保障被征地农民原有生活水平不降低、长远生计有保障。

征收土地应当依法及时足额支付土地补偿费、安置补助费以及农村村民住宅、其他地上附着物和青苗等的补偿费用，并安排被征地农民的社会保障费用。

征收农用地的土地补偿费、安置补助费标准由省、自治区、直辖市通过制定公布区片综合地价确定。制定区片综合地价应当综合考虑土地原用途、土地资源条件、土地产值、土地区位、土地供求关系、人口以及经济社会发展水平等因素，并至少每三年调整或者重新公布一次。

征收农用地以外的其他土地、地上附着物和青苗等的补偿标准，由省、自治区、直辖市制定。对其中的农村村民住宅，应当按照先补偿后搬迁、居住条件有改善的原则，尊重农村村民意愿，采取重新安排宅基地建房、提供安置房或者货币补偿等方式给予公平、合理的补偿，并对因征收造成的搬迁、临时安置等费用予以补偿，保障农村村民居住的权利和合法的住房财产权益。

县级以上地方人民政府应当将被征地农民纳入相应的养老等社会保障体系。被征地农民的社会保障费用主要用于符合条件的被征地农民的养老保险等社会保险缴费补贴。被征地农民社会保障费用的筹集、管理和使用办法，由省、自治区、直辖市制定。

《上海市征收集体土地房屋补偿规定》

第十四条 （建制撤销的居住房屋补偿）

被征地的村或者村民小组建制撤销的，宅基地使用权人或者居住房屋所有人可选择货币补偿，也可选择产权房屋调换。选择产权房屋调换的，应当结清货币补偿金额与产权调换房屋价格的差价。

前款规定的货币补偿金额计算公式为：（房屋建安重置结合成新单价＋同区域新建商品住房每平方米建筑面积的土地使用权基价＋价格补贴）×房屋建筑面积。

本条及第十五条规定的单价，是指每平方米建筑面积的价格。

本条及第十五条规定的房屋建安重置结合成新单价，由区征地事务机构委托估价机构评估；同区域新建商品住房每平方米建筑面积的土地使用权基价及价格补贴标准，由房屋所在地的区人民政府制定并公布。

同区域新建商品住房每平方米建筑面积的土地使用权基价及价格补贴标准，应当与安置房屋的供应价格相衔接，以保障被征地农民的居住条件。

第十五条　（建制不撤销的居住房屋补偿）

被征地的村或者村民小组建制不撤销的，该居住房屋户内成员全部转为非农业户籍的，按照本规定第十四条执行补偿；该居住房屋户内成员未全部转为非农业户籍的，按照下列规定予以补偿：

具备易地建房条件的区域，宅基地使用权人可以在国土空间规划确定的居民点范围内申请宅基地新建住房，并获得相应的货币补偿；不具备易地建房条件的区域，按照第十四条规定的货币补偿或者产权房屋调换方式执行。

本条规定的货币补偿金额计算公式为：（房屋建安重置结合成新单价＋价格补贴）×房屋的建筑面积。使用新宅基地所需的费用,由区征地事务机构支付给提供宅基地的村或者村民小组。

本条所称的“不具备易地建房条件的区域”是指被征地的村或者村民小组农民集体所有土地的范围内无国土空间规划确定的居民点。

申请宅基地新建房屋的审批程序,按照国家和本市农村村民住房建设的有关规定执行。

127. 水井、管线等在被征收时能否得到补偿?

法律咨询

欧某是某村村民,其在该村承包了20亩果园,一直以此为生活来源。最近,该村部分土地因国家修建高速公路需要被征收,欧某的果园也在被征收的范围内。但是,在分配补偿费时,相关部门没有将欧某果园的水井、管线计算在内。那么,水井、管线等在被征收时能否得到补偿?

律师答疑

根据《土地管理法》第48条第2款的规定,征收土地应当依法及时足额支付土地补偿费、安置补助费以及农村村民住宅、其他地上附着物和青苗等的补偿费用,并安排被征地农民的社会保障费用。水井、蓄水池、线杆、管线等是农村中常见的生活设施,作为地上附着物依法应当获得补偿。比如,《北京市建设征地补偿安置办法》第8条第2款对其他土地附着物进行了内容上比较详细的规定，通常包括：房屋、水井、道路、管线、水渠等建筑物、构筑物以及林木和其他经济作物等。

其他地区对本案例所涉及的问题也有类似的规定，比如，2021年4月29日发布的《珠海市人民政府关于印发珠海市征收（征用）土地青苗及地上附着物补偿办法的通知》中明确了水利设施的补偿标准（见表1）：

表1　珠海市征收（征用）土地青苗及地上附着物补偿分类明细（节选）

<table>
<tr><th>征收类别</th><th colspan="2">征收明细</th><th>单位</th><th>补偿标准 / 元</th><th>备注</th></tr>
<tr><td rowspan="5">十六、征收水利设施</td><td colspan="2">用于种养灌溉的配套设施，钢筋混凝土结构</td><td>每立方米</td><td>900</td><td>按实体体积计算</td></tr>
<tr><td colspan="2">用于种养灌溉的配套设施，砖石结构</td><td>每立方米</td><td>650</td><td>按实体体积计算</td></tr>
<tr><td rowspan="3">水井</td><td>手摇简易水井</td><td>每口</td><td>1100</td><td></td></tr>
<tr><td>砖石井壁结构</td><td>每立方米</td><td>460</td><td>按容量计算</td></tr>
<tr><td>砼管井壁结构</td><td>每立方米</td><td>550</td><td>按容量计算</td></tr>
</table>

综上所述，水井和管线属于土地附着物的范畴，是征收补偿的实施对象，村民欧某的水井、管线等在被征收时都能够按照补偿标准得到相应的补偿。

法律依据

《北京市建设征地补偿安置办法》

第八条　征地单位支付的征地补偿费包括土地补偿费和

安置补助费。涉及青苗和其他土地附着物的，还应当向所有权人支付青苗补偿费和其他土地附着物补偿费。

青苗是指尚未收获的农作物。其他土地附着物包括房屋、水井、道路、管线、水渠等建筑物、构筑物以及林木和其他经济作物等。

第四节　征地补偿纠纷的处理

128. 对征地补偿标准不满，如何申请救济？

法律咨询

某市因修建火车站需要征收该市边缘新月村的土地。但是，在征收土地的过程中，部分村民认为征收土地标准过低，因此，在拆迁的过程中拒绝搬离。那么，村民如果对征地补偿标准不满，应当如何申请救济？

律师答疑

征地与拆迁本身涉及对不同的主体进行利益的重新分配，所以存在纠纷和争执是在所难免的。

根据《土地管理法》第47条第2款和第3款以及《土地管理法实施条例》第28条的规定，县级以上地方人民政府拟申请征收土地的，应当开展拟征收土地现状调查和社会稳定风险评估，并将征收范围、土地现状、征收目的、补偿标准、安置方式和社会保障等在拟征收土地所在的乡（镇）和村、村民小组范围内公告至少30日，听取被征地的农村集体经济组织及其成员、村民委员会和其他利害关系人的意见。征地补偿安置公告应当同时载明办理补偿登记的方式和期限、异议反馈渠道等内容。多数被征地的农村集体经济组织成员认为征地补偿安置方案不符合法律、法规规定的，县级以上地方人民政府应当组织召开听证会，并根据法律、法规的规定和听证会情况修改方案。

因此，如村民对征地补偿安置方案不满，可向征地实施机关发表意见，达到村集体经济组织成员多数的，可申请听证。此处的多数，一般指的是村集体经济组织成员过半数。如果无法达到过半数的村民对征地补偿安置方案不满，则征地实施机关不再举行听证。

此外，如果仅有个别村民对补偿安置方案不满意，并拒绝签订协议的，根据《土地管理法》第47条的规定，为不影响征地进度，由征地实施机关直接在申请征地时予以说明即可。

法律依据

《中华人民共和国土地管理法》

第四十七条 国家征收土地的，依照法定程序批准后，由县级以上地方人民政府予以公告并组织实施。

县级以上地方人民政府拟申请征收土地的，应当开展拟征收土地现状调查和社会稳定风险评估，并将征收范围、土地现状、征收目的、补偿标准、安置方式和社会保障等在拟征收土地所在的乡(镇)和村、村民小组范围内公告至少三十日,听取被征地的农村集体经济组织及其成员、村民委员会和其他利害关系人的意见。

多数被征地的农村集体经济组织成员认为征地补偿安置方案不符合法律、法规规定的,县级以上地方人民政府应当组织召开听证会,并根据法律、法规的规定和听证会情况修改方案。

拟征收土地的所有权人、使用权人应当在公告规定期限内,持不动产权属证明材料办理补偿登记。县级以上地方人民政府应当组织有关部门测算并落实有关费用,保证足额到位,与拟征收土地的所有权人、使用权人就补偿、安置等签订协议;个别确实难以达成协议的,应当在申请征收土地时如实说明。

相关前期工作完成后,县级以上地方人民政府方可申请征收土地。

129. 在农村集体土地征收过程中,村民获得的补偿款过低,其可以申请行政复议或提起行政诉讼吗?

法律咨询

某市因修建轨道交通需要征收沿线村庄的土地。在征地补偿安置方案公告发布后,该村村民认为征地补偿标准过低,远远低于市场价格。后来,该村村民听说,他们可以申请行政复议或行政诉讼。那么,在农村集体土地征收过程中,村民获得的补偿款过低,其可以申请行政复议或行政诉讼吗?

律师答疑

根据《土地管理法实施条例》第 28 条和第 29 条的规定，征地补偿安置方案作为土地征收部门与拟征收土地的所有权人、使用权人签订征地补偿安置协议的依据，对于村民能够获得多少补偿具有重要影响，征地补偿安置方案不合法的，将直接影响村民的切身利益，属于行政复议和行政诉讼的受案范围，村民有权申请行政复议或提起行政诉讼，具体而言：

1. 根据《行政复议法》第 9 条第 1 款的规定，公民、法人或者其他组织认为具体行政行为侵犯其合法权益的，可以自知道该具体行政行为之日起 60 日内提出行政复议申请；但是法律规定的申请期限超过 60 日的除外。第 13 条规定，对地方各级人民政府的具体行政行为不服的，向上一级地方人民政府申请行政复议。对省、自治区人民政府依法设立的派出机关所属的县级地方人民政府的具体行政行为不服的，向该派出机关申请行政复议。

关于提起行政复议的方式，根据《行政复议法》第 11 条的规定，申请人申请行政复议，可以书面申请，也可以口头申请；口头申请的，行政复议机关应当当场记录申请人的基本情况、行政复议请求、申请行政复议的主要事实、理由和时间。所以，被征收人可以通过书面方式申请，也可以亲自到政府部门进行口头申请。如果进行口头申请，那么就要当场填写行政复议申请笔录，将自己的基本情况，关于征地补偿的复议请求，以及相关的事实等内容进行如实记录。记录人和申请人都要在这份笔录上签名或盖章，以备日后查阅使用。

2. 根据《行政诉讼法》第 2 条第 1 款的规定，公民、法人或者其他组织认为行政机关和行政机关工作人员的行政行为侵犯其合法权益，有权依照本法向人民法院提起诉讼。第 26 条第 1 款规定，公民、法人或者其他组织直接向人民法院提起诉讼的，作出行政行为的行政机关是被告。根据《土地管理法实施条例》第 27 条、第 28 条的规定，拟定征地补偿安置方案的机关为县级以上人民政府。根据《行政诉讼法》第 15 条的规定，中级人民法院管辖县级以上人民政府所作的行政行为提起的行政诉讼案件。因此，被征收人应以作出征地补偿安置方案的县级以上人民政府为被告，向被告所在地中级人民法院提起行政诉讼。

法律依据

《中华人民共和国行政复议法》

第九条 公民、法人或者其他组织认为具体行政行为侵犯其合法权益的，可以自知道该具体行政行为之日起六十日内提出行政复议申请；但是法律规定的申请期限超过六十日的除外。

因不可抗力或者其他正当理由耽误法定申请期限的，申请期限自障碍消除之日起继续计算。

第十一条 申请人申请行政复议，可以书面申请，也可以口头申请；口头申请的，行政复议机关应当当场记录申请人的基本情况、行政复议请求、申请行政复议的主要事实、理由和时间。

《中华人民共和国行政诉讼法》

第二条 公民、法人或者其他组织认为行政机关和行政机关工作人员的行政行为侵犯其合法权益，有权依照本法向人民法院提起诉讼。

前款所称行政行为，包括法律、法规、规章授权的组织作出的行政行为。

第十五条　中级人民法院管辖下列第一审行政案件：

（一）对国务院部门或者县级以上地方人民政府所作的行政行为提起诉讼的案件；

（二）海关处理的案件；

（三）本辖区内重大、复杂的案件；

（四）其他法律规定由中级人民法院管辖的案件。

第二十六条第一款　公民、法人或者其他组织直接向人民法院提起诉讼的，作出行政行为的行政机关是被告。

《中华人民共和国土地管理法实施条例》

第二十七条　县级以上地方人民政府应当依据社会稳定风险评估结果，结合土地现状调查情况，组织自然资源、财政、农业农村、人力资源和社会保障等有关部门拟定征地补偿安置方案。

征地补偿安置方案应当包括征收范围、土地现状、征收目的、补偿方式和标准、安置对象、安置方式、社会保障等内容。

第二十八条　征地补偿安置方案拟定后，县级以上地方人民政府应当在拟征收土地所在的乡（镇）和村、村民小组范围内公告，公告时间不少于三十日。

征地补偿安置公告应当同时载明办理补偿登记的方式和期限、异议反馈渠道等内容。

多数被征地的农村集体经济组织成员认为拟定的征地补偿安置方案不符合法律、法规规定的，县级以上地方人民政府应当组织听证。

第二十九条　县级以上地方人民政府根据法律、法规规定和听证会等情况确定征地补偿安置方案后，应当组织有关部门与拟征收土地的所有权人、使用权人签订征地补偿安置协议。征地补偿安置协议示范文本由省、自治区、直辖市人民政府制定。

对个别确实难以达成征地补偿安置协议的，县级以上地方人民政府应当在申请征收土地时如实说明。

130. 达成征收协议后村民发现不公平，能向人民法院提起行政诉讼吗？

法律咨询

张某是某村村民，其一直在城市里上班。在春节回家时，张某听说家里的土地将要被征收，并且父母已经和相关部门签订了征收补偿协议。但是，张某发现父母签订的征收补偿协议对他们是不公平的。因此，张某准备向人民法院起诉。那么，达成征收协议后村民发现不公平，能向人民法院提起行政诉讼吗？

律师答疑

根据《最高人民法院关于审理行政协议案件若干问题的规定》第2条的规定，土地、房屋等征收征用补偿协议属于行政协议，公民、法人或者其他组织就土地、房屋等征收征用补偿协议提起行政诉讼的，人民法院应当依法受理。因此，如果村民认为签署的补偿协议显失公平，可以以合同相对方为被告，向法院提起行政诉讼。

同时，由于行政协议兼具行政性和协议性双重属性，对于行政协议是否存在显失公平、是否具备可撤销的事由等，可适用民事法律规范进行认定。根据《民法典》第151条的规定，一方利用对方处于危困状态、缺乏判断能力等情形，致使民事法律行为成立时显失公平的，受损害方有权请求人民法院或者仲裁机构予以撤销。但是需要说明的是，根据《民法典》第152条第1款第1项的规定，具有撤销权的当事人自知道或者应当知道撤销事由之日起1年内没有行使撤销权的，那么撤销权消灭，合同继续有效。因此，如果所订立的拆迁协议显失公平，则原告必须在1年之内提起行政诉讼，如果过了1年再提起行政诉讼的话，虽然法院会受理，但是如果对方以诉讼时效为由抗辩，则原告就丧失了法律上的胜诉权。简言之，过了可撤销的时效之后，虽然仍可以提起诉讼，但是胜诉的可能性不大。

法律依据

《最高人民法院关于审理行政协议案件若干问题的规定》

第二条　公民、法人或者其他组织就下列行政协议提起行政诉讼的，人民法院应当依法受理：

（一）政府特许经营协议；

（二）土地、房屋等征收征用补偿协议；

（三）矿业权等国有自然资源使用权出让协议；

（四）政府投资的保障性住房的租赁、买卖等协议；

（五）符合本规定第一条规定的政府与社会资本合作协议；

（六）其他行政协议。

《中华人民共和国民法典》

第一百五十一条　一方利用对方处于危困状态、缺乏判断能力等情形,致使民事法律行为成立时显失公平的,受损害方有权请求人民法院或者仲裁机构予以撤销。

第一百五十二条 有下列情形之一的,撤销权消灭:

(一)当事人自知道或者应当知道撤销事由之日起一年内、重大误解的当事人自知道或者应当知道撤销事由之日起九十日内没有行使撤销权;

(二)当事人受胁迫,自胁迫行为终止之日起一年内没有行使撤销权;

(三)当事人知道撤销事由后明确表示或者以自己的行为表明放弃撤销权。

当事人自民事法律行为发生之日起五年内没有行使撤销权的,撤销权消灭。

131. 农村集体土地被征收后,集体经济组织成员是否可以直接向人民法院起诉请求支付土地补偿费?

法律咨询

某村的土地被政府征收,并且土地补偿款也划给了村委会。但是,村委会在确定了分配原则后,因该村村主任贪污被逮捕,导致分配补偿款一直搁置。村民们多次询问,村委会一直以各种借口推脱。后来,该村村民准备向人民法院提起诉讼。那么,农村集体土地被征收后,集体经济组织成员是否可以直接向人民法院起诉请求支付土地补偿费?

律师答疑

土地补偿费归村集体所有，一般征地单位直接向农村集体经济组织支付。但是根据《国务院关于深化改革严格土地管理的决定》第15条的规定，省、自治区、直辖市人民政府应当根据土地补偿费主要用于被征地农户的原则，制定土地补偿费在农村集体经济组织内部的分配办法。根据这个规定，土地补偿费主要支付给被征地人，具体的比例由省、自治区、直辖市人民政府决定具体的分配办法。

根据《村民委员会组织法》第24条第1款第7项的规定，涉及村民利益的征地补偿费的使用、分配方案必须经村民会议讨论决定方可办理。根据《最高人民法院关于审理涉及农村土地承包纠纷案件适用法律问题的解释》第22条的规定，农村集体经济组织或者村民委员会、村民小组，可以依照法律规定的民主议定程序，决定在本集体经济组织内部分配已经收到的土地补偿费。征地补偿安置方案确定时已经具有本集体经济组织成员资格的人，请求支付相应份额的，应予支持。但已报全国人大常委会、国务院备案的地方性法规、自治条例和单行条例、地方政府规章对土地补偿费在农村集体经济组织内部的分配办法另有规定的除外。

因此，村民要向法院提起诉讼请求支付土地补偿费的，必须满足两个条件：首先，农村集体经济组织必须已经收到了征地单位支付的土地补偿费；其次，集体经济组织依照《村民委员会组织法》的规定经过了民主决议进行了分配。如果农村集体经济组织没有经过合法的程序进行分配，村民是无权直接起诉的，只有经过了合法的程序，并对土地补偿费进行了分配，但集体组织以其他借口不予支付的情况下，村民才可以直接起诉农村集体经济组织，并要求其支付相应的土地补偿费。

法律依据

《中华人民共和国村民委员会组织法》

第二十四条 涉及村民利益的下列事项，经村民会议讨论决定方可办理：

（一）本村享受误工补贴的人员及补贴标准；

（二）从村集体经济所得收益的使用；

（三）本村公益事业的兴办和筹资筹劳方案及建设承包方案；

（四）土地承包经营方案；

（五）村集体经济项目的立项、承包方案；

（六）宅基地的使用方案；

（七）征地补偿费的使用、分配方案；

（八）以借贷、租赁或者其他方式处分村集体财产；

（九）村民会议认为应当由村民会议讨论决定的涉及村民利益的其他事项。

村民会议可以授权村民代表会议讨论决定前款规定的事项。

法律对讨论决定村集体经济组织财产和成员权益的事项另有规定的，依照其规定。

《最高人民法院关于审理涉及农村土地承包纠纷案件适用法律问题的解释》

第二十二条 农村集体经济组织或者村民委员会、村民小组，可以依照法律规定的民主议定程序，决定在本集体经济组织内部分配已经收到的土地补偿费。征地补偿安置方案确定时已经具有本集体经济组织成员资格的人，请求支付相应份额的，应予支持。但已报全国人大常委会、国务院备案的地方性法规、自治条例和单行条例、地方政府规章对土地补偿费在农村集体经济组织内部的分配办法另有规定的除外。

132. 土地征收部门擅自或非法暴力拆迁被征收人房屋，需要承担什么责任？

法律咨询

案例 1：吴某是某村村民，其常年在外打工。后吴某所在的村庄被国家征收，但是，土地征收部门无法联系到吴某，因此，便擅自将他在该村的房屋拆除。那么，土地征收部门擅自拆迁被征收人房屋，需要承担什么责任？

案例 2：某村因国家公共建设需要被征收，该村村民徐某的土地也在征收范围内，由于在征收公告发布后，徐某认为土地征收补偿标准不合理，因此，拒绝相关部门进行拆迁。后来，土地征收部门采用暴力胁迫徐某。那么，暴力胁迫拆迁，土地征收部门将要承担什么法律责任？

律师答疑

土地征收部门擅自或非法暴力拆迁被征收人房屋可能同时面临行政责任及刑事责任。

征收行为本身就是一种行政行为，土地征收部门擅自或非法暴力拆迁被征收人房屋的行为，也属于行政行为，擅自拆迁损害被征收人合法权益的,被征收人可针对拆除行为提起行政复议或行政诉讼。同时根据《国家赔偿法》第2条第1款的规定,国家机关和国家机关工作人员行使职权,有本法规定的侵犯公民、法人和其他组织合法权益的情形,造成损害的,受害人有依照本法取得国家赔偿的权利。因此,村民针对擅自或非法暴力拆迁拆除其房屋的违法行为,有权向土地征收部门或向法院提起行政诉讼,要求土地征收部门进行国家赔偿或要求行政机关赔偿损失。

擅自或非法暴力拆迁拆除房屋,根据《刑法》第275条的规定,可能构成故意损害财物罪。

此外,如涉及非法暴力拆迁,除损害村民财产权利外,还可能对村民的人身安全造成严重威胁,如果同时对人身造成侵害的,可能同时触犯故意伤害罪、非法拘禁罪等罪名。

因此,如涉及征收部门擅自或非法暴力拆除私有房屋的,可以收集资料向公安机关报案。

法律依据

《中华人民共和国刑法》

第二百三十四条 故意伤害他人身体的,处三年以下有期徒刑、拘役或者管制。

犯前款罪,致人重伤的,处三年以上十年以下有期徒刑;致人死亡或者以特别残忍手段致人重伤造成严重残疾的,处十年以上有期徒刑、无期徒刑或者死刑。本法另有规定的,依照规定。

第二百三十八条 非法拘禁他人或者以其他方法非法剥

夺他人人身自由的，处三年以下有期徒刑、拘役、管制或者剥夺政治权利。具有殴打、侮辱情节的，从重处罚。

犯前款罪，致人重伤的，处三年以上十年以下有期徒刑；致人死亡的，处十年以上有期徒刑。使用暴力致人伤残、死亡的，依照本法第二百三十四条、第二百三十二条的规定定罪处罚。

为索取债务非法扣押、拘禁他人的，依照前两款的规定处罚。

国家机关工作人员利用职权犯前三款罪的，依照前三款的规定从重处罚。

第二百七十五条　故意毁坏公私财物，数额较大或者有其他严重情节的，处三年以下有期徒刑、拘役或者罚金；数额巨大或者有其他特别严重情节的，处三年以上七年以下有期徒刑。

《中华人民共和国国家赔偿法》

第二条　国家机关和国家机关工作人员行使职权，有本法规定的侵犯公民、法人和其他组织合法权益的情形，造成损害的，受害人有依照本法取得国家赔偿的权利。

本法规定的赔偿义务机关，应当依照本法及时履行赔偿义务。

133. 政府未发布征地公告，直接对土地采取填方培土等整理措施，村民应该怎样应对？

法律咨询

某市政府准备在某村建设工业园区，但是，该市政府认为征地这一过程需要的时间比较长，因此，便在未发布公告之前，直接在该村的土地上开始施工。对此,该村村民认为政府的做法是违反法律规定的。那么,政府未发布征地公告,直接在集体土地上施工建设工业园区,村民应该怎样应对?

律师答疑

根据《土地管理法》第47条第1款的规定,国家征收土地的,依照法定程序批准后,由县级以上地方人民政府予以公告并组织实施。因此,因建设项目征收并占用集体土地的,必须经过法定程序批准,并发布征地公告后方可实施。

未经批准而直接占用土地的,属于典型的"未征先用"行为,为法律所严格禁止;即使征地程序已经获准,但未依法进行公告及补偿的,也属于违法的征地行为。对于这两种违法征地行为,被征地相关权利人都可以依法采取一定的救济措施。

因此,村民可以依法要求政府停止侵权行为,出示相关征地批准文件,并要求依据法定程序进行征地,否则,其有权拒绝配合征地程序的实施。如遇强制拆除等行为,村民可就强拆行为向法院提起诉讼,维护合法权益。

未批先占等行为属于非法占地,村民可就违法占地行为向自然资源主管部门举报,要求自然资源主管部门履行查处职责。

法律依据

《中华人民共和国土地管理法》

第四十七条 国家征收土地的,依照法定程序批准后,由县级以上地方人民政府予以公告并组织实施。

第七十七条　未经批准或者采取欺骗手段骗取批准，非法占用土地的，由县级以上人民政府自然资源主管部门责令退还非法占用的土地，对违反土地利用总体规划擅自将农用地改为建设用地的，限期拆除在非法占用的土地上新建的建筑物和其他设施，恢复土地原状，对符合土地利用总体规划的，没收在非法占用的土地上新建的建筑物和其他设施，可以并处罚款；对非法占用土地单位的直接负责的主管人员和其他直接责任人员，依法给予处分；构成犯罪的，依法追究刑事责任。

超过批准的数量占用土地，多占的土地以非法占用土地论处。

第七十九条　无权批准征收、使用土地的单位或者个人非法批准占用土地的，超越批准权限非法批准占用土地的，不按照土地利用总体规划确定的用途批准用地的，或者违反法律规定的程序批准占用、征收土地的，其批准文件无效，对非法批准征收、使用土地的直接负责的主管人员和其他直接责任人员，依法给予处分；构成犯罪的，依法追究刑事责任。非法批准、使用的土地应当收回，有关当事人拒不归还的，以非法占用土地论处。

非法批准征收、使用土地，对当事人造成损失的，依法应当承担赔偿责任。